Urlaub im Kloster

Besinnung, Ruhe, Inspiration.

Zu Gast in den 50 schönsten Klöstern in
Deutschland, Österreich und der Schweiz

INHALT

Deutschland

01	Benediktinerkloster Nütschau	6
02	Evangelische Kommunität Kloster Barsinghausen	10
03	Benediktinerabtei Gerleve	12
04	Benediktinerinnenabtei Unserer Lieben Frau zu Varensell	15
05	Benediktinerabtei Königsmünster	18
06	Benediktinerinnenabtei vom Hl. Kreuz Herstelle	22
07	Kloster Gerode	24
08	Benediktinerkloster Wechselburg	27
09	Kloster St. Marienstern	29
10	Kloster St. Marienthal	32
11	Kloster Knechtsteden der Spiritaner	36
12	Trappistenabtei Mariawald	38
13	Kloster St. Clemens der Franziskanerinnen von Nonnenwerth	40
14	Benediktinerabtei Maria Laach	42
15	Kloster Arenberg	46
16	Kloster Gnadenthal	50
17	Benediktinerinnenabtei Engelthal	53
18	Communität Christusbruderschaft Selbitz	56
19	Zisterzienserabtei Himmerod	58
20	Benediktinerabtei St. Mauritius	62
21	Benediktinerabtei Münsterschwarzach	65
22	Benediktinerabtei Weltenburg	68
23	Benediktinerabtei zum Heiligen Kreuz, Scheyern	72
24	Benediktinerabtei Niederaltaich	75
25	Berneuchener Haus Kloster Kirchberg	78
26	Kloster Untermarchtal	81
27	Benediktinerabtei Beuron	84
28	Kloster St. Trudpert	86
29	Kapuzinerkloster Stühlingen	90

INHALT

30	Provinzhaus Hegne der Barmherzigen Schwestern	93
31	Benediktinerabtei Ottobeuren	96
32	Erzabtei St. Ottilien	100
33	Kloster Bernried	104
34	Kloster Benediktbeuern Salesianer Don Boscos	108
35	Benediktinerinnenabtei Frauenwörth	112

Österreich

36	Prämonstratenser-Chorherrenstift Geras	118
37	Zisterzienserstift Zwettl	121
38	Benediktinerstift Altenburg	124
39	Benediktinerstift Göttweig	127
40	Stift Melk	130
41	Schottenstift Wien – Benediktinerabtei Unserer Lieben Frau zu den Schotten	134
42	Stift Heiligenkreuz	136
43	Benediktinerstift Seitenstetten	140
44	Stift Schlierbach	144
45	Benediktinerstift St. Blasius	146
46	Benediktinerstift St. Lambrecht	150

Schweiz

47	Benediktinerkloster Mariastein	156
48	Kapuzinerkloster Rapperswil	160
49	Lassalle-Haus Bad Schönbrunn	162
50	Benediktinerinnenpriorat Müstair	166

Register 172 Bildnachweis 174 Impressum 176

3

»Ruhe im Innern, Ruhe im Äußern. Wieder Atem holen lernen, das ist es.«

Christian Morgenstern
(deutscher Dichter)

01 Benediktinerkloster Nütschau

Ein Klosterleben kommt seit jeher Frühaufstehern entgegen. Erst recht bei den Benediktinern, an deren »ora et labora« Gäste in Nütschau eingeladen sind, teilzunehmen. Doch ob Mitarbeit, etwa bei der Ernte, oder nicht: Ein Salzmoor sommers am frühen am Morgen, das ist ja auch etwas. Nur wenige Hundert Meter vom Kloster entfernt liegt das zu ausgiebigen Spaziergängen verleitende Brenner Moor. Das Naturschutzgebiet wird von der oberen Trave durchschlängelt und ist, dank der Salzquellen darin, so salzig wie die Nordsee. Entsprechend findet man hier eine Vegetation, wie sonst nur an der Küste: Queller, Strandaster, Boddenbinse, Salzwiesen und Röhricht. Das Flachmoor ist Tummelplatz einer reichhaltigen Vogelwelt: Wasserralle und Tüpfelsumpfhuhn, die langschnäblige Bekassine oder Großenten wie der Gänsesäger erfreuen sich an der für sie perfekten Umgebung – was Greifvögeln wie Rohrweihe und Seeadler natürlich nicht verborgen blieb. Der Lauf der Natur. Auch darüber lässt sich auf dem Rückweg trefflich nachdenken. Und noch beim leckeren Kuchen aus der Klosterküche.

Schlossstr. 26, 23843 Travenbrück, Tel. +49 45 31 / 500 40, www.kloster-nuetschau.de

Außen idyllisches Landhaus, innen besticht das nördlichste Kloster Deutschlands mit moderner Architektur.

BENEDIKTINERKLOSTER NÜTSCHAU

Das Kloster

Kloster Nütschau wurde 1951 von den Mönchen der Abtei Gerleve als erstes Benediktinerkloster Norddeutschlands nach der Reformation gegründet. Sein Name geht auf den heiligen Ansgar (801–855) zurück, den sogenannten Apostel des Nordens und ersten Bischof von Hamburg. Kloster Nütschau liegt am Rande des wunderschönen Naturschutzgebietes Brenner Moor zwischen Hamburg und Lübeck, umgeben von einem Schlossgraben.

Erst 1999 entstand das schlicht-moderne Konventgebäude aus Ziegelmauerwerk, Holz und Stahl. Eine Besonderheit sind die schmalen, schlitzförmigen Fensteröffnungen nach Norden. Sie verleihen dem Bau, ebenso wie die an eine traditionelle Klausurmauer erinnernde Fassade, einen burgähnlichen Charakter. Daher werden die Gäste vielleicht überrascht sein, im Garten einen kleinen Swimmingpool zur Erfrischung an heißen Tagen vorzufinden.

Im Mittelpunkt der Klosteranlage befindet sich die Kirche, die eine Vorstellung vom himmlischen Jerusalem vermitteln soll. Ihre Bänke sind auf quadratischem

Benediktinerkloster Nütschau

Grundriss kreisförmig auf den Altar ausgerichtet. Die drei Buntglaswände nehmen die Farben der umgebenden Natur auf: das Blau der Trave, das Dunkelbraun der Moorerde, das Hellbraun von Sand, Mergel und Lehm. Durch die gedämpfte Lichttransparenz entsteht eine beeindruckende Atmosphäre für den Besucher.

Gäste wohnen entweder in St. Ansgar oder im Stillen Bereich, der direkt an die Klausur angeschlossen ist, in gemütlichen, holzgetäfelten Giebelzimmern. Die opulenten Mahlzeiten werden vom Küchenteam täglich frisch zubereitet, und zwar für Gäste und Mönche im gleichen Topf. Von Askese kann man beim dreigängigen Mittagsmenü und selbst gebackenem Kuchen zum Kaffee nicht gerade sprechen.

Für Einzelgäste besteht die Möglichkeit eines individuellen »ora et labora«-Aufenthalts im Stillen Bereich. Vier Stunden pro Tag helfen diese den Mönchen bei der Waldarbeit oder der Apfelernte und nehmen am Stundengebet teil. Durch Meditationen, kreatives Arbeiten und Gespräche sowohl mit den Mönchen als auch anderen Gästen ergeben sich für die Gäste neue Impulse, um sich den Aufgaben des Alltags gelassener stellen zu können. Das Bildungshaus St. Ansgar bietet das ganze Jahr über Seminare, Kurse und Studientage für alle Interessierten an.

❶ Ostseeheilbad Travemünde

Mit der Bahn gelangt man von Bad Oldesloe in einer knappen Stunde direkt an den weißen Travemünder Sandstrand und kann hier, vom Strandkorb aus, die Skandinavienschiffe vorbeifahren sehen. Das Sonnenbad lässt sich ausgezeichnet mit einem Bummel durch die malerische Altstadt des Ostseeheilbades verbinden. Auf der »Vorderreihe«, Travemündes Einkaufsmeile, wimmelt es von Boutiquen, Cafés und Flaneuren. Beliebtes Ausflugsziel ist der aus roten Backsteinen errichtete »Alte Leuchtturm«, Aussichtsplattform und ältester Leuchtturm Deutschlands. Nach fast 450 Jahren Dienst wurde er 2004 in ein maritimes Museum mit einer kurzweiligen Ausstellung über die Geschichte und Entwicklung der Leuchtfeuertechnik umgewandelt. Nach einem Abendessen in Travemünde – unbedingt den fangfrischen Dorsch probieren – kann man sein Glück im berühmten Spielkasino auf die Probe stellen.

Tourist Info: Bertlingstr. 21, 23570 Travemünde, Tel. +49 451/409 19 90, www.travemuende-tourismus.de; Alter Leuchtturm: Am Leuchtenfeld 1, 23570 Travemünde, Tel. +49 45 02/889 17 90, Apr.–Juni, Sept., Okt. Di–So 13–16, Juli, Aug. tgl. 11–16 Uhr, www.Leuchtturm-Travemuende.de

---

Als Gast im Kloster

Ebenso modern wie die Architektur von Konventsgebäude und Kirche wirkt der offene Geist des Klosters. Die Mönche leben in einer Gebets-, Arbeits- und Wohngemeinschaft mit einem Schwesternkonvent. Konfession oder Herkunft der Gäste spielen hier keine Rolle.

BENEDIKTINERKLOSTER NÜTSCHAU

 Service

Angebot für Gäste
- Oasentage mit autogenem Training
- Programm »Ora et labora«: 4 Std. Mitarbeit täglich
- Exerzitien
- Meditation
- Tanz
- Qigong
- Spirituelle Wegbegleitung für Männer
- Besinnungswochenenden für Familien und » Nütschauer Familienferien«
- Seminare und Studientage: u. a. Atemseminare, Zen-Meditation, Heilfasten, Ikonenmalkurse

Unterkunft
- Bildungshaus St. Ansgar: EZ, DZ 73 € pro Pers. inkl. VP; Zuschlag bei nur einer Übernachtung: 6 €
- Im stillen Bereich: 58 € inkl. VP
- Alle Zimmer mit Dusche/WC
- Im Jugendhaus: ca. 28 € inkl. VP

Verpflegung
- Im Kloster, auch vegetarisch oder Diätkost

Einkaufsmöglichkeit
- Eine-Welt-Laden: Produkte aus fairem Handel, deren Erlös einem Entwicklungshilfeprojekt zufließt

- Buchladen: spirituelle Literatur, Kunsthandwerk, Karten für verschiedene Anlässe

Reservierung
- Anmeldungen schriftlich und frühzeitig. Informationen von den Gastbrüdern Elija Pott und P. Gregor Mundus unter Tel. +49 45 31/5 00 41 34, E-Mail: br.gregor@klosternuetschau.de
- Einzelexerzitien nach Absprache unter E-Mail: info@ kloster-nuetschau.de
- Jugendhaus St. Benedikt: Tel. +49 45 31/5 00 41 58, www.jugendhaus-sankt-benedikt.de

❷ Kanufahren auf der Trave

Von Bad Oldesloe paddelt man flussaufwärts durch das idyllische Travetal. Links beginnt das Naturschutzgebiet Brenner Moor mit seiner seltenen Salzbodenflora. Das Schilfgebiet ist ein wichtiger Rast- und Schlafplatz für Zugvögel. Weiter führt die Strecke durch eine Wald- und Wiesenlandschaft bis zur »Donnerbrücke« bei Nütschau. Vor dieser wurde um 830 auf dem Höhenzug die »Nütschauer Schanze«, eine germanische Grenzbefestigung, angelegt. Sie trennte den westlichen, sächsischen Teil vom slawischen Ostteil des Landes und bildete den einzigen Traveübergang. Ein Picknickplatz und das Tourende befinden sich nach der Brücke. Die Paddelzeit beträgt ca. 1 Std. 45 Min.

Funkajaks: Wiesengrund 22, 23795 Mözen, Tel. +49 45 51/882 48 60, www.funkajaks.de

❸ Mennokate

Auf Gut Altfresenburg ist die aus dem 16. Jahrhundert stammende, reetgedeckte Mennokate zu besichtigen. Dort befand sich Menno Simons Druckerei, der Entstehungsort der bekannten theologischen »Fresenburger Drucke«. Simons gilt als Gründer der Mennoniten, der Nachkommen reformationszeitlicher Wiedertäufer. Das Haus, ein aus Feldsteinen und Ziegelsteinen errichteter traditioneller Bau, und die Linde davor stehen unter Denkmalschutz. Im Inneren sind Werke und Nachdrucke der Schriften Simons und der Mennoniten ausgestellt. Landkarten, Stiche und Bilder informieren über Mennos Werdegang und Wirkungsorte.

Altfresenburg 1, 23843 Bad Oldesloe, Tel. +49 45 31/89 46 56, Besichtigung nach tel. Anmeldung, www.mennokate.de

❹ Wanderung durch das Brenner Moor

Die Region um das Kloster, die »Nütschauer Schweiz«, lädt zu Wanderungen und Spaziergängen ein. Die Rundwege eröffnen eine herrliche Aussicht über das Travetal und die Salzwiesen, in denen Tiere und Pflanzen leben, die sich an den hohen Salzgehalt des Bodens angepasst haben. Im Naturschutzgebiet Brenner Moor sind sie gut zu beobachten. Bei der Rückkehr kann man sich mit Kaffee und leckeren Torten im gemütlichen Café »Das Kuchenwerk« stärken.

www.brennermoor.ag-geobotanik.de; Das Kuchenwerk: Hindenburgstr. 28, 23843 Bad Oldesloe, Tel. +49 45 31/897 56 82, Di/Do 11.30–20, Mi 10–20, Fr 11.30–21, Sa 10–23, So 13–20 Uhr, www.daskuchenwerk.de

02 Evangelische Kommunität Kloster Barsinghausen

Schon von jeher waren Klöster Orte des Rückzugs und der Ruhe – so auch Barsinghausen. Gegründet als Augustiner-Doppelkloster mit Chorherren und Chorfrauen, verzeichnet die Chronik ab 1229 ausschließlich Nonnen. Heute hegen und pflegen Schwestern der Evangelischen Kommunität die schmucke Anlage inklusive des erstmals 1193 urkundlich erwähnten, aus gelbem Deister-Sandstein erbauten Gotteshauses. Im Kloster vor den Toren Hannovers empfangen die Schwestern all jene, die sich nach Stille sehnen. Gäste können an Mahlzeiten und Gebeten teilnehmen, das Gespräch suchen und aus der klösterlichen Umgebung neue Kraft für ihren Alltag zu schöpfen – das gilt auch für Mitarbeiter der evangelischen Kirche, die sich ausgebrannt fühlen. Denn zum Kloster gehört das »Haus inspiratio«, wo sich Pastoren Urlaub von der Kanzel nehmen und erholen können. Zur Entspannung trägt auch die Landschaft bei: Direkt an Barsinghausen erstreckt sich der Deister, ein Höhenzug und grünes Paradies mit Buchen- und Tannenwäldern. Auf verwunschenen Pfaden geht es bis auf 405 m hinauf und von dort lässt sich prima in die Weiten des Calenberger Landes oder bis ins Weserbergland hinein blicken.

Bergamtstr. 8, 30890 Barsinghausen, Tel. +49 51 05/619 38, www.kirchenkreis-ronnenberg.de

Bedachtsamkeit, Ruhe und Stille sind von großer Bedeutung in der Kommunität und spiegeln sich auch in allen Tätigkeiten wider.

EVANGELISCHE KOMMUNITÄT KLOSTER BARSINGHAUSEN

Evangelische Kommunität Kloster Barsinghausen

Das Kloster

Die Evangelische Kommunität residiert seit 1996 in einem ehemaligen Augustinerkonvent mit alter Hallenkirche in der Nähe von Hannover. Das Leben der Schwestern orientiert sich an den drei Evangelischen Räten: Gütergemeinschaft, Ehelosigkeit und Gehorsam. Im Kloster selbst gibt es einige Gästezimmer für Einzelgäste, die in der Kommunität mitleben und an den Gebeten und gemeinsamen Mahlzeiten teilnehmen möchten. Im Konventsaal finden Konzerte, organisiert vom Barsinghausener Kulturverein »Calenberger Cultour & Co«, statt. Die Schwestern bieten Kurz-Exerzitien an und laden unter dem Thema »Wenn Gebet Bewegung wird« zu Meditation und Tanz ein. Während der Klosterführungen immer am ersten Mittwoch des Monats sowie einer Klostergartenführung stehen Garten und Kloster Besuchern offen. Viele Bänke laden ein, die würdevolle Architektur und erholsame Ruhe des schönen Frauenstifts zu genießen.

Süntelbuchenallee

In Bad Nenndorf befindet sich ein sehr schöner Kurpark, der von Wilhelm IX., dem Landgrafen von Hessen-Kassel, angelegt wurde. Märchenhaft verzaubert wirkt die Süntelbuchenallee im Herzen des Parks. Hierbei handelt es sich um eine seltene Form der Rotbuche, die knorrig und krumm und schief in alle Richtungen wächst, was der 500 m langen Allee auch den Namen Hexenholz eingebracht hat. Auffällig sind auch die drei Mammutbäume des Parks, dessen größter fast einen Durchmesser von 5 m besitzt.

Hauptstr. 4, 31542 Bad Nenndorf, Tel. +49 57 23/74 85 60, www.badnenndorf.de

Festung Wilhelmstein

Im größten See Niedersachsens, dem Steinhuder Meer, liegt auf einer künstlich aufgeschütteten Insel die Festung Wilhelmstein. Gebaut wurde sie als uneinnehmbares Fort, das mit den modernsten Kanonen seiner Zeit ausgestattet wurde. In Friedenszeiten diente Wilhelmstein als Militärschule, dann nach dessen Auf-

> **Als Gast im Kloster**
>
> Eine spirituelle Auszeit und meditative Stille erleben Gäste der kleinen Kommunität vor den Toren Hannovers. Auch Mitleben und -arbeiten im Kloster ist möglich. Der Garten wurde im Stil des 19. Jahrhunderts neu gestaltet.

Service

Angebot für Gäste
- Tage der Stille
- »Ora et labora«: Mitleben im Kloster
- (Ignatianische) Kurzexerzitien
- Klosterführungen
- Gartenführungen
- Meditation in Tanz, Wort und Gebärde
- Konzerte

Gottesdienste
Mo–Fr 8 Uhr Morgenlob,
12 Uhr Mittagsgebet, 18 Uhr Vesper
Do 18 Uhr Vesper mit Abendmahl

Unterkunft
- Gästezimmer im Kloster: schriftliche Anfrage

Verpflegung
- gemeinsame Mahlzeiten im Kloster

Reservierung
- Kloster Barsinghausen: Äbtissin Barbara Silbe, Tel. +49 51 05/619 38, E-Mail: info@kloster-barsinghausen.de

lösung als ausbruchssichere Gefängnisinsel – während des 80-jährigen Bestehens sind nur drei Fluchtversuche verzeichnet. Hinüber zum Museum auf der Insel (und natürlich auch wieder zurück) kommt man heutzutage mit den Auswanderer genannten Segelbooten, eine Bootsform, die es nur am Steinhuder Meer gibt.

Schifffahrt: Meerstr. 2, 31515 Wunstorf, Tel. +49 50 33/17 21, www.steinhuder-meer.de;
Festung: Tel. +49 50 33/14 36, April–Mitte Okt. 9:30–17:30 Uhr, www.wilhelmstein.de

03 Benediktinerabtei Gerleve

Was außerhalb des Münsterlandes vielleicht nicht jeder weiß: Die Coesfeld-Daruper Höhen liegen im Südwesten der Baumberge. Das klingt nicht nur ländlich, sondern ist es auch. Zwischen Billerbeck und Coesfeld erstecken sich sanfte Hügellinien, ein perfekter Parcours für entspannte Touren auf Schusters Rappen. Auch echte Gäule wissen das zu schätzen. Was die Pferdekoppel auf dem Foto auch zur Augenweide macht, ist die Abtei Gerleve, die sich an den Coesfelder Berg schmiegt. Eindrucksvolle Neoromanik und benediktinische Gastfreundlichkeit. Einer Legende nach soll anno 809 der friesische Missionar Liudger auf dem Coesfelder Berg noch das Münsterland gesegnet haben, bevor er tags darauf bei Billerbeck starb. 15 Jahre nachdem er, beauftragt von Karl dem Großen, unweit ein Kloster gegründet hatte. Um dieses Kloster sollte bald eine Stadt namens Münster entstehen, deren erster Bischof Liudger auch war. Ein Gerlever Benediktiner fertigte ihm 1934 ein Denkmal, das 500 m nördlich der Abtei an jener Stelle steht, die seit jeher Ludgeri-Rast heißt und weit ins Land blicken lässt.

Gerleve 1, 48727 Billerbeck, Tel. +49 25 41/80 00, www.abtei-gerleve.de

Malerisch in die Landschaft der Baumberge eingebettet liegt die Abtei Gerleve.

BENEDIKTINERABTEI GERLEVE

Das Kloster

Das klösterliche Leben von Gerleve begann, als Mönchen der Erzabtei Beuron 1899 von den Geschwistern Wermelt ein Bauernhof geschenkt wurde, auf dem sie sich »zum Zweck der Aushilfe in der Seelsorge« niederließen. Das provisorische Kloster St. Joseph war gegründet. Um 1900 entstand der dringend nötige Neubau von Wohngebäuden und Klosterkirche auf der Anhöhe von Gerleve. Architekt war P. Ludger Wilhelm Rincklake aus Maria Laach. Oberhalb des Honigbachtales wurden die neuromanischen Gebäude an den Hang gebaut. Schon am 10. Juni 1904 erhielt die Kirche, die zu diesem Zeitpunkt erst durch eine provisorische Apsis geschlossen war, zum Herz-Jesu-Fest die vorläufige Weihe. In dieser baulich unvollendeten Form steht sie bis heute da. Die zum Wetterschutz 1938 umgestaltete massive Westfront der Abteikirche ist ein Wahrzeichen des westlichen Münsterlandes geworden. 2003 wurde die Kirche gründlich renoviert. Eingangsbereich und Chorraum wurden neu gestaltet. Wird in Gerleve zum Gottesdienst geläutet, ist dies weithin zu hören: Ein Geläut aus sieben Glocken befindet sich in den beiden Kirchtürmen. Im Zweiten Weltkrieg

mussten die Mönche als »Staatsfeinde« ins Exil und konnten erst 1946 zurückkehren. Die Mönche arbeiten als Wissenschaftler in der 180 000 Bände starken Bibliothek und an Universitäten, führen eine Buchhandlung und betreiben für ihren eigenen Bedarf eine Buchbinderei und Druckerei.

In der Gastabteilung des Klosters gibt es zehn Zimmer für männliche Gäste. Sie können an den Gebetszeiten teilnehmen und essen zusammen mit den Mönchen im Refektorium. Das Frühstück und der Nachmittagskaffee werden im Gastraum neben dem Kreuzgang eingenommen. Paare, Einzelgäste und Familien wohnen im Gäste- und Exerzitienhaus Ludgerirast, das außer Tagungsräumen und Sprechzimmern einen Meditationsraum, eine Bibliothek, zwei Aufenthaltsräume, einen Werkraum zum Malen und Basteln sowie einen Fernsehraum bietet. Die Schwestern Unserer Lieben Frau wohnen im Haus und sorgen mit den Benediktinern und den Angestellten für das Wohl der Gäste. Sie stehen auch zum persönlichen Gespräch im Exerzitienhaus zur Verfügung. Gäste können auch in der Klostergaststätte essen, die für ihre hausgemachten Kuchen berühmt und wegen des schönen Spielplatzes bei Kindern beliebt ist. Unbedingt die Gerlever Stachelbeertorte probieren!

Das Gästehaus Ludgerirast und die Bildungsstätte St. Benedikt bieten ein umfassendes Programm an Besinnungstagen und Exerzitienkursen, zum Beispiel Partnerschaftsseminare, biblische Besinnungstage, Oasentage zum Abschalten und Entspannen, Zen-Meditationen, meditativer Tanz, Trauerbewältigungsseminare und vieles mehr. Wer seine Lebenssituation überdenken oder sich auf wichtige Aufgaben oder Prüfungen vorbereiten möchte, ist den Gerlever Mönchen ebenfalls herzlich willkommen. Gerne nehmen sie sich Zeit und bieten den Ratsuchenden auch Einzelgespräche an.

❶ Kolvenburg

Die Kolvenburg in Böllerbeck hieß ursprünglich »Burg Oberwater«, weil ihr das tief vermoorte Flussbett der Berkel von Norden her Schutz bot und der Burgplatz von Wasser umflossen wurde. Dass an der Burganlage, einem typischen Wohnsitz des niederen Adels, über die Jahrhunderte ständig weitergebaut wurde, erkennt man an diversen Überresten alter Türme, Mauern und Häuser im heutigen restaurierten Bau. Heute beherbergt die Kolvenburg das Kulturzentrum des Kreises Coesfeld mit wechselnden Ausstellungen und kulturellen Veranstaltungen.

An der Kolvenburg 3, 48727 Billerbeck, Tel. +49 25 43/15 40, Di–Sa 13–18, So 10–13, 13.30–17.30 Uhr, www.kolvenburg.de

---

Als Gast im Kloster

Das vielseitige Kursangebot in Gerleve bietet etwas für wirklich alle Interessen. Besonders Familien mit Kindern werden sich in der freundlichen norddeutschen Atmosphäre wohlfühlen.

BENEDIKTINERABTEI GERLEVE

❷ Erholungsgebiet Berkelquelle

Auf einer Länge von 110 km fließt die Berkel von Billerbeck bis zur Mündung in die Ijssel. Mit einem Höhenunterschied von 95 m zwischen Billerbeck und der niederländischen Grenze verbindet der Fluss die Orte Coesfeld, Gescher, Stadtlohn und Vreden. Noch bis zur letzten Jahrhundertwende war die Berkel ab Coesfeld schiffbar. Heute ist das Berkelquellgebiet ein beliebter Erholungsgürtel am Stadtrand von Billerbeck, mit Wander- und Radwegen, Berkelauen und Ruhezonen. Die bekannteste Radtour durch die Region ist die Berkelroute, die von der Quelle, die gesamte Berkel entlang, bis zur Mündung in die Ijssel führt. Eine besondere Wohltat ist das 1999 in Betrieb genommene Kneipp-Becken, das nahe Billerbeck müde Radlerwaden erfrischt.

Tourist-Info: Markt 1, 48727 Billerbeck,
Tel. +49 25 43/ 73 15, www.billerbeck.de

❸ Theatermeile Billerbeck

Seit Juni 1998 führt ein Skulpturenparcours vom Ludgerusdom in der Innenstadt zur Freilichtbühne am Ortsrand. Die 14 Kunstwerke basieren inhaltlich auf Stücken, die seit 1950 auf der Freilichtbühne Billerbeck aufgeführt wurden, beispielsweise wurden Motive aus Märchen- und Kinderstücken, aber auch Dramen verarbeitet. Beginnend mit Kurt Arbeiters »Galgenvogel«, folgen auf dem Weg zur Freilichtbühne der »Thron«, »Biedermann und die Brandstifter«, der »Wunschkönig«, der »Froschkönig«, »Michel in der Suppenschüssel«, der »Hans-guck-in-die-Luft«, der »Puck«, die »Nibelungen«, der »Verwunschene Schwan«, »Petrucchio«, »Der gestiefelte Kater«, »Max und Moritz« und schließlich »Rumpelstilzchen«. Eine vergnügliche Reise für Groß und Klein.

Tourist Info und Stadtführungen: Markt 1,
48727 Billerbeck, Tel. +49 25 43/73 15,
www.billerbeck.de

ⓘ Service

Angebot für Gäste
- Trauerbewältigungsseminare
- Besinnungstage für Frauen
- Besinnungstage für Männer
- Kreative Einkehrtage
- (Ignatianische) Einzelexerzitien
- Tage der Stille und Besinnung
- Schweigeseminare
- Wanderexerzitien
- Exerzitien auf Rädern
- Atemtherapie
- Zen-Meditation
- Yoga
- Literaturseminare
- Oasentag zum Abschalten
- Partnerschafts- und Ehevorbereitungsseminare

Gottesdienste
Tgl. 5.20 Uhr Vigilien und Laudes
Mo–Sa 9, So 10 Uhr Konventamt
Tgl. 12 Uhr Sext, 13.15 Uhr Non, 17.30 Uhr Vesper, 20.15 Uhr Komplet

Unterkunft
- Kloster (nur für Männer): Tagessatz 50 €
- Haus Ludgerirast: EZ 60 €, DZ 54,50 € pro Pers. ohne Kursteilnahme inkl. VP
- Zuschlag bei nur einer Übernachtung: 8–10 €
- Jugendhaus St. Benedikt: ab 26 € pro Pers.
- Alle Zimmer mit Dusche/WC

Verpflegung
- Im Gastraum des Klosters
- In der Klostergaststätte mit Klosterkonditorei, hier auch Klosterlikör, Gerlever Stachelbeertorte, Do zus. immer Eintopfgerichte, großer Kinderspielplatz
- Öffnungszeiten: Di–Sa 9.30–14, 15–17.30, So 9–17.30 Uhr

Einkaufsmöglichkeit
- Kunst- und Buchhandlung im Haus Ludgerirast: theologische Literatur, religiöse Kinderbücher, Kunst, CDs, Kunst- und Postkarten sowie Andachtsgegenstände
- Öffnungszeiten: Mo 15–17.30, Di–Fr 8–12, 14.30–17.30, Sa 9.30–12, 14.30 bis 17.30, So 11.15–12, 14.30–17.30 Uhr

Reservierung
- Kloster auf Zeit: Br. Matthäus Weber, Tel. +49 25 41/80 01 66, E-Mail: br.matthaeus@abtei-gerleve.de
- Gäste- und Exerzitienhaus Ludgerirast: Tel. +49 25 41/80 01 31, E-Mail: exerzitienhaus@abtei-gerleve.de
- Jugendbildungsstätte St. Benedikt: Tel. +49 25 41/80 01 33, E-Mail: hsb@abtei-gerleve.de

Im Kreuzgang der erst kürzlich renovierten Benediktinerinnenabtei malt die Sonne helle Muster aus Licht an die Wand.

04 Benediktinerinnenabtei Unserer Lieben Frau zu Varensell

Im dörflichen Varensell, einem Ortsteil Rietbergs, bildet das Kloster den Mittelpunkt. Hier, südlich des Teutoburger Waldes, gibt sich die Emssandebene rundum als sehr ländliche Gegend. Viele denkmalgeschützte Fachwerkhäuser aus dem 16. und 17. Jahrhundert charakterisieren Rietbergs Ortskern, dessen Historisches Rathaus das reinste Schmuckkästchen ist. Die um die Jahrhundertwende gegründete Benedikterabtei selbst, besonders ihre dreischiffige Kirche, weist die eigenartige Harmonie an sich disparater Stilelemente auf: Neugotik gemischt mit einem Hauch Expressionismus der Bauzeit. Ein interessanter Ort der Besinnung ist es allemal. Hier eine Auszeit zu nehmen, verlockt gewiss auch zu manch einem ausgedehntem Spaziergang. Etwa entlang der Ems, die sich östlich von Rietberg, kilometerlang von kaum einer Straße gekreuzt, fein entlanggehen lässt. Kaum zu glauben, dass der hier noch sehr junge Fluss in seinem weiteren Verlauf, zwischen Papenburg und Emden, die riesigen Kreuzfahrtdampfer der Meyer-Werft in die Nordsee trägt. Zurück zum Kloster, könnte man da leicht über die kriegerische Geschichte der Kreuzfahrten ins Grübeln kommen.

Hauptstr. 53, 33397 Rietberg, Tel. +49 52 44/5 29 70, www.abtei-varensell.de

BENEDIKTINERINNENABTEI UNSERER LIEBEN FRAU ZU VARENSELL

Das Kloster

Vor etwa hundert Jahren gründeten die Benediktinerinnen von der Ewigen Anbetung im Kloster Hamicolt in Varensell das Kloster Unserer Lieben Frau. Im Laufe der Zeit entwickelte sich um das zunächst abgeschieden in der Heide liegende Kloster ein ganzes »Klosterdorf«. Da die Kirche von Anfang an zugleich Kloster- und Gemeindekirche war, bestand immer eine feste Beziehung zwischen dem Kloster und dem Dorf, in dessen Mitte es heute liegt. In den 1950er-Jahren wurde eine deutlich größere Pfarrkirche errichtet und die bisherige Gemeindekirche zum Nonnenchor umgestaltet. Die neugotischen Klostergebäude mussten 1969 einem Neubau weichen. Als vorerst letztes Gebäude entstand 1977 das 2005 renovierte Gästehaus »St. Benedikt«.

Die beiden kompakten Kirchtürme gelten inzwischen als Wahrzeichen des Dorfes. Beim Betreten der Klinkerkirche wird der Blick nach oben zu den hohen Rundbögen und Pfeilern des Mittelschiffs geleitet. Sie verweisen auf den erhöhten Altarblock als Zentrum. Das monumentale Farbglasfenster im Osten bildet den leuchtenden Glanzpunkt der Kirche. Alle

Benediktinerinnenabtei Unserer Lieben Frau zu Varensell

Entwürfe für Glasfenster, Mosaike und Fresken stammen von Schwester Erentrud Trost, die Mosaikarbeiten wurden von der klostereigenen Kunstwerkstatt gefertigt. In der Paramentenwerkstatt, bestehend aus Stickatelier, Näherei und Handweberei, fertigen die Benediktinerinnen liturgische Gewänder, reich verzierte Altarbehänge entstehen in der Handweberei. In der Klosterbäckerei backen sie Hostien. Zudem gehen sie künstlerischen und wissenschaftlichen Tätigkeiten nach.

Gäste wohnen im Exerzitien- und Gästehaus der Abtei in freundlichen Zimmern. Eine kleine Bibliothek, ein Meditationsraum, verschiedene Gruppenräume und ein eigener Garten sind vorhanden. Von den Gästen wird erwartet, dass sie den klösterlichen Rahmen, z. B. die Klausurgrenzen und Zeiten der Stille, respektieren. Für den täglichen Bedarf des Klosters und der Gäste sorgt die kleine klostereigene Landwirtschaft, in der auf biologische Anbaumethoden und artgerechte Viehhaltung geachtet wird. Varensell bietet seinen Gästen ein vorwiegend kontemplatives Programm an. »Wüsten-wochenenden« dienen der Selbsterfahrung und Sammlung im Advent oder zur Fastenzeit. Eine Woche im Rhythmus des Klosters mit Gebet, Arbeit, Schweigen und Meditation kann man bei den »Tagen im Kloster« verbringen, der Au-pair-Aufenthalt umfasst auch noch die tägliche Mitarbeit im Garten oder im Haus.

❶ Rietberg und Rheda-Wiedenbrück

Rietberg und Rheda-Wiedenbrück zeichnen sich besonders durch ihre historischen Altstädte aus. Bereits im 9. Jahrhundert wurde die »Stadt der Giebel« und Grafschaftsresidenz Rietberg erwähnt. Das historische Rathaus ist das Wahrzeichen der Stadt an der Ems. 1805 wurde es aus

Au-pair-Gäste arbeiten und ernten gemeinsam mit den Nonnen im Garten des Klosters.

> **Als Gast im Kloster**
>
> Varensell ist ein betont spirituelles Kloster für Gäste, die kontemplative Stille suchen und zudem gut alleine sein können. Arbeitshandschuhe, Gummistiefel und wetterfeste Kleidung für die Gartenarbeit einpacken.

BENEDIKTINERINNENABTEI UNSERER LIEBEN FRAU ZU VARENSELL

Steinen des Schlosses erbaut und zählt mit seiner geschwungenen Treppe, den Glockentürmchen und dem Mansardendach zu den schönsten Rathäusern Westfalens. Der Barockbau »Haus Münte« von 1744 ist eine Besonderheit in einer Straße mit Fachwerkhäusern. An seiner Stelle stand vom 15. bis 17. Jahrhundert eine Münzprägerei. In Rheda-Wiedenbrück bestimmen reich verzierte Fachwerkhäuser aus dem 16. bis 18. Jahrhundert das Stadtbild. Die Fassadenmalereien illustrieren Bibelverse und warnen in Darstellungen von Menschen, Tieren und Fabelwesen vor Lastern und Sünden. Fünfeckige Drudenfüße sollten im Mittelalter Hexen und böse Geister abwehren.

Tourist Info Rietberg: Rathausstr. 38, 33397 Rietberg, Tel. +49 52 44/98 62 01, www.rietberg.de; Tourist Info Rheda-Wiedenbrück: Rathauspl. 8–10, 33378 Rheda-Wiedenbrück, Tel. +49 52 42/930 10, www.rheda-wiedenbrueck.de

❷ Schloss Rheda

Vom historischen Schlossgarten im Flora Westfalica-Park in Rheda-Wiedenbrück aus gelangt man zum Wasserschloss Rheda – eine der ältesten Wasserburgen Westfalens. Das noch heute von der Fürstenfamilie Bentheim-Tecklenburg bewohnte Schloss entwickelte sich aus einer Burganlage aus dem 12. Jahrhundert. Das Schlossensemble vereint mehrere Baustile aus unterschiedlichen Jahrhunderten miteinander: eine romanische Schlosskapelle (1200), einen Kapellenturm aus dem 13. Jahrhundert, einen Renaissance-Wohnflügel mit Galerie und einen Haupttrakt im Barockstil. Zu den besonderen Sehenswürdigkeiten der Anlage zählt das Kutschenmuseum im fürstlichen Marstall sowie der nach historischen Plänen aus dem 19. Jahrhundert rekonstruierte Schlossgarten mit seiner klassizistischen Orangerie, in der regelmäßig Trauungen stattfinden.

Steinweg 16, 33378 Rheda-Wiedenbrück, Tel. +49 52 42/9 47 10, im Sommer immer So öffentliche Führungen, Außenanlagen können jederzeit besichtigt werden, www.fuerstliche-schloesser.de

❸ Zoo Safaripark Stukenbrock

Für mehr als 600 Tiere entstand in dem Safaripark ein Lebensraum, der ihrer natürlichen Umgebung angepasst wurde. Wie in der freien Wildbahn leben die Tiere hier, denn in Stukenbrock sitzen nicht die Tiere, sondern man selbst hinter Gittern. Während die Berberaffen frei herumklettern und springen, fahren die Besucher im vergitterten »Affenzug« gemächlich durch das Gehege. Der Park engagiert sich zudem für die Erhaltung bedrohter Tierarten. Auch lebt hier Eclyse, das »Zebrapferd«, weltweit das einzige Zebroid, eine Kreuzung aus Pferd und Esel. Im direkt angeschlossenen Freizeitpark sorgen rasante Achterbahnfahrten, Cowboy- und Indianer-Stunts und Mehrfachloopings für Nervenkitzel.

Mittweg 16, 33758 Stukenbrock; Tel. +49 52 07/95 24 25, Apr.–Okt. 10–18 Uhr, siehe auch Webseite, www.safaripark.de

 Service

Angebot für Gäste
- Wüstenwochenenden
- Bibelwochenenden
- Kloster erleben – Intensivwoche
- Tage im Kloster
- Schweigewochen
- Einzelexerzitien, Termin nach Absprache
- Ashram-Tage mit Schweigen, Meditation und Achtsamkeit
- »Schöpfung erleben«: ein Tag der Stille im Klostergarten
- Au-pair-Aufenthalte für Gäste ab 17 Jahren. Bei Mithilfe von 4 Std. tgl. geringe Kosten für Unterkunft und Verpflegung. Angebot im Winter eingeschränkt
- Familienwochenenden für Kinder zwischen vier und zwölf Jahren

Gottesdienste
Tgl. 6.20 Uhr Laudes
Mo–Sa 7.15, So 8 Uhr Eucharistiefeier
Tgl. 12 Uhr Mittagshore, 17.30 Uhr Vesper
Mo 19.15, Di/Mi/Fr/So 19.45, Do 20, Sa 19.30 Uhr Komplet und Vigilien

Unterkunft
- 42–59 € pro Pers. und je nach Zimmer, inkl. VP
- Zuschlag bei nur einer Übernachtung: 8 €

Verpflegung
- Speisen aus eigener Landwirtschaft

Reservierung
- Gästehaus »St. Benedikt«: Sr. Lydia Stake, Tel. +49 52 44/5 29 71 30, E-Mail: gaestehaus@abtei-varensell.de

05 Benediktinerabtei Königsmünster

Die Anmut eines mittelalterlichen Klosters erwartet einen in Meschede nicht. Architektonisch modern zeigt sich die 1928 gegründete Benediktinerabtei, die, in drei verschiedenen Bauphasen entstanden, jeden romantischen Anflug meidet. Die große Anlage, zu der auch ein Gymnasium für 700 Schüler gehört, ist von funktionalem Charakter geprägt, was vielleicht nicht jedem gefällt. Ein erster Klosterflügel (Entwurf: Franz Schneider) war 1934 errichtet. Sieben Jahre später wurde das Kloster auf Druck der Nazis geschlossen und konnte erst nach Kriegsende 1945 weitergeführt werden. Fast im Lutherschen Sinne (Eine feste Burg ist unser Gott) steht die Abteikirche da wie eine protestantische Trutzburg (Architekt: Hans Schilling). Ihr Einweihungsdatum, der 1. September 1964, war symbolisch gemeint – exakt 25 Jahre nach Ausbruch des Zeiten Weltkriegs. Betont sachlich wie die Kirche gerieten auch die Anbauten von 1981 (Oase) und besonders 2001 das (Gäste-)Haus der Stille (Entwurf: Peter Kulka, Konstantin Pilcher). Das spartanische Interieur des Gästehauses hat indes seinen Reiz: hell, mit Parkettböden, Blick in den Obstgarten und auf hochsauerländische Hügel dahinter. Keine halbe Stunde zu Fuß vom Kloster liegt der 213 ha große Hennestausee, der direkt an Meschede heranreicht. Reizvoll ist, jenseits der Ruhr den Klausenweg hinauf, zur beschaulichen Klausenkapelle zu gehen – immerhin 12. Jahrhundert. Auf Feldwegen hinunter ans untere Ende des Hennedamms, beginnt dort seit 2014 die ästhetisch eindrucksvolle Himmelstreppe. Die kleine Mühe von 333 steilen Stufen und 55 Höhenmetern belohnt oben ein klasse Blick auf die Stadt und den See.

Klosterberg 11, 59872 Meschede,
Tel. 02 91/2 99 50, www.koenigsmuenster.de

Klare Linien, einfache, strukturierte Formen: In der Abtei Königsmünster soll nichts vom Wesentlichen ablenken.

BENEDIKTINERABTEI KÖNIGSMÜNSTER

Das Kloster

Die Abtei Königsmünster liegt im Hochsauerland in der Nähe des Arnsberger Waldes. Sie wurde 1928 gegründet, um die städtische Schule zu übernehmen. 1934 wurde der erste Konventbau fertig, 1981 das Jugendgästehaus »Oase« errichtet. Das »Haus der Stille« von 2001, das an ein funktionalistisches Gebäude des finnischen Architekten Alvar Aalto erinnert, ist das jüngste Gebäude der ausgedehnten Anlage. Im Mittelpunkt des dorfähnlichen Klostergeländes mit zahlreichen Werkstätten, dem Gartenhaus, einem Bauernhof und der Mosterei steht die Kirche. Erbaut wurde sie in den 1960er-Jahren von Hans Schilling aus rotbraunem Klinker im Stil der Festungsarchitektur mit Oberlicht. Äußerlich eine Schiff-Silhouette, orien-

Benediktinerabtei Königsmünster

tiert sich das Innere an den geometrischen Formen des Fünfecks und der Parabel. Über dem Altar im Zentrum hängt ein Kreuz, das mit Edelsteinen und Münzen aus verschiedenen Epochen und einem Meteoritensplitter bestückt ist. Die zwölf gesalbten Steine in der Kirche entstammen bedeutenden Orten der christlichen und abendländischen Geschichte, wie etwa dem KZ Dachau oder dem Jordan als Taufstätte Christi.

Königsmünster verfügt über eine Vielzahl von Handwerksbetrieben, z. B. über eine Kunstschmiede, eine Schreinerei, eine Handweberei für Paramente, eine Buchbinderei und eine Töpferei. Weiterhin betreiben die Mönche eine Bäckerei, eine Metzgerei sowie eine kleine Gärtnerei und unterrichten Kinder in Karate.

Für männliche Gäste stehen einige Zimmer im »Klausurgastbereich« der Abtei zur Verfügung. Dort haben sie die Möglichkeit, mit den Mönchen zu essen, zu beten und zu arbeiten. Im Übrigen wohnen Einzel- und Tagungsgäste im Haus der Stille, Jugendliche und Familien im wohnlichen Backsteinbau Oase. Seine meditativ-reduzierte Einrichtung, die bis hin zu den quaderförmigen Holzstühlen reicht, macht das Haus der Stille zum entsinnlichten Kubus aus Glas und Beton. Verspielt ist einzig der Blick, den man von den Zimmern auf die Apfelbäume hat. Gäste im Haus der Stille werden von der Klosterküche mit vier Mahlzeiten am Tag

Stille und Rückzug im Kloster: Von den schlichten Zimmern aus blickt man auf die Apfelbäume im schönen Garten Königmünsters.

Als Gast im Kloster

Königsmünster fordert Nachdenkliche und Philosophen durch sein sehr anspruchsvolles Kursprogramm heraus. Liebhaber minimalistischer Baukunst kommen im Haus der Stille auf ihre Kosten. Wer mag, macht neben den Schafen »Ferien auf dem Bauernhof«.

BENEDIKTINERABTEI KÖNIGSMÜNSTER

versorgt. Das Essen stammt größtenteils aus klostereigenen Betrieben. Einzelgäste können am Leben der Mönche teilnehmen. Regelmäßig angeboten werden kontemplative Exerzitien, Einzelexerzitien mit Schweigen und Meditation, Einkehrzeiten und Meditation. Mitarbeiten können Gäste im Garten. Im Programm gibt es darüber hinaus Familienwochen mit Tanz, Gesang und Wandern, Männer- und Frauenwochenenden, Besinnungstage für Schulklassen, Zen-Meditationen, Qigong, Yoga und Tai-Chi.

❶ Bilsteinhöhle Warstein

Die Warsteiner Bilsteinhöhle wurde im Jahre 1887 bei Wegearbeiten entdeckt. Vor ca. 10 000 Jahren diente sie vermutlich einer Jägergruppe als Rastplatz. Bei einer Besichtigung des unterirdischen Labyrinths erhält man Einblicke in die Entstehungsgeschichte der jahrtausendealten Tropfsteinformationen und lernt, Stalagmiten von Stalaktiten zu unterscheiden.

Im Bodmen 54, Warstein, Tel. +49 29 02/27 31, April–Okt. 9–16.30, Nov.–März 10–15.30 Uhr, www.bilsteintal.de

❷ Villa KünstlerBunt

Aus dem Zusammenschluss einiger Mescheder Künstler entstand im Sommer 2001 das Kulturprojekt »Villa KünstlerBunt«, ein Ort für lebhaftes kreatives Treiben. Die Villa ist ein Treffpunkt für schöpferisch Tätige und fördert den künstlerischen Nachwuchs. Hier wird Kunst gezeigt, gemacht und sich mit ihr auseinandergesetzt. Fortlaufend gibt es Ausstellungen, offene Ateliers und ein buntes Kreativangebot für Kinder und Erwachsene. Anmeldungen für Kurse in der Villa KünstlerBunt sind online möglich.

Mittelstr. 2, 59872 Meschede-Eversberg; Tel. +49 291/566 27, www.villa-kuenstlerbunt.de

❸ Himmelstreppe Meschede

Sie scheint direkt in den Himmel zu führen: Nach 333 Stufen erreicht man eine Aussichtsplattform auf dem Staudamm des Hennesees und blickt über Meschede und den blau glitzernden See. Die Treppe ist Teil des Henne-Boulevards, eines Rundgangs durch die Innenstadt Meschedes, vorbei an deren Sehenswürdigkeiten, wie z. B. der Klausenkapelle am Langeloh aus dem 12. Jahrhundert. Sehenswert ist hier der kostbare Schnitzaltar, der ursprünglich aus dem 1810 aufgelassenen Kloster Galiläa stammt. Eine weitere Wegstation ist der Hennepark, eine hübsche Parkanlage mit grünen Auenwiesen und der plätschernden Henne.

Le-Puy-Str. 6–8, 59872 Meschede, Tel. +49 291/902 24 43, www.meschede.de

---

ℹ Service

Angebot für Gäste
- Einzelexerzitien
- Kurse: Familienwoche
- Tai-Chi und Qigong
- Kontemplationskurs
- Ikebana (Blumenarrangements mit den ersten Frühlingsblüten)
- Zen-Meditation
- Fasten und Schweigen
- Trauerseminare
- Männer- und Frauenwochenenden
- Tage des Zu-sich-Kommens
- Samstags ab 11 Uhr: Eintopf aus der Klosterküche

Unterkunft
- Haus der Stille: EZ 43 € mit Frühstück, 70 € inkl. VP
- Zuschlag bei nur einer Übernachtung: 10 €
- Alle Zimmer mit WC und Nasszelle
- Oase: EZ 32 €, DZ 23 € pro Pers. mit Frühstück, EZ 51 €, DZ 42 € inkl. VP, Jugendliche EZ 31 €, DZ 24 €

Verpflegung
- durch die Klosterküche, Nahrungsmittel überwiegend aus Klosterbetrieben

Einkaufsmöglichkeit
- Klosterladen: Brot aus der Klosterbäckerei, Pralinen, Marmeladen und Konfitüren aus der Klosterküche, Kunsthandwerk, Bücher, Kerzen, Kreuze, religiöse Artikel
- Öffnungszeiten: Mo–Sa 9–13, 14–17.30, So 10.40–11.40 Uhr

Reservierung
- Für »Mitleben im Kloster«, Haus der Stille, Oase: Gastbüro, Tel. +49 291/299 52 10
- Alle Kontaktformulare im Internet unter www.koenigsmuenster.de
- Reservierung im Voraus nötig

06 Benediktinerinnenabtei vom Hl. Kreuz Herstelle

Wer auf der Weser per Schiff in den nordrhein-westfälischen Ort Herstelle einfährt, dem bietet sich ein beeindruckender Blick: Auf der Anhöhe, auf der Karl der Große einst sein Winterlager errichtete, erhebt sich rechter Hand die rötliche, in Wesersandstein gekleidete Burg und links das Kloster, das im letzten Jahr des 19. Jahrhunderts durch Benediktinerinnen aus Luxemburg wiederbelebt wurde. Schon 1924 wurde das Kloster zur Abtei erhoben und in die Beuroner Kongregation aufgenommen. Nach dem Zweiten Konzil öffnete sich das Kloster zunehmend der Öffentlichkeit: Steigen Besucher vom Dorf aus die sehenswerte Klostertreppe aus dem 18. Jahrhundert mit ihren 185 steilen Stufen zur alten Pforte der Abtei hinauf, finden sie einen komfortablen Neubau für Gäste vor. Neben Exerzitien, Besinnungstagen und Tai-Chi-Kursen zeichnet sich die Abtei durch ihr künstlerisches Spektrum aus: In verschiedenen Werkstätten töpfern die Benediktinerinnen, stellen Seifen und Kerzen her, die sie im Klosterladen verkaufen. Selbst Hand anlegen und benediktinische Gemeinschaft erleben, können Gäste während der »ora et labora«-Tage bei der Arbeit im Klostergarten.

Carolus-Magnus-Str. 9, 37688 Beverungen, Tel. +49 52 73/ 80 41 14, www.abtei-herstelle.de

Unter erfahrener Anleitung kann man im Kloster Herstelle künstlerisch tätig werden.

BENEDIKTINERINNENABTEI VOM HL. KREUZ HERSTELLE

Benediktinerinnenabtei vom Hl. Kreuz Herstelle

Das Kloster

Herstelle ist ein kleines Dorf zwischen Paderborn und Göttingen, das seinen Namen von Karl dem Großen erhielt. 1657 begannen Minoriten mit dem Klosterbau auf dem Burgberg; erst 1899 gründeten die Benediktinerinnen in den verfallenden Gebäuden ihr Kloster, in dessen Garten heute friedlich Schafe grasen. Die Nonnen arbeiten im künstlerischen und literarischen Bereich, verkaufen kunstgewerbliche Produkte und führen einen Klosterladen. Sie bieten Kurse der Einkehr und Besinnung an. Das Kloster verfügt über ein breites Programm, das Wüstentage und Meditationswochenenden umfasst.

❶ Weser-Skywalk

Sieben bis zu 75 m hohe Klippen aus Sandstein überragen die Weser bei Würgassen. Auf der östlichsten der sogenannte Hannoverschen Klippen wurde 2011 eine Aussichtsplattform mit einer grandiosen Sicht über das Wesertal errichtet. Zwei Wege führen hinauf: Der »Holzweg« beginnt am Parkplatz der Fährstelle Herstelle-Würgassen und informiert unterwegs über den Lebensraum Wald; der eher für geübte Wanderer geeignete »Klippensteig« führt von Bad Karlshafen in Serpentinen und über Sandsteinstufen den Steilhang hinauf. Im Schutzgebiet rund um die eindrucksvollen Klippen finden sich über 300 Jahre alte Bäume, mehr als 500 Schmetterlingsarten konnten nachgewiesen werden.

www.beverungen.de

❷ Schifffahrt auf der Weser

Von Beverungen oder Herstelle aus starten die Schiffe der »Flotten Weser« gemächlich in Richtung Bad Karlshafen, nach Corvey, Höxter oder weiter bis nach Hameln. Unterwegs gibt es schöne Ausblicke auf die Weserlandschaft.

Schifffahrten: Am Stockhof 2, 31785 Hameln, Tel. +49 51 51/93 99 99, Mai–Anf. Okt., Abfahrt Di–So. ca. 10.20 Uhr, www.flotte-weser.de

Als Gast im Kloster

Bedächtiges Kloster in einer geschichtsträchtigen Umgebung und eingebettet in die abwechslungsreiche Landschaft des Wesertals. Empfehlenswerte Keramikwerkstatt! In der Umgebung lassen sich schöne Wanderungen unternehmen.

Service

Angebot für Gäste
- »Ora et labora«
- Kloster auf Zeit (für Frauen)
- Orientierungstage
- Einzel- und Gruppenexerzitien
- Suche nach dem inneren Weg und der eigenen Kraftquelle
- Gestalt-Kurse
- Wüstentage
- Wandern mit der Bibel
- Wochenende für Trauernde
- Familienwochenden
- Tai-Chi und Qigong
- Stimmbildungs- und Gesangsworkshops
- Coachings
- Interreligöse Gespräche

Unterkunft
- Kloster auf Zeit: Tagessatz: 10 €
- Gästehaus St. Scholastika: EZ 58 €, DZ 53 € pro Pers. inkl. VP
- Alle Zimmer mit Nasszelle
- Zuschlag bei nur einer Übernachtung: 5 €

Einkaufsmöglichkeit
- Klosterladen: Bücher, CDs, Keramik, Honig, Tee, Kerzen, Naturseifen
- Öffnungszeiten: Mo–Fr 10–12.30, 14.30–17.30, Sa 9–12.30, 14.30 bis 17.30 Uhr

Reservierung
- Kloster auf Zeit: Sr. Lucia Solcher, Tel. +49 52 73/80 41 14, E-Mail: sr.lucia@abtei-herstelle.de
- Gästehaus St. Scholastika: Tel. +49 52 73/80 41 14, E-Mail: gaestehaus@abtei-herstelle.de

07 Kloster Gerode

Es gibt noch Ziele in Deutschland, die man auf der Karte lange suchen muss. Die ehemalige Benediktinerabtei Gerode gehört dazu. Das um 1100 gegründete Kloster hat seit seiner Aufhebung 1802 so manche Nutzung erlebt. Die heutige ist sicher die harmonischste. Wer mal abschalten mag, wird sich im Klosterambiente dieses Wellnesshotels geborgen fühlen. Hier kann man sich in Yoga üben, massieren lassen oder einfach den Vögeln lauschen. Der Südharz sorgt rundum für viel Natur. Im parkartigen Garten gibt es noch Reste einer einst 900 m langen Klostermauer. Auch die Ruine der Abteikirche ist von romantischem Reiz. Das beflügelt die Fantasie, wirkt märchenhaft. Auch in der näheren Umgebung scheint manches wie aus einer Fabelwelt zu sein. Die zahlreichen Tierknochen etwa, die in der größten Besucherhöhle des Harz' gefunden wurden. Lange galten sie als Relikte des mythischen Einhorns. Selbst Leibniz, der große Aufklärer, glaubte einst daran. Es waren aber, wie sich später zeigte, nur Höhlenbären, deren Relikte man hier fand. Wem dies einen Bärenhunger bereitet, der kann ihn dank der vegetarisch-mediterranen Klosterküche köstlich stillen.

Kloster Gerode, 37345 Gerode, Tel. +49 360 72/82 00, www.wegdermitte.de

Eine mystische Stimmung herrscht in den Ruinen der alten Abteikirche Gerode vor.

KLOSTER GERODE

Das Kloster

Kloster Gerode liegt im nördlichen Mittelgebirge zwischen Harz und Ohmgebirge inmitten eines schönen, großen Anwesens mit altem Baumbestand. Die alte »Paradiesquelle« mit Teich und Bächen und die anmutige Landschaft mit einem Obst- und Gemüsegarten und einem Heilpflanzengarten tragen zu der Atmosphäre von Ruhe und Gelassenheit bei. Das Gelände ist von einer wuchtigen Klostermauer aus dem 14. Jahrhundert umgeben. Als »stille Zeitzeugen« der um 1100 gegründeten Benediktinerabtei sind zwei Reliefs von den Schutzheiligen des Klosters erhalten, eine Madonna im Strahlenkranz von 1607 über dem Haupteingang des Konventsgebäudes und der Erzengel Michael von 1681 rechts neben dem Klostertor. Nach der Wende gelangten die Klosteranlagen zunächst in den Besitz der Firma Siemens und wurden 1994 vom gemeinnützigen Verein »WEG DER MITTE« für ganzheitliche Gesundheit, Bildung und Soziales erworben, renoviert und als Seminar- und Tagungshaus eröffnet.

Die Beete des Heilpflanzengartens sind um ein zentrales, mit niedrigen Buchsbaumhecken umrandetes Wegekreuz angelegt, in dessen Mitte sich ein Brunnenrondell befindet. Die inneren Beete umgibt ein quadratischer Umgang, der in Anlehnung an die klösterlichen Kreuzgänge mit ihren Gewölben hier durch Rosenbögen führt. In Gerode machen Gäste »Ferien mit Wohlgefühl«. Es gibt ein umfangreiches Yoga- und Wellness-Programm mit täglich drei vegetarischen Mahlzeiten, Yogastunden, Abendmeditation und -tee. Ferner werden Erholungstage, Massagen und Tiefenentspannung angeboten. Gäste können auch an Entsäuerungs- und Detoxkuren teilnehmen.

Als Gast im Kloster

Gerode hat sich auf Naturheilkunde und Yoga spezialisiert – auch Lehrer werden dort ausgebildet. Für das perfekte Wohlfühlen sorgt die ausgewogene vegetarische Kost. Und: In diesem Park ist Gartenarbeit keine Pflicht, sondern ein Vergnügen!

1 Einhornhöhle Bad Lauterberg

Die größte Schauhöhle des Westharzes ist durch einen alten Höhlenfluss entstanden und hat eine Führungslänge von 270 m. Innerhalb der Hauptstrecke durchschreitet man mehrere große Hallen und Dome, die durch niedrige Gänge miteinander verbunden sind. Die zu Pulver zermah-

Viele heilkräftige Pflanzen und Kräuter wachsen im Garten des Klosters.

lenen Gebeine des »Unicornu fossile«, des vermeintlichen Einhorns, waren über die Jahrhunderte europaweit als Medizin begehrt. Heute weiß man, dass es sich bei den Knochenfunden um die fossilen Reste von Höhlenbären handelt, die hier vor und während der letzten Eiszeit beheimatet waren. Auch Steinwerkzeuge hier siedelnder Neandertaler wurden gefunden. In der Einhornhöhle kann man in die Fußstapfen der berühmten Forscher Leibniz, Goethe, Cuvier und Virchow treten und wie diese die schmalen Gänge und großen Säle der Höhle erkunden.

Im Rott, 37412 Herzberg am Harz, OT Scharzfeld, Tel. +49 55 21/99 75 59, April–Okt. Di–So 11–17 Uhr, Führungen zu jeder vollen Stunde, www.einhornhoehle.de

KLOSTER GERODE

 Service

Angebot für Gäste
- Time-out im Kloster und Retreats
- Yoga-Kurse
- »Benefit Yoga®«
- Wandern
- Meditation und Tiefenentspannung
- Kururlaub, Entsäuerungskuren und Detox
- Work & Study: Kloster auf Zeit (Mitarbeit im Klostergarten)
- Faszien-, Bindegewebsmassagen, ayurvedische Ölmassagen
- Kreatives Leben
- Heilkost
- Gärtnern mit Herz
- Heil- und Wildkräuterseminare
- Gesundheitsurlaub und Erholungstage
- Akupunktur
- Intuitives Bogenschießen
- Ayurvedisches Kochen

Unterkunft
- Kloster auf Zeit: 175 € pro Woche, Vierbettzimmer inkl. VP
- Gastaufenthalt: EZ 125 €, DZ 95 € pro Pers. inkl. VP
- Pauschalangebote ab 170 € pro Pers.

Verpflegung
- Biologische, vegetarische Kost
- Kloster-Café mit Parkterrasse
- Öffnungszeiten: Mai–Okt. Sa 14–16.30, So 14–17 Uhr

Reservierung
- Gesundheitszentrum Weg der Mitte: Tel. +49 360 72/82 00, E-Mail: klostergerode@wegdermitte.de, Online-Anmeldung unter www.wegdermitte.de

Das Kloster liegt inmitten eines weitläufigen, unter Naturschutz stehenden Parks. Manche der Bäume sind bis zu 200 Jahren alt. Am stillen Teich lässt sich's gut verweilen.

❷ Schloss Herzberg

Das Herzberger Welfenschloss hat seinen Ursprung im 11. Jahrhundert. Es ist das größte Schloss in der Fachwerkbauweise Niedersachsens und eines der bedeutendsten Baudenkmäler der Harzregion. Seit 1882 befindet sich im Sieberflügel des Schlosses das Amtsgericht in historischem Ambiente. Den Besucher erwarten Ausstellungen zur Schloss- und Herrschaftsgeschichte, ein Faksimile des Evangeliars Heinrichs des Löwen, der Rittersaal als Konzert-, Vortrags- und Ausstellungsraum und das Schlossrestaurant und Café.

Schloss 2, 37412 Herzberg am Harz;
Tel. +49 55 21/47 99, April–Okt. Mi–So 10–16, Nov.–März Mi–So 11–16 Uhr,
www.museumschloss-herzberg.de

❸ Wandern im Nationalpark Harz

Der Nationalpark Harz unterhält ein Wanderwegenetz von insgesamt 290 km Umfang. »Sanfter Tourismus« ist heute in aller Munde, der Harzklub praktiziert diese naturschonende Form der Erholung schon seit seiner Gründung 1886. Steile Bergzüge, Hochebenen und schmale Täler prägen den Landschaftscharakter. Besonders beeindruckend für Naturfreunde ist der Vegetationswechsel auf engem Raum. In neuerer Zeit wurden Luchse im Nationalpark wiederangesiedelt, die mit etwas Glück in freier Wildbahn, aber ganz sicher im Schaugehege an der Rabenklippe beobachtet werden können.

www.nationalpark-harz.de, www.harzklub.de

Ensemble aus Schloss, Kloster und Kirche – Wechselburg wird auch Perle des Muldentals genannt.

08 Benediktinerkloster Wechselburg

Einen großen Bogen macht die Zwickauer Mulde um den Schlosspark, der an das Jugend- und Familienhaus des sächsischen Klosters angrenzt. Gäste sollten es dem Fluss aber nicht gleichtun. Denn der barocke Landschaftspark im englischen Stil ist ein beschaulicher Ort, wo verschlungene Wege an alten, bizarren Gewächsen vorbeiführen mit illustren Namen wie Kuchen-, Tulpen- und Trompetenbaum. Auch die 1873 erbaute Lourdes-Grotte, zu der jährlich Tausende pilgern, findet sich dort. Zeichen noch älterer Kunstfertigkeit beherbergt die Basilika: Der Lettner, der den Chorraum vom Kirchenschiff wahrhaft meisterlich trennt, stammt aus dem 13. Jahrhundert und seine Triumpfkreuzgruppe gehört zu den bedeutendsten spätromanischen Zeugnissen Deutschlands. Dazu kommt die Landschaft, das Tal der Burgen im Herzen von Sachsen, das geschichtlich Interessierte und Naturliebhaber gleichermaßen begeistern dürfte. Die Mönche laden katholische und evangelische Christen sowie Konfessionsfreie ein, am Klosteralltag teilzunehmen und vor allem eines zu finden: Ruhe.

Markt 10, 09306 Wechselburg, Tel. +49 373 84/808 11, www.kloster-wechselburg.de

BENEDIKTINERKLOSTER WECHSELBURG

Service

Angebot für Gäste
- Wechselburger Samstage
- Einkehrzeiten und Tage der Stille
- Fastenkurse
- Kirchenmusikkonzerte

Gottesdienste
Sa 7.30, So–Fr 6.45 Uhr Laudes
Di/Do/Sa/So 12 Uhr Mittagshore
Sa 16.30, So–Fr 18 Uhr Vesper
Tgl. 19.30 Uhr Komplet
Mo/Mi/Fr 12, Di/Do 7.15, Sa 8,
So 10.30 Uhr Eucharistie

Unterkunft
- Haus der Begegnung: Übernachtung inkl. VP 38 €, Wochenende (2 Tage) 81 €
- Zuschlag bei nur einer Übernachtung: 5 €
- Zuschlag für EZ: 10 € mit Bad, 5 € ohne Bad
- Bettwäsche/Handtuch: 5 €
- Selbstversorger: 15,50 €, Wochenende (2 Tage) 36 €

Verpflegung
- VP im Gästehaus möglich
- Küchen für Selbstversorger

Einkaufsmöglichkeit
- Klosterladen: Bücher, Tee, Keramik, Gewürze, Kräuterbonbons. Salben
- Öffnungszeiten: Sa/So 13–16 Uhr

Reservierung
- Kloster auf Zeit: Gastpater Maurus Kraß, Tel. +49 373 84/80 80, E-Mail: pater.maurus@kloster-wechselburg.de
- Haus der Begegnung: Tel. +49 373 84/808 13, E-Mail: jugendhaus@kloster-wechselburg.de

Benediktinerkloster Wechselburg

Das Kloster

Als Graf Dedo von Wettin 1156 das Rochlitzer Land erbte, ließ er eine Kirche errichten, die der gräflichen Familie als Grabstätte dienen sollte. Zur Kirche stiftete er ein Kloster und beorderte Mönche aus Lauterberg dorthin. 1543 wurde das Kloster aufgehoben und erst im Jahr 1993 von Ettaler Mönchen neu gegründet. Ein wunderbarer Park, den die Zwickauer Mulde umfließt, schließt sich unmittelbar an das »Haus der Begegnung« an, in dessen kuscheligen Giebelzimmerchen bis zu 22 Gäste Platz finden können. Zur Verfügung stehen mehrere Mehrbett- und zwei Einzelzimmer. Die Einkehrzeiten schärfen durch Meditation und Gebet die Sinne; die Gäste leben mit den Mönchen im Rhythmus des Klosteralltags. Kulturinteressierte erkunden das geschichtsträchtige sächsische Burgenland, Sportliche radeln durch die Dahlener Heide. In Wechselburg kann man auf den verschlungenen Wegen des idyllischen Schlossparks wandeln oder zur Lourdes-Grotte im Park pilgern.

Lutherweg Sachsen

Die landschaftlich reizvolle Gegend rund um Wechselburg bietet einige schöne Touren zum Wandern. Eine abwechslungsreiche Strecke führt entlang des sächsischen Lutherwegs von Wechselburg nach Rochlitz. Hier wirkte zur Zeit Luthers die Herzogin Elisabeth von Sachsen; diese war maßgeblich an der Einführung der Reformation in ihrem Territorium beteiligt.

www.lutherweg-sachsen.de

Schloss Rochlitz

In der imposanten Burganlage ist heute ein modernes Museum untergebracht. Auf einem Rundgang erkundet man das mittelalterliche Schloss samt interaktiver Ausstellung. Ein witziges Detail sind die Putzritz-Zeichnungen, die einst junge Wettiner-Prinzen in die Wände kratzten.

Sörnziger Weg 1, 09306 Rochlitz, Tel.+49 37 37/49 23 10, Apr.–Okt. Di–Fr 10–17, Sa/So 10–18 Uhr, www.schloss-rochlitz.de

Als Gast im Kloster

Das Kloster liegt inmitten der idyllischen Landschaft des sächsischen Burgenlands. In der schönen Umgebung und der herrlichen Parkanlage kann man bei Spaziergängen Erholung suchen. Ein Aufenthalt im Kloster schafft Freiräume und gibt Zeit, um zur Ruhe zu kommen.

Am Giebel der Klosterkirche leuchtet golden der Morgenstern, Namensgeber des Klosters.

09 Kloster St. Marienstern

Für alle Nichteingeweihten: Das Klosterwasser ist keine Art Weihwasser, das man beim Bekreuzigen auf die Stirn sprengt, sondern ein kleiner Fluss. Auf seinem 25 km langen Weg durch die idyllische Oberlausitzer Landschaft umschmeichelt er fließend das Kloster St. Marienstein, dem er seinen Namen verdankt. Gar nicht dankbar zeigte sich der Fluss allerdings 1991, als er während eines Hochwassers die Klostergärtnerei völlig zerstörte. Doch die seit Mitte des 13. Jahrhunderts bestehende Abtei hat schon Hussitenkriege und Reformation, Pest und Säkularisierung, Naziherrschaft und atheistische DDR überstanden. Und so wurde anstelle der einstigen Gärtnerei ein Ernährungs- und Kräuterzentrum mit Umwelt- und Lehrgarten eingerichtet, worin nun Projekttage und Seminare stattfinden. Auch die Nonnen zeigen sich gastfreundlich: Besucher sind innerhalb der im Weiß-Rot der Barockzeit umgebauten, prachtvollen Klosteranlage gerne gesehen, können an den Gebetszeiten teilnehmen, die das klösterliche Leben prägen, und hier nächtigen. Und wer mag, kann während eines Fastenkurses für Gesunde die Einfachheit der Ernährung vor solch üppiger Kulisse zelebrieren. Die Schwestern engagieren sich in der Behindertenbetreuung, unterhalten Klosterladen, Gästehäuser und führen durch die einzigartige Klosterschatzkammer.

Ćišinskistr. 35, 01920 Panschwitz-Kuckau, Tel. +49 357 96/944, www.marienstern.de

KLOSTER ST. MARIENSTERN

Das Kloster

Sanfte Hügelzüge, weite Felder, alte Alleen, kleine Dörfer und stille Wälder: Das ist die Oberlausitz im Osten von Sachsen. Das Klosterwasser, ein ruhiges Flüsschen, durchzieht das Gemeindegebiet. Inmitten dieser Landschaft liegt am Rande des Dorfes Panschwitz-Kuckau das Kloster St. Marienstern. Der rot-weiße Bau grüßt mit seinem leuchtenden Stern auf dem Dachreiterturm weit in die Ferne hinaus. Unter seinem Schutz konnten die katholischen Sorben, eine slawische Minderheit in Ostdeutschland, ihre Kultur bewahren. Der Morgenstern soll 1248 Ritter Bernhard von Kamenz den Weg aus dem Sumpf gewiesen haben. Als Dank stiftete er die Zisterzienserinnenabtei, ließ eine gotische Kirche errichten und stattete das Kloster mit umfangreichem Besitz aus. Seit 1697 bestehen enge Verbindungen zwischen dem Kloster und dem sächsischen Herrscherhaus.

Die ehemalige Klostergärtnerei wurde zu einem Umwelt- und Lehrgarten mit historischem Kräutergarten, Bauerngarten, Biotopen, Streuobstwiesen und einem »Garten der Sinne« gestaltet. Besucher können sich hier über umweltgerechten

Zisterzienserinnenabtei St. Marienstern

Als Gast im Kloster

Das »Ernährungs- und Kräuterzentrum« des Klosters sorgt nicht nur für Informationen rund um die Gesundheit, sondern schafft in seinem fantastischen Park mit Kräuterbad und Bauerngarten eine Oase für alle Sinne.

Gartenbau sowie gesunde Ernährung informieren. Therapeutisch wirkende Kräuter, prachtvolle Blütenstauden und ein naturbelassener Teich verwandeln den Garten in eine duftende Ruheoase. Die »Schatzkammer« im Bernardhaus hütet Meisterwerke gotischer Goldschmiedekunst, Mariendarstellungen, Perlstickereien und Buchmalereien, die die Einbindung von St. Marienstern in die Kultur Mitteleuropas deutlich machen. Im Gästehaus stehen Besuchern, die in der Klostergemeinschaft mitleben möchten, gemütliche, in das Gesamtensemble eingebettete Zimmer zur Verfügung. Aufenthaltsräume mit Gästeküche sind Ausdruck des familiären Charakters dieser Unterkunft. Die sorbische Küche mit frischen Forellen aus den Klosterteichen lockt zahlreiche Gäste in die historischen Kellergewölbe der Gaststätte »Klosterstübel«. Nach vorheriger Anmeldung können die Gäste hier »Bechern und Tafeln wie im Mittelalter« – getrunken wird dabei das St. Mariensterner Klosterbräu. Es werden verschiedene Projekte zur gesunden Ernährung sowie Fastenwochen angeboten.

① Sorbisches Museum

Auf 830 qm widmet sich das Museum der Geschichte und Kultur der Sorben vom Mittelalter bis in die Gegenwart. Im Erdgeschoß wird die sorbische Siedlungsgeschichte erzählt, daran angeschlossen folgt eine Ausstellung zur Lebens- und Wirtschaftsweise sowie zu den Gebräuchen der sorbischen Siedler. Besonders sehenswert sind hier die vielen ausgestellten Trachten mit ihren zum Teil aufwendigen Stickereien. In der ersten Etage wird die Entwicklung des sorbischen Nationalgefühls zu Beginn des 19. Jahrhunderts nachgezeichnet. Themenschwerpunkte sind die sorbische Volkskunst und -musik, Literatur und Sprache. Die zweite Etage zeigt Werke sorbischer Künstler, u.a. von Martin Nowak-Neumann und Otto Garten.

Ortenburg 3, 02625 Bautzen, Tel. +49 35 91/270 87 00, Di–So 10–18 Uhr, www.sorbisches-museum.de

② Deutsch-Sorbisches Volkstheater Bautzen

Das Deutsch-Sorbische Volkstheater ist das einzige zweisprachige Theater in Deutschland. Im Programm stehen verschiedene Schauspielproduktionen in deutscher und sorbischer Sprache, Musical, Ballett, Opern und Operetten sowie zahlreiche Konzerte. Höhepunkt des Jahres ist der Theatersommer im Hof der historischen Ortenburg für die ganze Familie.

Seminarstr. 12, 02625 Bautzen, Tel. +49 35 91/58 42 25, www.theater-bautzen.de

KLOSTER ST. MARIENSTERN

 Service

Angebot für Gäste
- »Ora et labora«: Mitleben in der Hausgemeinschaft
- Gartenarbeit im Klostergarten
- Projekte und Seminare zu Themen der gesunden Ernährung
- Naturlehrpfad
- Tage der Stille
- Fastenwochen für Gesunde mit kreativen Angeboten und Entspannung
- Wechselausstellungen im Eiskeller
- Heilkräuter

Gottesdienste
Mo–Sa 4.30 Uhr Vigil, 6 Uhr Laudes, So 5.30 Uhr Vigil und Laudes
Mo–Sa 7 Uhr hl. Messe mit anschl. Terz, So 8.45 Uhr Terz, 9 Uhr hl. Messe
Mo–Sa 11.30, So 11 Uhr Sext und Non
So 14 Uhr Rosenkranz, 14.30 Uhr Andacht
Mo–Sa 17, So 16.30 Uhr Vesper
Mo–Fr/So 19, Sa 18 Uhr Komplet

Unterkunft
- Gästehaus: 13 Zimmer mit und ohne Bad
- Preise je nach Ausstattung 18–28 € inkl. Frühstück

Verpflegung
- Speiseraum im Kloster
- Klosterstübel: Oberlausitzer Spezialitäten
- Öffnungszeiten: Mo 11–14, Mi–So. 11–21 Uhr

Einkaufsmöglichkeit
- Klosterladen: Devotionalien, Bücher, Kerzen, Postkarten, Klosterbier, St. Mariensterner Klosterlikör und Kräuterbitter, Gewürzsalze, Öle und Essige, Fruchtaufstriche und Marmeladen, handgestrickte Babybekleidung
- Öffnungszeiten: Mo–Fr 10–16.30, Sa 12.30–16 Uhr

Reservierung
- Gästehaus: Sr. Dolores, Tel. +49 357 96/9 94 31, E-Mail: gaestehaus@marienstern.de
- Rechtzeitige und schriftliche Anmeldung erwünscht

③ Landschaftsschutzgebiet Ostro – Neustädtel

Das Landschaftsschutzgebiet ist zum Wandern besonders geeignet und besitzt eine vielfältige Flora und Fauna mit naturnahen Mischwäldern aus Winterlinden, Stieleichen und Hainbuchen. Am Klosterwasser, einem Forellenbach, kann der seltene Eisvogel beobachtet werden. Das Schutzgebiet schließt sich an das bedeutendste archäologische Denkmal der Oberlausitz, die Ostroer Schanze, an. Als Burgwall diente die Schanze zum Schutz vor kriegerischen Angriffen. Eine erste Wallanlage wurde auf dem rund 260 x 160 m großen Areal bereits im 7. Jahrhundert v. Chr. errichtet, im Mittelalter befand sich hier eine befestigte Burg. Heute bietet die Schanze einen herrlichen Blick in die Lausitzer Landschaft.

④ Lessingmuseum Kamenz

Kamenz ist die Geburtsstadt Gotthold Ephraim Lessings. Ihrem berühmtesten Sohn weihte die Stadt ein Denkmal und ein Museum, das eine Bibliothek mit rund 5500 Titeln und Schriften zum Leben und Wirken des Aufklärers und Dichters sowie eine Sammlung zu seiner Familiengeschichte umfasst.

Lessingpl. 1–3, 01917 Kamenz, Tel. +49 35 78/37 91 11, DiFr 9–17, Sa/So 13–17 Uhr, www.lessingmuseum.de

⑤ Gartenkulturpfad Kamenz

Die Lessingstadt ist ein kleines Juwel der Gartenbaukunst, denn hier wirkte einst der Landschaftsarchitekt und Kunstgärtner Wilhelm Weiße (1846–1916) und sorgte u. a. dafür, dass Kamenz auch heute noch reizvolle Parkanlagen zu bieten hat. Der Gartenkulturpfad umfasst die schönsten grünen Ecken der Stadt und lässt auch die historische Altstadt nicht zu kurz kommen. Der Spaziergang beginnt im Rhododendronpark auf dem 300 m hohen Hutberg. Besonders malerisch zur Blütezeit der zahlreichen Azaleen und Rhododendren. Vom Hutberg herab läuft man in Richtung Stadt zur Schillerpromenade und zur Lessing-Gedenkstätte mit einem Abstecher in den Bönischpark. Weitere Stationen des Pfades sind das Herrental, das als ursprünglicher Besiedlungsort Kamenz gilt, sowie der Volkspark und der Wilhelm-Weiße-Garten.

Tourist Info: Schulpl. 5, 01917 Kamenz, Tel. +49 35 78/37 92 05, www.kamenz.de

Umgeben von Weinbergen liegt St. Marienthal im Dreiländereck Deutschland-Polen-Tschechien.

10 Kloster St. Marienthal

Kunigunde, der Gemahlin König Wenzels von Böhmen, ist es laut der Klosterannalen durch ihre Gründung 1234 zu verdanken, dass St. Marienthal auf eine ziemlich lange Historie zurückblicken kann. Damit gilt das Frauenkloster als das älteste der Zisterzienserinnen in Deutschland, das seit seiner Gründung ununterbrochen besteht. Im Wandel der Zeiten haben die Ordensfrauen im äußersten Osten Sachsens schon allerhand erlebt: die Reformation, Kriege, verheerende Feuer- und Hochwasserkatastrophen – wie zuletzt 2010, als die Neiße über ihre Ufer trat und eine Verwüstung der Klosteranlagen in Millionenhöhe hinterließ. Doch immer wieder verwandeln schaffige Hände die Abtei in das zurück, was Gäste und Besucher an ihr so schätzen: in einen Ort der Besinnung und Ruhe – und der Gastfreundschaft. Da 15 Schwestern in einem so weiträumigen Kloster zu wenige sind, um alle Gebäude zu nutzen, beschlossen die Ordensfrauen 1992, eine Stiftung zu gründen. Das Internationale Begegnungszentrum (IBZ) sorgt seither für eine neue Belebung im Kloster mit immerhin gut 200 Veranstaltungen im Jahr. Das IBZ organisiert Fortbildungen, grenzüberschreitende Begegnungen und jährlich nächtigen 25 000 Gäste hinter Klostermauern. Zudem öffnet die Abtei ihre Pforten für Führungen oder Feste und junge Frauen können das Klosterleben auf Zeit ausprobieren. Auch weltlich Orientierte zieht es hierher: der Oder-Neiße-Radweg führt direkt durchs Klostergelände.

St. Marienthal 1, 02899 Ostritz, Tel. +49 358 23/773 00, www.kloster-marienthal.de

KLOSTER ST. MARIENTHAL

Service

Angebot für Gäste
- Familienferien
- Fastenwoche für Gesunde
- Kloster auf Zeit für Frauen
- Wochenendseminare zu Demenz
- Besinnungstage
- Wochenendseminare »Spiritualität und Lebenskraft im Alltag«
- Kreativitätsseminare
- Gesangsworkshops
- Wochenendseminare für Frauen
- Garten der Bibelpflanzen
- Besichtigung der Kräutermanufaktur St. Marienthal

Gottesdienste
Mo–Sa 4.15, So 5.30 Uhr Matutin und Laudes
Mo–Sa 7, So 9 Uhr Eucharistie, anschließend Terz
Tgl. 11.30 Uhr Sext und Non
Mo–Sa 17, So 16.30 Uhr Vesper
Tgl. 19 Uhr Komplett

Unterkunft
- Kloster auf Zeit: nach Anfrage
- Josefshaus: EZ 38 €, DZ 33 € pro Pers.
- Probstei: EZ 21 €, DZ 24 € pro Pers.
- Frühstück 8,50 €, Abendbüfett 9,50 €
- Internationales Begegnungszentrum: EZ ab 38 €, DZ ab 33 € zzgl. VP 23 €, HP 17 €

Verpflegung
- Klosterschenke
- Öffnungszeiten: tgl. 11–22 Uhr
- Internationales Begegnungszentrum
- Klosterküche

Fortsetzung s. nächste Seite

Zisterzienserinnenabtei St. Marienthal

Das Kloster

Seit seiner Gründung im 13. Jahrhundert im Dreiländereck Deutschland-Polen-Tschechien besteht das sächsische Frauenstift St. Marienthal ohne Unterbrechung. Und dies trotz mehrerer verheerender Brände, Plünderungen, Naturkatastrophen und Unterdrückungen. Nach einem Großbrand Ende des 17. Jahrhunderts entstand die heutige barocke, braunweiße Klosteranlage; die Rokokokapelle wurde 1756 geweiht. Nach dem Zweiten Weltkrieg hatte das Kloster einen Teil seines Besitzes verloren, da es von der SS annektiert worden war. Äbtissin und Konvent verhinderten 1945 die Sprengung des Klosters, indem sie sich dem Räumungsbefehl mutig widersetzten – einen Tag später wurde die Neiße deutscher Grenzfluss. St. Marienthal ähnelt heute nur mehr äußerlich einem stattlichen Gutshof; nach der Wende wich die Landwirtschaft in Ostritz allmählich einem modernen Tagungszentrum.

Im Kloster selbst und in den Gästehäusern des Internationalen Begegnungszentrums St. Marienthal stehen insgesamt 130 Betten für Besucher zur Verfügung. In den zwar kargen, aber äußerst stimmungsvollen Zimmern herrscht eine stille, klösterliche Atmosphäre. Für die Verpflegung der Gäste sorgen die Klosterküche und -bäckerei, das ökologisch ausgerichtete Internationale Begegnungszentrum und die frisch sanierte historische Klosterschenke. Dort können die Gäste einen Schoppen Wein vom östlichsten Weinberg Deutschlands, der zum Kirchensprengel gehört, probieren. Eine Erkundung wert ist auf jeden Fall der »Garten der Bibelpflanzen«, in dem saisonal unterschiedliche, in der Bibel erwähnte Gewächse angepflanzt sind. Mit etwas Glück lassen sich auf dem Dach der ehemaligen Brauerei Störche beobachten. Gäste können je nach Bedarf und Saison in der Klostergärtnerei, dem Kräutergarten und bei der Teeherstellung mithelfen. Das Kloster bietet mehrmals jährlich »Fastenwochen für Gesunde« nach Dr. Buchinger mit klostereigenem Kräutertee, Fahrradausflügen, Gartenarbeit und Entspannungsübungen an. Für Frauen steht das Kloster-auf-Zeit-Angebot offen. Interessierte können mit den

Als Gast im Kloster

Dieses lebendige Kloster mit seiner aufsehenerregenden Geschichte bietet interessante Freizeitmöglichkeiten direkt vor der Pforte: romantische Wälder und Täler, Ausstellungen und Erlebnisgärten. Eine Degustation am östlichsten Weinberg Deutschlands sollte man sich nicht entgehen lassen.

KLOSTER ST. MARIENTHAL

Eine Mariensäule markiert den Zittauer Jakobsweg am Kloster Marienthal.

Schwestern mitleben und -arbeiten. Zeit zur Einkehr und Besinnung sowie zum individuellen Gespräch bei Fragen und persönlichen Angelegenheiten besteht. Wer die Gegend erkunden möchte, findet am Gästeempfang einen Fahrradverleih.

❶ Klettern auf dem Kelchstein/ Zittauer Gebirge

Als kleiner, anmutiger Ausläufer des böhmischen und sächsischen Sandsteingebirges präsentiert sich das Zittauer Gebirge. Am Rande jener riesigen Sandsteinplatte gelegen, bieten die etwa 115 offiziellen Sandsteinklettergipfel ein vielgestaltiges, bizarres Terrain für den Klettersport. Das gesamte Zittauer Gebirge ist Landschaftsschutzgebiet. Zahlreiche einzelne Felsgebilde, darunter auch der Kletterfelsen Kelchstein, stehen als Naturdenkmale unter besonderem Schutz.

www.oybin.com, www.zittauer-gebirge.com

❷ Mit der Schmalspurbahn ins Zittauer Gebirge

Nostalgisch wie anno dazumal: In knapp einer Stunde bummelt die Bahn auf einer Spurweite von 750 mm von der Barockstadt Zittau die 12 km lange Strecke in den Naturpark. Halt unterwegs ist in Olbersdorf und Bertsdorf. Hier verzweigt sich die Strecke, und man kann entweder nach Jonsdorf oder nach Oybin weiterfahren: beides Luftkurorte. Egal, worauf die Wahl fällt, beide Dörfer liegen inmitten einer malerischen Mittelgebirgslandschaft. In Jonsdorf befinden sich die Jonsdorfer Felsenstadt, die Mühlsteinbrüche und die Oberlausitzer Weberstube. In Oybin kann man ein kleines Museum zur Geschichte der Zittauer Schmalspurbahn besichtigen. Sehenswert ist die 1734 erbaute Kirche und die Burg- und Klosterruine.

Bahnhofstr. 41, 02763 Zittau, Tel. +49 35 83/ 54 05 40, tgl. 8:30–13:30 Uhr, www.zittauer-schmalspurbahn.de

❸ Görlitz

Görlitz gilt als eine der schönsten Städte Deutschlands. Im Zweiten Weltkrieg größtenteils unzerstört, blieb die Altstadt mit ihren Bürgerhäusern aus der Renaissance- und Barockzeit zwar erhalten, doch war Görlitz lange Zeit eine schlafende Schönheit bis zu ihrer Restaurierung: Seit 1995, 21 Jahre lang, überwies ein anonymer Gönner der Stadt jedes Jahr eine beträchtliche Summe; mit dieser konnten zwei Drittel der Altstadt saniert werden, die heute in frischem Glanz erstrahlen. In Görlitz stehen Gebäude aus allen Epochen der Baugeschichte: Gotik, Renaissance, Barock, Gründerzeit und Jugendstil und zeigen anschaulich, wie Deutschland früher aussah. Ein Renaissancejuwel ist das Rathaus; eins der schönsten Jugendstilhäuser das Kaufhaus »Zum Strauß«.

Tourist Info: Obermarkt 32, 02826 Görlitz, Tel. +49 35 81/475 70, ww.goerlitz.de

ⓘ Service

Einkaufsmöglichkeit
- Klostermarkt: Devotionalien, Waren aus der Klosterbäckerei und -gärtnerei, Handarbeiten und Literatur
- Kräutermanufaktur, Essigkeller
- Öffnungszeiten: Mo–Sa 9–17, So 10–17 Uhr

Reservierung
- Kloster auf Zeit: Sr. Anna Rademacher, Tel. +49 358 23/773 00, E-Mail: klosterleben@kloster-marienthal.de
- Gästehäuser: Tel. +49 358 23/773 85, E-Mail: gaestepforte@kloster-marienthal.de
- Internationales Begegnungszentrum (IBZ): Tel.: +49 358 23/772 30, E-Mail: info@ibz-marienthal.de oder online unter www.ibz-marienthal.de

Zugang zum Klosterareal Knechtsteden gewährt ein barockes Torhaus aus dem Jahr 1723.

11 Kloster Knechtsteden der Spiritaner

Aufenthalte in Klöstern sind ja nicht selten eine Reduktion aufs Wesentliche: karge Zellen, frugale Mahlzeiten, meditatives Schweigen. Ungewöhnlich daher, wenn ein Kloster die Sinne eher verwöhnt. Gaumen, Augen und Ohren wird in Knechtsteden einiges an Lebensfreude geboten. Im Klosterhof warten Restaurant und Biergarten mit rheinischen Leckereien und Schwarzbier. Ein Augenschmaus ist die gesamte, von Wald umgebene Klosteranlage. Und alljährlich im September findet das Festival für Alte Musik statt. Dabei kommen Basilika und Kreuzgang als ideale Aufführungsorte etwa für gregorianische Gesänge oder Monteverdi zur Geltung. Mehrfach renoviert, zeigt sich die eindrucksvolle Basilika aus dem 12. Jahrhundert in schönster Romanik. Bis zur Säkularisation 1802 ein Prämonstratenserkloster, übernahmen es 1895 die Spiritaner. Der 1703 gegründete Orden kümmerte sich einst u. a. um Sklaven der französischen Kolonien. Heute wohl bekanntester Spiritaner ist übrigens der 2015 mit dem Aachener Friedenspreis geehrte Dieudonné Nzapalainga aus der Zentralafrikanischen Republik. Jahrgang 1967 ist er zudem der jüngste Kardinal der römischen Kurie.

Kloster Knechtsteden 1, 41540 Dormagen, Tel. +49 21 33/86 90,
www.kloster-knechtsteden.de

KLOSTER KNECHTSTEDEN DER SPIRITANER

Kloster Knechtsteden
der Spiritaner

Das Kloster

Die mehrfach zerstörte Klosterkirche stellt eine der stilreinsten romanischen Gewölbebasiliken der Stauferzeit dar. Anders als beim »Namen der Rose« darf in der Knechtstedener Klosterbibliothek gelacht werden, denn dort befindet sich einiges zum Thema Humor. Die Pension Knechtsteden liegt im Innenhof des Klosters. Die Gaststätte »Klosterhof« mit Biergarten schenkt das kräftige Knechtstedener Schwarzbier aus. Aufgetischt wird hier auch der über die Klostermauern hinaus bekannte Klassiker, der »Knechtstedener Senfrostbraten mit Speckbohnen und Bratkartoffeln«. Künstlerisch tätig werden kann man in den Seminaren und Kursen des Kunstvereins Galerie-Werkstatt, seit 1990 in der Klosteranlage zu Hause. Zudem werden Naturexkursionen und Obstwanderungen angeboten. Jährlich finden auf dem Gelände des Klosters das Forum Knechtsteden mit Kabarett, Kleinkunst und Musik sowie der Theatersommer statt.

 Service

Angebot für Gäste
- Führungen durch den Obstgarten, die Klosteranlage und in den Türmen
- Veranstaltungen der Bio-Station »Haus der Natur« im Handwerksgebäude
- Festival Alte Musik
- Konzerte, Theatersommer, Forum Knechtsteden
- Kunstseminare und Malkurse
- Obstwanderungen
- Pflanzentreffen und Seminare zur Garten- und Obstbaumpflege
- Vogelführungen

Gottesdienste
Mo–Sa 7.30, Do 18 Uhr
So 8, 10.30, 18 Uhr

Unterkunft
- Pension Augenblick: EZ ab 29,50 €, DZ ab 22 € pro Pers.
- Frühstück 7,50 €

Verpflegung
- Klosterhof Knechtsteden: Ausschank des Knechtstedener Schwarzbiers
- Öffnungszeiten: Jan.–März Mi–So ab 11, Apr.–Dez. tgl. ab 11 Uhr

Einkaufsmöglichkeit
- Eine-Welt-Laden: Fair-Trade-Produkte, Kunsthandwerk, religiöse Gegenstände, Buchantiquariat
- Öffnungszeiten: Mo–Fr 10–16, Sa/So 11–17 Uhr
- Fundgrube: Trödel und Antiquitäten
- Öffnungszeiten: Sa/So 11.30–17 Uhr
- Kleiderparadies: Second-Hand-Kleidung
- Öffnungszeiten: So 11–17 Uhr

Reservierung
- Pension Augenblick:
  Tel. +49 21 33/26 22 61, E-Mail: kontakt@pension-knechtsteden.de, www.pension-knechtsteden.de

❶ Zons am Rhein

Ca. 3 km von Dormagen entfernt liegt linksrheinisch Zons. Das Städtchen bildet mit seiner mittelalterlichen Szenerie einen starken Kontrast zur modernen Industriestadt Dormagen. Zons wurde im 14. Jahrhundert vom Erzbischof Friedrich III. von Saarwerden gegründet und besitzt heute eine der am besterhaltenen spätmittelalterlichen Stadtbefestigungen. In Zons kann eine historische Windmühle besichtigt werden; ein Museum (Schloßstr. 1, Tel. +49 21 33/530 20, Di–Fr 14–18, Sa/So 11–18 Uhr) informiert über die wechselhafte Stadtgeschichte. Und für den Nachmittagskaffee kehrt man nach einem Bummel durch die Gässchen in eins der schmucken Zonser Cafés ein.

Tourist Info: Schloßstr. 2–4, 41541 Dormagen, Tel. +49 21 33/276 28 15, www.dormagen.de

Als Gast im Kloster

Das Naherholungsgebiet »Knechtstedener Wald« und die klösterliche Ruhe machen einen Besuch des Klosters ideal für eine besinnliche Auszeit. Idyllisch ist der Kräutergarten zwischen Streuobstwiesen und Tierweiden.

Schweigen, Kontemplation und innere Einkehr sind die bestimmenden Elemente im Trappistenkloster Mariawald.

12 Trappistenabtei Mariawald

Ein Kloster inmitten eines Naturparks, das klingt nach Erholung pur. Und in der Tat: Wer nachts als Gast in Mariawald vor lauter Ruhe nicht schlafen kann, geht einfach nach draußen und observiert die Sterne. Denn der seit 2004 bestehende Nationalpark Eifel trägt seit 2014 auch das Siegel »Sternenpark« – derart gering ist hier die nächtliche Beeinträchtigung durch Licht. Oder man begibt sich tagsüber auf den »Wildnistrail«, der direkt am Kloster vorbeiführt: herrliches Wandergelände, das, der Renaturierung überlassen, quasi verwildert. Gleich vor den Klostertoren liegt der bis zu 528 m hohe Kermeter. Um den zentralen Höhenzug des Nationalparks Eifel schmiegt sich harmonisch, vielfach verästelt und auf mehrere Staustufen verteilt die Rurtalsperre. Immerhin Deutschlands zweitgrößter Stausee. Mit etwas Glück lässt sich beim Wandern die ein oder andere der hier zahlreichen Wildkatzen observieren. Wer übrigens bei Wildnis an Trapper, Fallensteller, denkt: Nein, Trappisten kommt nicht daher. Korrekt heißen sie Zisterzienser der strengeren Observanz. Den Spitznamen haben sie vom Stammkloster La Trappe. Das aber liegt in der Normandie.

Mariawalder Str., 52396 Heimbach,
Tel. +49 24 46/950 60,
www.kloster-mariawald.de

TRAPPISTENABTEI MARIAWALD

Trappistenabtei Mariawald

Das Kloster

Der Luftkurort Heimbach liegt im ersten Nationalpark Nordrhein-Westfalens inmitten von Buchen- und Eichenwäldern. Das einzige männliche Trappistenkloster Deutschlands wurde 1480 zur Betreuung einer Wallfahrtsstätte gegründet. Damals pilgerte man zu einer Pietà, die der Strohdecker Henrich der Fluitter fünf Jahre zuvor in einer ausgehöhlten Buche aufgestellt hatte. Die »Schmerzensmutter von Mariawald« steht heute auf einem Sockel unter dem Apsisfenster im Altarraum der gotischen Abteikirche. Im Norden schließt sich an sie ein Kreuzgang an, dessen szenisch gestaltete Glasfenster bei der Aufhebung des Klosters 1795 verschwanden und heute im Londoner Victoria and Albert Museum zu sehen sind. 1862 zogen Elsässer Trappisten in die Ruinen des zerstörten Klosters ein und bauten es wieder auf. Bemerkenswert ist der Friedhof der Abtei mit seinen teils nach Westen und teils nach Osten zeigenden Kreuzen. Dies leitet sich aus der unterschiedlichen Ausrichtung von Priester- und Laiengräbern in Anlehnung an ihre Sitzplätze in der Kirche ab. In einer kleinen Spirituosenfabrik stellen die Mönche den bekannten »Mariawalder Klosterlikör« her. Auch ein kulinarischer Magnet ist die herzhafte »Mariawalder Erbsensuppe«, die in der klostereigenen Gastwirtschaft nach altem Rezept zubereitet wird. Im Gästehaus außerhalb der Klausur können Männer einige Tage der Stille verleben und am Chorgebet teilnehmen sowie nach Absprache im Garten mitarbeiten. Für Gespräche stehen die Mönche jederzeit und gerne zur Verfügung.

❶ Deutsch-Belgischer Naturpark Hohes Venn

Nach dem Aufstieg über das »Venndach« erwartet Wanderer auf dem Hochplateau eine Überraschung: Abrupt gibt der Wald den Blick auf ausgedehnte Torfheiden mit Pfeifengras frei. Ihr Aussehen verändert sich mit den Jahreszeiten. Knorrige Moorbirken, Öhrchenweiden, vereinzelte Fichten und Ebereschen verleihen dem Moorgebiet bizarre Silhouetten. Wer zu

> **Als Gast im Kloster**
>
> Für die alten Gemäuer der ehrwürdigen Abtei sollte man ganzjährig warme, dezente Kleidung einpacken. Ansonsten gilt: Erbsensuppe, Lage im Nationalpark Nordeifel und liebenswürdige Mönche von Mariawald sind ein Geheimtipp!

Service

Angebot für Gäste
- Tage der Stille
- Begleitende Gespräche

Gottesdienste
Tgl. 3 Uhr Vigil und Laudes, 7 Uhr Prim
Mo–Sa 7.40 Uhr Eucharistie
Mo–Sa 9.45 Uhr, Terz, So 9.40 Asperges/Terz, 10 Uhr Hochamt
Tgl. 12 Uhr Sext, 14 Uhr Non, 17 Uhr Vesper, 19.15 Uhr Komplet

Unterkunft
- Übernachtung gegen Spende nach eigenem Ermessen
- Nur für Männer

Verpflegung
- Gastwirtschaft
- Öffnungszeiten: März–Okt. Mo–Fr 10–18, Sa/So 9–18, Nov.–Feb. Mo–Fr 11–17, Sa/So 9–17 Uhr

Einkaufsmöglichkeit
- Klosterladen: Kunsthandwerk, Brot, Honig, Klosterlikör, Trappisten-Abteitropfen, Mariawalder Erbsensuppe
- Buchhandlung
- Öffnungszeiten: tgl. 11–17 Uhr

Reservierung
- Klosterpforte: Tel. +49 24 46/ 50 60, E-Mail: pforte@kloster-mariawald.de

Fuß im Hohen Venn unterwegs ist, sollte unbedingt mit Gummistiefeln und Schirm ausgerüstet sein, denn Wasser ist das bestimmende Element des Sumpfgebiets.

Naturpark Nordeifel: Bahnhofstr. 16, 53947 Nettersheim, Tel.+49 24 86/91 11 17, www.naturpark-eifel.de

13 Kloster St. Clemens der Franziskanerinnen von Nonnenwerth

Einem gigantischen Binnenschiff ähnlich, schmiegt sich Nonnenwerth in die Biegung des Rheins bei Bad Honnef. Wie vor 800 Jahren, als die ersten Benediktinerinnen hier ihr Klosterleben begannen, führt bis heute keine Brücke auf die Insel im Fluss. Nur mit der Fähre ist sie zu erreichen. Gegen Ende des 18. Jahrhunderts in ein spätbarockes Kloster verwandelt, wurde es wenig später aufgehoben. Das prächtige Anwesen mutierte nun für einige Jahrzehnte zu einem profanen Hotel. Damals, in der Epoche der Romantik, zog die Burgruinenkulisse des Mittelrheins betuchte Briten magnetisch an. Zwischen Bingen und Bonn entstand ein gehobener Tourismus für ein internationales Publikum. Auch Nonnenwerth, mit Drachenfels und Rolandsbogen in Blickweite, galt als reizvolles Reiseziel. Zu den illustren Gästen zählte der Klaviervirtuose und Schwerenöter Franz Liszt. Im Sommer 1843 versuchte er bei einem Inselaufenthalt seine brüchige Beziehung zu Marie d'Agoult, mit der er drei Kinder hatte, zu kitten. Letztlich vergebens. Das allzumenschliche Treiben endete 1854, als auf Nonnenwerth wieder Nonnen einzogen. Franziskanerinnen diesmal, die es noch heute betreiben.

Insel Nonnenwerth, 53424 Remagen, Tel. +49 22 28/600 90, www.nonnenwerth.org

Eine Toplage zwischen Bonn, Remagen und Bad Honnef bietet die Insel Nonnenwerth.

KLOSTER ST. CLEMENS DER FRANZISKANERINNEN VON NONNENWERTH

Als Gast im Kloster

Die Lage des anmutig in die Rheinlandschaft integrierten Inselklosters ist ebenso ein Besuchermagnet wie seine gute Küche. Bester Ausgangspunkt für Ausflüge ins Rheintal.

Service

Angebot für Gäste
- Besinnungswochenenden
- Oasentage auf der Insel
- Werkstatt für Textilkunst
- Inselkonzerte

Gottesdienste
Sa 17 Uhr Vorabendmesse

Unterkunft
- EZ 45 €, DZ 75–95 € inkl. VP

Verpflegung
- Cafeteria: Essen aus der Klosterküche

Reservierung
- Klosterpforte: Tel. +49 22 28/600 90, pforte@nonnenwerth.org

Das Kloster

Die »Liebfraueninsel« nannte Erzbischof Arnold 1148 die Rheininsel Nonnenwerth am Fuß der Ruine von Burg Rolandseck. Die hochwassertaugliche Klosteranlage entstand im späten 18. Jahrhundert. Nach der Säkularisation wurde St. Clemens in ein palaisähnliches Hotel umgewandelt, das von berühmten Gästen wie dem Komponisten Franz Liszt besucht wurde.

Feriengäste wohnen in freundlichen Zimmern in dem barocken Gebäude und können an Regentagen den Aufenthaltsraum und die gut sortierte Bibliothek benutzen. Bei Sonne spaziert man durch den Park mit Blick auf die anmutige Flusslandschaft. Die Franziskanerinnen bieten Oasentage mit Gesprächen und geistlicher Begleitung sowie Besinnungswochenenden an. Bei einer Führung durch das Klostermuseum kann man sich über 800 Jahre Klostergeschichte informieren. Fährbetrieb ist immer werktags zwischen 7 und 18 Uhr, sonntags zwischen 9 und 14 Uhr und nach Absprache.

❶ Arp Museum

Aus dem klassizistischen Bahnhofsgebäude Rolandseck und einem vom amerikanischen Architekten Richard Meier entworfenen Neubau entstand das Arp Museum: Museum, Konzerthaus und Kulturzentrum in einem. Das Museum widmet sich Werken Hans Arps und Sophie Taeuber-Arp. Daneben gibt es Wechselausstellungen zu moderner Kunst und bekannten internationalen Künstlern.

Hans-Arp-Allee 1, 53424 Remagen,
Tel. +49 22 28/94 25 16, Di–So 11–18 Uhr,
www.arpmuseum.org

❷ Drachenfels

An diesem Originalschauplatz der Nibelungensage soll Siegfried einst einen Drachen besiegt und die schöne Wormser Prinzessin befreit haben. Auf jeden Fall ist die Aussicht vom Bergplateau mit Rheinlandschaft und märchenhafter Drachenburg sagenhaft. Bequem erreicht man den Drachenfels von Königswinter aus mit einer Zahnradbahn; diese stoppt auf halber Strecke auch bei der Drachenburg, die besichtigt werden kann. Im Kombiticket sind Bahn und Burg enthalten.

Auf dem Drachenfels, 53639 Königswinter,
Tel. +49 22 23/29 69 90, www.der-drachenfels.de; Drachenburg: Apr.–Anf. Nov. tgl.
11–18 Uhr, www.schloss-drachenburg.de

❸ Siebengebirgsmuseum

Siebengebirge – allein der Name steht für wildromantische Landschaften und sagenumwobene Orte. Der Entwicklung und Geschichte dieser Region sowie ihrer künstlerischen Darstellung hat sich das Museum in Königswinter verschrieben.

Kellerstr. 16, 53639 Königswinter,
Tel. +49 22 23/37 03, Di–Fr 14–17, Sa 14–18,
So 11–18 Uhr, www.siebengebirgsmuseum.de

14 Benediktinerabtei Maria Laach

An den »Namen der Rose« lässt die stattliche Bibliothek in Maria Laach denken. Doch weder morden hier Mönche, noch deckte ein detektivischer Franziskaner die Ursachen auf. Und die Bibliothek (Besichtigung einmal im Monat möglich) birgt auch nicht die letzte Abschrift von Aristoteles' verschollener Komödientheorie. Mit Umberto Ecos grandiosem Klosterroman teilt Maria Laach allerdings die zutiefst mittelalterliche Atmosphäre. Tief, immerhin 51 m, ist auch der Laacher See: ein ovaler Vulkankessel, von 3,3 qkm Wasser bedeckt. In Rheinland-Pfalz gibt es keinen größeren See. Um ihn herum zu wandern, mit Blick zur Abtei, dieses Juwel romanischer Baukunst, entspannt sehr, obwohl man sich am Rande eines Vulkans bewegt, in dessen Tiefen es noch heute brodelt. Wo Kohlendioxid vom Grund aufsteigt, blubbert der See. Der Ausbruch vor 13 000 Jahren verteilte Asche bis südlich der Alpen. Irgendwann könnte sich das wiederholen, kaum aber in den nächsten 4000 Jahren. Und das ist ja irgendwie beruhigend.

56653 Maria Laach, Tel. +49 26 52/5 90, www.maria-laach.de

Jahrhundertealte Bücher und Handschriften verbergen sich in der mehr als 260 000 Bände fassenden Bibliothek Maria Laachs.

BENEDIKTINERABTEI MARIA LAACH

 Service

Angebot für Gäste
- Exerzitien
- Tage im Kloster nur für Männer
- Besinnungstage
- Töpferkurs
- Buchbinden
- Meditatives Bogenschießen
- Kontemplationskurs
- Reiki
- Zen
- Bootsverleih
- Seehotel Maria Laach: Badestube mit Sauna und Fitness
- Wohlfühltage im Seehotel

Gottesdienste
Tgl. 5.30 Uhr Morgenhore
So 7.15, 11 Uhr Eucharistie
Mo–Sa 7.30, So 9 Uhr Konventamt
Mo–Sa 11.45, So 14.30 Uhr Tageshore
Tgl. 17.30 Uhr Vesper, 19.45 Uhr Komplet

Unterkunft
- Im Gästeflügel St. Gilbert: EZ mit Bad 58/59,50 € inkl. VP, DZ mit Bad 57/59,50 € pro Pers. inkl. VP
- Zimmer ohne eigenes Bad 39 € (nur für Männer) inkl. VP
- Ermäßigung (Schüler/Studenten/Azubis/Arbeitslose/Pilger) 30 € ohne Bad (nur männl. Gäste)
- Zuschlag bei nur einer Übernachtung: 10 €
- Seehotel Maria Laach: EZ ab 80 €, DZ ab 59,50 € pro Pers.

Fortsetzung s. nächste Seite

Benediktinerabtei Maria Laach

Das Kloster

Die Abtei Maria Laach befindet sich in der Vulkaneifel. Schon im Mittelalter haben die Benediktiner das feuchte Land im Laacher Seetal trockengelegt, um es landwirtschaftlich zu nutzen. Dabei schufen sie in einer beachtenswerten technischen Bauleistung einen unterirdischen Bergkanal. Heute ist der Laacher See ein Paradies für Wasservögel. Kornblumen, Mohn und Margeriten zieren im Sommer Felder und Wegränder. 1093 gründete Pfalzgraf Heinrich II. von Laach das Kloster, und die Bauarbeiten an der eindrucksvollen, düster-romanischen Kirche aus heimischer Basaltlava und Eifeltuff begannen.

Neben Orgelkonzerten, Orchester- und Kammermusik gibt es dort regelmäßig große Oratorienaufführungen. Der Kunstverlag ars liturgica stellt eine Vielfalt an Bronze-Kreuzen, Karten, Kalendern sowie religiöse Bildtafeln und Schmuckkerzen her. Zum Kloster gehören verschiedene Betriebe, darunter eine Kunstschmiede-Werkstatt, eine Keramikmanufaktur und ein Bildhaueratelier. Zwei der Mönche sind als bildende Künstler tätig und illustrieren Bücher, fertigen Holzschnitte und Ikonen an. Das landwirtschaftliche Anwesen dient dem Anbau von Weizen und Roggen, die Gerste wird zur Bierherstellung verkauft. Was das Kloster hervorbringt, wird in der Küche zu Spezialitäten verarbeitet.

Im Gästeflügel sind die Zimmer vornehmlich für Gäste reserviert, die an Exerzitien oder Seelsorgeprogrammen teilnehmen. Urlauber wohnen mit Blick auf den See direkt nebenan im »Seehotel Maria Laach«. Das Frühstück wird dort im Rosengarten eingenommen. Angeln ist vom Ufer aus in den freigegebenen Zonen möglich. Angelscheine sind nach Vorlage des amtlichen Fischereischeines an der Klosterpforte erhältlich.

❶ Römerbergwerk Meurin

Auf dem Gelände der Trassgrube Meurin bei Kretz haben Besucher die Möglichkeit, in die unterirdische Arbeitswelt römischer Zeiten zu blicken. Enge Gänge, schlechte Lichtverhältnisse und staubige Luft prägten den Alltag der Untertagearbeiter. Ein

> **Als Gast im Kloster**
>
> Die eindrucksvolle romanische Kirche betritt man durch die Vorhalle des »Paradieses«, vorbei am »Brunnen des Lebens«. Das Kloster zeichnet sich durch die großartige Lage am See aus und ist von einem schönen Landschaftsgarten umgeben.

BENEDIKTINERABTEI MARIA LAACH

Der beschauliche Laacher See ist ein beliebtes Ausflugsziel. Der größte See Rheinland-Pfalz' entstand, als sich ein Vulkankrater mit Wasser füllte.

Service

Verpflegung
- Für Klostergäste im Gästeflügel
- Klostergaststätte
- Restaurants, Café und Sommerterrasse im Seehotel Maria Laach

Einkaufsmöglichkeit
- Klostergärtnerei: Topf- und Beetpflanzen, Sträucher, Weinreben, Äpfel, Kräuter, Birnen
- Öffnungszeiten: Sommer Mo–Fr 9–18, Sa/So 10–18, Winter Mo–Fr 9–17.30, Sa/So 10–17.30 Uhr
- Hofladen: frisches Fleisch aus eigener Tierhaltung, Getreide, Obst und Gemüse, Weine, Säfte, kunsthandwerkliche Produkte und Geschenkartikel
- Öffnungszeiten: Mo–Sa 9–18, So 10–18 Uhr
- Buch- und Kunsthandlung ars liturgica
- Öffnungszeiten: Mo–Fr 9–18, Sa/So 10–18 Uhr

Reservierung
- Gastmeisterei: Tel. +49 26 52/593 13, E-Mail: guests@maria-laach.de
- Seehotel: Tel. +49 26 52/58 45 00, E-Mail: zimmerreservierung.seehotel@maria-laach.de

quadratisches Areal ist überdacht und schützt einen Teil des ehemals größten römischen Tuffbergwerkes nördlich der Alpen vor Witterungseinflüssen. Hinter dem Bergwerk wurde ein römischer »Spielplatz«, die antike Technikwelt, errichtet, der nicht nur jüngeren Besuchern den Kontakt mit Steinen, Werkzeugen und Gebäuden der römischen Epoche gestattet. Oder man probiert sich am Spieltisch, beim Zwölfliniespiel aus, einer beliebten Freizeitbeschäftigung der alten Römer. Immer mittwochs und sonntags werden kostenlose Kurzführungen angeboten.

Nickenicher Str., 56630 Kretz, Tel. +49 26 32/98 750, Mitte März–Okt. Di–So 9–17 Uhr, www.roemerbergwerk.de

Lava-Dome Mendig

Auf 700 qm Ausstellungsfläche werden Besucher des Mendiger Lava-Domes ins Land der Vulkane entführt. Spektakuläre Filmshows, interaktive Spielstationen und andere technische Raffinessen machen das eifeltypische geologische Phänomen »Vulkan« sinnlich erlebbar. »Sprechende Steine« erzählen nicht nur den Kleineren spannende Geschichten über Vulkanausbrüche. Beeindruckend sind die Lavakeller, ein Netz aus Stollen und Räumen, das sich über eine Fläche von etwa 3 qm erstreckt. In dem ehemaligen Bergwerk wurden früher Basaltbrocken für Mühlsteine abgebaut. Die Lavakeller können nur im Rahmen von Führungen besichtigt werden (Dauer ca. 60 Min., Di–Fr 13.30, Sa/So 12, 13.30, 15 Uhr). Außerhalb des Lava-Domes ist die Museumslay untergebracht, eine Freiluftausstellung zu Arbeit und Leben der Steinhauer und Grubenarbeiter, der sogenannten Layer.

Brauerstr. 1, 56743 Mendig, Tel. +49 26 52/939 92 22, Di–So 10–17.30 Uhr, www.lava-dome.de

15 Kloster Arenberg

Viele Klöster haben einen Garten, in dem liebevoll gehegte Kräuter gedeihen. Einen Park von sechs Hektar haben nur wenige. Der Park um Kloster Arenberg ist nicht nur weitläufig und paradiesisch schön, sondern auch älter als das Kloster selbst. Das Kloster geht zurück auf Johann Baptist Kraus (1805–1893), Pfarrer der Gemeinde Arenberg, der auch der Schöpfer der bekannten Pfarrer-Kraus-Anlagen ist – ein Landschaftsgarten mit biblischen Motiven. Unterstützt wurde der Pfarrer von Augusta von Sachsen-Weimar-Eisenach, Gattin des Kronprinzen Wilhelm von Preußen, der 1871 erster deutscher Kaiser wurde. 1850 bis 1858 residierte das Paar in Koblenz, dem Sitz der preußischen Rheinprovinz. Liberal gesinnt und konfessionell offen, wurde Augusta später zur Widersacherin Bismarcks. Bei dessen Kulturkampf gegen den rheinischen Katholizismus erwirkte sie den Fortbestand jener Klöster der Rheinprovinz, die Krankenpflege betrieben. Davon profitierte auch Kloster Arenberg. Für die Gemeindearbeit und Krankenpflege konnte Pfarrer Kraus 1868 Dominikanerinnen aus Schwyz in der Schweiz gewinnen. Papst Pius IX. genehmigte darauf die Klostergründung und die Dominikanerin Cherubine Willimann wurde erste Generalpriorin. Bald war Arenberg ein beliebter Wallfahrtsort. Heute befindet sich unmittelbar angrenzend an die Pfarrer-Kraus-Anlagen das Mutterhaus der Arenberger Dominikanerinnen mit ganzheitlich ausgerichteten Gästehaus und dem dazugehörigen weitläufigen Klosterpark.

Cherubine-Willimann-Weg 1, 56077 Koblenz, Tel. +49 261/64 01 20 90, www.kloster-arenberg.de

Mutterhaus der Arenberger Dominikanerinnen, Gästehaus und der grüne Park bilden eine harmonische Einheit.

KLOSTER ARENBERG

Das Kloster

Auf der rechten Rheinseite, oberhalb der Feste Ehrenbreitstein im kulturträchtigen Mittelrheintal, liegt Arenberg, das seit 1970 zu Koblenz gehört. An der Stelle des heutigen Backsteinanwesens befand sich im 13. Jahrhundert das Wasserschloss der Ritter von Mühlenbach, das im Dreißigjährigen Krieg zerstört wurde. Mitte des 19. Jahrhunderts legte der Pfarrer Johann Baptist Kraus den Grundstock zur heutigen neuromanischen Kirche und zu den sogenannten »Pfarrer-Kraus-Anlagen«, eine einzigartige Landschaftsbilderbibel. 1868 gründeten sich in der Nachbarschaft die Arenberger Dominikanerinnen. Dort befinden sich neben dem Mutterhaus auch das zugehörige Gästehaus und ein Klosterpark, den ein umfängliches Parkwegenetz säumt, sowie ein Kräutergarten, ein Feuchtbiotop und Streuobstwiesen. In dem Kräutergarten mit dem Apotheker- und Duftgarten inspirieren eine Vielzahl von Kräutern zum Schauen und Riechen.

Im Kloster begrüßt den Gast ein großzügiges und lichtdurchflutetes Foyer. Ebenso wohlfühlen kann man sich in den freundlich eingerichteten Gästezimmern, in der Bibliothek und dem Lesezimmer,

Kloster Arenberg

im Klostercafé mit seinem in die Natur eingebundenen Außenbereich sowie im Schwimmbecken und natürlich im großen Vitalbereich. Eine Auszeit nimmt man sich bei meditativer Musik in der Gästekapelle, im Meditationsraum, im »Raum der Stille« oder im »Rückzugsraum«.

Dreimal täglich gibt es in den Speisesälen ein reichhaltiges Büfett; je nach Bedürfnis können die Mahlzeiten auch in einem separaten Speiseraum im Schweigen verkostet werden. Abends klingt der Tag gemächlich bei einem Glas Wein im Klosterkeller aus – aber erst, nachdem man von der Dachterrasse der Gästekapelle aus den Sonnenuntergang betrachtet hat.

Die »Spirituellen Impulse« im Angebotsspektrum des Gästehauses werden von Gästen als »Perlen« bezeichnet. Daneben gibt es jeden Tag eine angeleitete christliche Meditation, Gesprächskreise und – wer dies wünscht – ein seelsorgerisches Einzelgespräch, in dem jedes Thema Platz hat. Ein Aufenthalt in Kloster Arenberg inspiriert die Sinne und lässt der Seele Raum: Wer mag, beginnt den Tag mit morgendlichem Tautreten im nassen Gras und mit anschließendem Walking durch den Klosterpark. Nach dem Frühstück vielleicht eine Wohlfühl-Anwendung, eine Kräuterstempelmassage, Shiatsu oder »Aquafitness«. Überhaupt laden die neu gestalteten Bereiche im Klosterpark mit natürlichen Sitzgelegenheiten zum Gespräch oder stillen Verweilen ein. Oder zu einer gemeinsamen Partie »Boule«, »Mensch ärgere Dich nicht« im Freien oder zum Minigolf. Während der kalten Jahreszeit lässt das Programm »Regeneration und Vitalität« den Schnupfenviren keine Chance. Neben einem individuell gestaltbaren Aufenthalt gibt es im Kloster Arenberg Kurse mit spirituellem Inhalt und kreativen Elementen. Ca. 50 Kurse sprechen dabei die unterschiedlichen Interessen der Gäste an.

❶ Schloss Stolzenfels

Seit dem 19. Jahrhundert ist das Schinkelschloss Stolzenfels unverzichtbarer Teil der Rheinromantik. Mit seinen Flachdächern, Pergolen und Terrassen strahlt es südländische Heiterkeit aus. Das Schloss liegt südlich von Koblenz über dem Rhein. Serpentinen führen den Besucher durch eine bewaldete Schlucht, vorbei an einem Wasserfall über eine steinerne Brücke zum Schloss. Das mit wertvollen Möbeln ausgestattete Schloss ist ein Beispiel für Wohnkultur und Geistesgeschichte des 19. Jahrhunderts.

Schloss Stolzenfels, 56075 Koblenz, Tel. +49 261/516 56, Feb.–Anf. März, Nov Sa/So 10–17, Mitte März–Okt. Di–So 10–18 Uhr, www.schloss-stolzenfels.de

---

Als Gast im Kloster

Das bestimmende Element dieses Wohlfühlklosters ist die offene und herzliche Atmosphäre, die sich auch in der Architektur widerspiegelt. Hier darf jede und jeder so ankommen, wie er ist.

KLOSTER ARENBERG

 Service

Angebot für Gäste
- Spirituelle Morgen-/Nachtimpulse, Meditation,
- Gesprächskreise; Einzelgespräch (auf Wunsch)
- Möglichkeit der Mitarbeit im Garten
- Vorträge zum Thema »Natur & Gesundheit«
- Kräutergarten, Bauerngarten, Obstwiesen
- Massagen, Shiatsu, Kräuterstempel, Phyisotherapie, Kneipp, Fußpflege, Lymphdrainage
- Aquafitness, Gruppen-Entspannungsübungen, Wirbelsäulengymnastik, Bäder
- Vitalwochen »Regeneration und Vitalität«, Tautreten/Walking, Liegewiese
- Sauna, Infrarot, Fitnessraum
- Kurse mit unterschiedlichen Themenschwerpunkten
- Kultur im Kloster

Gottesdienste
Mo/Mi/Fr/Sa 6.30, Do/So 7 Uhr Laudes
Mo/Mi/Fr/Sa 7, Di/Do 17.30, So 9.30 Uhr Eucharistie
Tgl. 11.30 Uhr Mittagshore
Mo/Mi/Fr/Sa 17.30 Uhr Rosenkranz
Mo/Mi/Fr/Sa 18, So 17.30 Uhr Vesper

Unterkunft
- EZ ab 100 € inkl. VP, DZ ab 113 € pro Pers. inkl. VP
- Zimmer mit Dusche und WC
- Zuschlag bei nur zwei Übernachtungen: 10 € je Übernachtung
- Im Zimmerpreis enthalten: Benutzung von Schwimmbad, Fitness-/Gymnastikraum, Minigolf-/Bouleanlage, Frühgymnastik, spirituelle Angebote, Gesprächsbegleitung

Verpflegung
- VP: drei Büfetts mit Getränken
- Klostercafé: Kaffee und Kuchen, Eis, Getränke
- Klosterkeller: Weine, Bier u. a.

Einkaufsmöglichkeit
- Klosterladen: Klosterlikör, Honig, Klostertee, Kartensortiment, Handarbeiten, Bücher, Kneipp-Badezusätze, Salben, Kerzen, Devotionalien
- Öffnungszeiten: tgl. 9–11, 15–17 Uhr

Reservierung
- Gästehaus: Tel. +49 261/64 01 20 90, E-Mail: info@kloster-arenberg.de

❷ Festung Ehrenbreitstein

Wehrhafte Mauern umgeben die ehemalige Garnisonsstadt Koblenz: Zusammen mit Fort Konstantin, Fort Asterstein, der Feste Kaiser Franz, der Neuendorfer Flesche bildet Ehrenbreitstein ein Ensemble, das seit 2002 zum Unesco-Weltkulturerbe zählt. Ehrenbreitstein wurde im 19. Jahrhundert hoch über Koblenz und dem Rhein von den Preußen errichtet. Die Sonnenterrasse der Festung gewährt unter schattigen Kastanienbäumen nicht nur einen tollen Blick auf die Landschaft, sondern auch auf das berühmte »Deutsche Eck«, an dem Rhein und Mosel zusammenfließen. Hinter dicken Festungsmauern werden im Restaurant Casino »Preußische Kanonenkugeln« in Form von Kartoffelklößen mit Hackfleisch oder »Soldatenspieße« serviert. Mit dem schönsten Ausblick über Koblenz ist die Lage des Restaurants einzigartig. Führungen durch die Festung informieren über die mehr als 5000-jährige Geschichte – von den Wehrbauten der Römer über die Burgen der Ritter bis zu den Preußen.

Ehrenbreitstein: Greiffenklaustr., 56077 Koblenz, Apr.–Okt. 10–18, Nov.–März 10–17 Uhr, Tel. +49 261/66 75 40 00, www.tor-zum-welterbe.de;
Führungen durch die Tourist Info: Zentralpl. 1, 56068 Koblenz, Tel. +49 261/194 33, Apr. bis Okt. Sa/So 11 Uhr, www.koblenz-touristik.de;
Restaurant Casino: Oberer Schlossplatz, 56077 Koblenz, Tel. +49 261/66 75 20 20, tgl. 10–19 Uhr, www.cafehahn.de

❸ Nachtführung durch Koblenz

Hier erlebt man mit dem bekannten Gästeführer Manfred Gniffke ab 21 Uhr Koblenz bei Nacht. Auf seine mit »Stekkelcher« gespickte Art bringt Manfred Gniffke den nächtlichen Wanderern die Stadtgeschichte nah und führt sie durch die romantischen Gassen zwischen der Basilika St. Kastor und der Liebfrauenkirche, vorbei am Kaiser-Wilhelm-Denkmal und zum Wahrzeichen der Stadt, dem Schängelbrunnen am Rathaus. Den Abschluss bildet die Mitternachtssuppe im traditionellen Gasthaus »Alt Coblenz«.

Tourist Info: Zentralpl. 1, 56068 Koblenz, Tel. +49 261/194 33,
www.koblenz-touristik.de

16 Kloster Gnadenthal

Ein im Dreißigjährigen Krieg verwüstetes Kloster nach 350 Jahren wieder aufzubauen, das ist schon was. Die Jesusbruderschaft, eine überkonfessionelle Vereinigung und Lebensgemeinschaft auch für Paare und Familien, hat das geschafft. Zu Recht erhielt sie dafür den hessischen Denkmalschutzpreis. Das Ergebnis ist viel mehr als rekonstruierte Gebäudefassaden. Innen auf sehr moderne Weise gestaltet, konnte nicht nur das ehemalige Zisterzienserkloster wieder mit Leben erfüllt werden, sondern das Dorf gleich mit. Seither finden hier anspruchsvolle Konzerte, Vernissagen und Lesungen statt. Zudem besitzt der putzige Ort, 5 km südlich von Limburg, nun eine veritable Buchhandlung nebst schmuckem Dorfcafé. Beide gehören zum Kloster, ebenso das »Haus der Stille« für Menschen, die eine Auszeit suchen, und der Nehemia-Hof für junge Gäste. Das hessische Hinterland rundum hat seine geruhsamen Reize. Etwa die Lahn, die sich lieblich zwischen Taunus und Westerwald hindurchschlängelt. Und wem schon in Gnadenthal der Anblick von Fachwerkhäusern Freude bereitet, der kann sie im nahen Bad Camberg und in Limburg noch erheblich steigern.

Hof-Gnadenthal 19 a, 65597 Hünfelden, Tel. +49 64 38/812 00, www.jesus-bruderschaft.de

Wunderbares Fachwerk sieht man am Äbtissinnenhaus neben der Klosterkirche.

KLOSTER GNADENTHAL

Kloster Gnadenthal

Das Kloster

Gnadenthal ist ein winziges malerisches Dorf im Taunus. Dort ist das ehemalige, 1235 gegründete Zisterzienserinnen-Kloster das Zentrum der Jesus-Bruderschaft. Diese erwarb 1969 den »Welsch-Hof« im hinteren Teil der Klosteranlage und errichtete Gemeinschaftshäuser und das »Haus der Stille«. Die Kommunität besteht heute aus zölibatären Brüdern und Schwestern sowie einigen Familien, die oft in drei Generationen in kleinen Wohn- und Hausgemeinschaften zusammen leben. Dabei knüpfen sie an die Tradition von Orden und geistlichen Gemeinschaften an und sind von Impulsen aus dem Lebenswerk Dietrich Bonhoeffers und Martin Bubers inspiriert. Als die Kommunität 1984 die alte Klosteranlage erneut aufbaute, wurde die zum Kuhstall zweckentfremdete alte Klosterkirche wieder zum Ort der Gebete. Die nach Bioland-Richtlinien geführte Landwirtschaft des Klosters wurde mehrfach ausgezeichnet. Zum Kloster gehören verschiedene Betriebe, z. B. der Präsenz-Verlag, eine Kunstgalerie und eine Buchhandlung. Für die Wiederherstellung des klösterlichen Ambientes und des Gnadenthaler Dorfbildes wurde der Kommunität 1993 der Hessische Denkmalschutzpreis verliehen.

Für Gäste stehen zwei Häuser, das »Haus der Stille« und der »Nehemia-Hof«, zur Verfügung. Neben den Zimmern sind hier die Cafeteria mit Balkon, der Seminarraum und Gruppenräume untergebracht. Bei schönem Wetter flaniert man wunderbar durch die große Gartenanlage mit Teich, abends sorgt ein Lagerfeuer für Romantik. Die Kommunität lädt Gäste zur Teilnahme an Seminaren und Retraiten ein. Während der »Stillen Wochenenden« wird zwei volle Tage durchgängig geschwiegen. Was besonders Familien mit Kindern interessieren dürfte, sind Seminare zur Umweltbildung. Dazu gibt es einen weit gefächerten Themenkatalog. So lernt man beim eigenhändigen Kartoffelernten alles über Anbau und Verwendung der Knolle und beim Schafescheren einiges über das Nutztier. Die Erlebnisexkursion »Lebensader Wasser« berührt ein elementares Thema.

Als Gast im Kloster

Sehr hübsch gelegenes Haus mit einer heimeligen Familienatmosphäre. Der »Nehemia-Hof« ist stärker auf Jugendliche und Familien ausgerichtet und dient als Begegnungsstätte. Das »Haus der Stille« bietet Tage der Einkehr, auf Wunsch auch mit geistlicher Begleitung an.

1 Limburg an der Lahn

Über der Stadt und der Lahn thront von weithin sichtbar der spätromanische Sankt-Georgs-Dom, das bekannteste Bauwerk Limburgs. Lange Zeit war Limburg eine reiche und angesehene Handelsstadt an einem wichtigen Lahnübergang. Davon zeugen auch die vielen gotischen Hallenhäuser in der Altstadt, die ausschließlich auf den Handel ausgerichtet waren: Sie sind so gebaut, dass ein Pferdewagen problemlos hinein- oder hinausfahren und von einer Galerie aus beladen werden konnte. Manche der Fachwerkhäuser Limburgs stammen noch aus dem 13. Jahrhundert und gehören damit zu den ältesten Deutschlands. Ein Blickfang ist das »Haus der sieben Laster« aus dem 15. Jahrhundert mit den Darstellungen der biblischen Laster. April bis Oktober finden immer samstags um 15 Uhr Stadtführungen und um 20 Uhr Nachtwächterführungen durch Limburgs mittelalterliche Gassen statt.

Barfüsserstr. 6, 65549 Limburg a. d. Lahn, Tel. +49 64 31/61 66, www.limburg.de

2 Schifffahrt auf der Lahn

Vorbei an idyllischen Städten und durch grüne Auen zieht sich das Band der Lahn. Eine großartige Möglichkeit, die Gegend zu entdecken ist per Schiff. Die Lahntalschifffahrt Vomfell bietet verschiedene Rundfahrten an: z. B. von Limburg in das Heilbad und die ehemalige Residenzstadt Diez und weiter nach Balduinstein. Oder zur romanischen Lubentius Basilika aus

KLOSTER GNADENTHAL

 Service

Angebot für Gäste
- Tage der Stille
- Umweltbildungsseminare
- Schäferwochen
- Wochenenden zum Innehalten
- Kontemplatives Beten
- Einkehr-Tage
- Familientage
- Ignatianische Einzelexerzitien
- Spezielles Kinderprogramm

Gottesdienste
So 10 Uhr Hauptgottesdienst mit Abendmahl im Brüderhaus

Unterkunft
- Haus der Stille: EZ 30 € ohne VP mit Dusche/WC, EZ ab 60,30 € inkl. VP mit Dusche/WC, EZ ab 46,80 € inkl. VP Dusche/WC auf dem Gang
- Zuschlag bei nur einer Übernachtung: 15 €
- Nehemia-Hof: EZ 54 € mit Dusche/WC, EZ 44 € Dusche/WC auf dem Gang, DZ 47,50 € pro Pers. mit Dusche/WC, DZ 38,50 € pro Pers., Dusche/WC auf dem Gang
- Zimmer inkl. VP
- Jugendliche ab 29,50 €

Verpflegung
- In den Gästehäusern

Einkaufsmöglichkeit
- Info-Pavillon: Bioprodukte aus eigener Herstellung, Snacks, Kuchen, Kaffee, Tee, Eis, Getränke
- Öffnungszeiten: Mo–Fr 9–12, 14 bis 17.30 Uhr
- Buchhandlung: Bücher, Aquarelle, Holzschnitte, Lithografien
- Öffnungszeiten: Mo–Fr 10–12, 14–18, Sa 10–14, So 11.30–12.30 Uhr

Reservierung
- Haus der Stille: Sr. Birgit-Salome Wiedenmann, Tel. +49 64 38/813 70, E-Mail: haus-der-stille@jesus-bruderschaft.de
- Nehemia-Hof: Tel. +49 64 38/813 40, E-Mail: nehemia-hof@jesus-bruderschaft.de

dem 11. Jahrhundert in Dietkirchen und von dort nach Schloss Dehrn. Eine zweistündige Fahrt führt nach Schloss Oranienstein. In einer Führung kann man die barocke Schlossanlage besichtigen.

Lahntalschiffahrt Vomfell: Eschhöfer Weg, 65555 Limburg a. d. Lahn, Tel. +49 64 31/39 84, Fahrtzeiten und Veranstaltungen siehe Webseite, www.lahntalschiffahrt.de; Schloss Oranienstein: Tel. +49 64 32/940 16 66, Di–Fr 9, 10.30, 14, 15.30, Apr.–Okt. auch Sa/So 10.30, 14, 15.30 Uhr, www.stadt-diez.de

 Schloss Braunfels

Sieht aus wie im Märchen, ist aber wahr: Schloss Braunfels gibt es wirklich, und zwar schon seit über 750 Jahren. Natürlich hat sich die einstige Burg seit damals etwas gewandelt. Im Laufe der Jahrhunderte ist sie immer weiter um- und ausgebaut worden. Doch die Fundamente der alten Kernburg sind bis heute erhalten. Die Geschichte des Schlosses und seiner Bewohner wird durch eine Dia-Schau in der Schlosskirche lebendig. Bei einer unterhaltsamen Führung besichtigt man den Schlosshof, den romantischen Rittersaal und die schönsten Räume des Schlosses. Zum Abschluss genießt man vom Kanonenplatz bei schönem Wetter einen herrlichen Ausblick über Stadt und Land. Das Märchenschloss Braunfels wird auch als »Schloss Neuschwanstein Hessens« bezeichnet.

Belzgasse 1, 35619 Braunfels, Tel. +49 64 42/50 02, »Fürstliches Familienmuseum«: Apr.–Nov. tgl. 8.30 Uhr bis Dämmerung; Schlossführungen: So ab 10 Uhr, jeweils zur vollen Stunde, www.schloss-braunfels.de

④ Kneipp-Heilbad Bad Camberg

Hessens ältestes Kneippheilbad besitzt eine reizvolle Altstadt mit vielen Fachwerkhäusern, kleinen Cafés, Restaurants und Lädchen, die zum Bummeln einladen. Der Kurpark im Herzen der Stadt steht ganz im Zeichen der Gesundheitsphilosophie Kneipps: Auf einem Rundweg kann man Wassertretbecken, Fitnessgeräte und einen Bewegungsparcours ausprobieren oder sich auf Infotafeln über die Lehren des berühmten »Wasserdoktors« informieren. Die Stadt ist auch bekannt für ihren Lehm, der als Heilmittel in vielen Wellnessanwendungen eingesetzt wird. Von Bad Camberg ist man schnell im Naturpark Hochtaunus mit seinen zahlreichen Rad- und Wanderwegen.

Tourist Info: Am Amthof 15, 65520 Bad Camberg, Tel +49 64 34/20 24 11, www.bad-camberg.de

17 Benediktinerinnenabtei Engelthal

Die von sanften Hügeln durchzogene Wetterau hat seit jeher sehr fruchtbare Böden. Schon den Römern war das nicht entgangen, weshalb ihr Limes diese Kornkammer nahezu vollständig mit einschloss. Kloster Engelthal liegt nahe Altenstadt, auf dessen Gebiet sich in der Antike ein römisches Kastell direkt am Limes befand. Das im 13. Jahrhundert gegründete, nach dem Dreißigjährigen Krieg im Barock wiedererrichtete Zisterzienserinnenkloster wurde 1803 aufgehoben. Danach zum landwirtschaftlichen Betrieb umfunktioniert, blieb nur die Kirche der katholischen Gemeinde erhalten. Ab den 1950er-Jahren übernahm das für die Wetterau zuständige Bistum Mainz die Gebäude, siedelte Benediktinerinnen an und erhob das einstige Kloster 1965 zur Abtei. Trotz neuer Anbauten in jüngster Zeit blieb der barocke Charme gewahrt. Gewahrt blieb auch die ländliche Umgebung rundum mit ihren Feldern und Wäldern. Ideal, um als Gast der Abtei Ruhe zu finden. Und vielleicht einen Blick zu erhaschen auf die Restaurierung hochwertiger Kunst durch die Schwestern. Sogar Cranach d. Ä., protestantischer Parademaler der Reformationszeit, wurde hier schon retauriert.

Klosterstr. 2, 63674 Altenstadt,
Tel. +49 60 47/963 63 05,
www.abtei-kloster-engelthal.de

Gäste sind in der Benediktinerinnenabtei in zwei schmucken Barockhäusern untergebracht.

BENEDIKTINERINNENABTEI ENGELTHAL

Benediktinerinnenabtei Engelthal

Das Kloster

Zwischen Feldern am Ortsrand von Altenstadt, in der Nachbarschaft nur eine Handvoll Bauernhöfe, liegt die Abtei Engelthal. Alle Gebäude der Klosteranlage sind von alten Mauern umgeben. 1268 stifteten die Ritter von Buches und Karben auf ihrem an der Nidder gelegenen Besitz ein Zisterzienserinnenkloster. Im Dreißigjährigen Krieg mussten die Schwestern 1622 fliehen, der Klosterkomplex wurde völlig zerstört. Bis 1750 wurde das Kloster auf den alten Grundmauern im spätbarocken Stil wieder aufgebaut. 1961 erwarb das Bistum Mainz den Klausurbereich und bot es den 20 Benediktinerinnen der Abtei vom Hl. Kreuz für eine Neugründung an, die es 1962 besiedelten. In den folgenden Jahren wuchs die Gemeinschaft stark an, sodass neue Konventräume und Zellen für die Schwestern geschaffen wurden.

Das Gästehaus besteht aus zwei aus der Barockzeit stammenden Gebäuden: dem großen Äbtissinnengebäude und dem kleineren »Alten Torhaus«, in dessen Erdgeschoss die Buch- und Kunsthandlung, im Dachgeschoss einige Gästezimmer und ein Gebetszimmer mit Ikonen im alten Gewölbekeller untergebracht sind. Die »Pilgerrast«, ein Anbau an der Ostseite der Mauer, bietet Platz für Kurse, Gruppen und Tagungen. Im Gästehaus St. Gabriel, dem früheren Äbtissinnenbau, befindet sich der Großteil der hellen Gästezimmer mit Sitzecke, außerdem die Speisesäle, ein Aufenthalts- und ein Meditationsraum. Im sonnigen Gästegarten sitzt man herrlich im Grünen.

Im Kursangebot der Engelthaler Benediktinerinnen befinden sich Impulsexerzitien mit gemeinsamer Meditation, persönlichen Gebetszeiten und durchgehendem Schweigen, Kontemplationskurse mit stillem Sitzen, meditativem Gehen, Körperarbeit und Schweigen sowie Einführungen in die Psalmen. In den Einzelexerzitien werden persönliche Gebetszeiten, Begleitgespräche, volles Schweigen und gemeinsame Meditationen angeboten. Zusammen mit den Schwestern beten und arbeiten können Gäste während der »Ora et labora«-Woche. Bei »Au-pair-Aufenthalten« dürfen junge Frauen gegen Mitarbeit für einen geringen Unkostenbeitrag wohnen.

❶ Büdingen

Das mittelalterliche Staufer-Städtchen Büdingen weist ein einmaliges Ensemble historischer Gebäude auf. Im Zentrum der Stadtanlage befindet sich die 13-eckige

Die Nonnen bieten verschiedene Seminare und Kurse an; auch das persönliche und individuelle Gespräch findet Zeit und Raum im Kloster Engelthal.

BENEDIKTINERINNENABTEI ENGELTHAL

Wasserburg, die eine ausgezeichnete Kulisse für Ritterfilme abgeben würde. Vom »Wilden Stein« oberhalb von Büdingen hat man den schönsten Blick auf die Stadt.

Tourist Info: Marktpl. 9, 63654 Büdingen, Tel. +49 60 42/963 70, www.buedingen.info; Schloss Büdingen: Schlosspl. 1, 63654 Büdingen, Tel. +49 60 42/964 70, Mo–Fr Führung nach Vereinbarung, Sa/So 14–17 Uhr, www.schloss-buedingen.de

50er-Jahre-Museum

Nierentische, Petticoats und Rock 'n' Roll: In Büdingen lebt das Lebensgefühl und die Wohnkultur der 50er-Jahre wieder auf. Die Dauerausstellung »Erleben – Staunen – Erinnern« unternimmt eine Zeitreise in die Wirtschaftswunderjahre. Dank der unermüdlichen Arbeit des Gründer-Ehepaars Else und Walter Arbeiter ist die Sammlung des Museums mittlerweile auf über 200 000 Stücke angewachsen.

Auf dem Damm 3, 63654 Büdingen, Tel. +49 60 42/95 00 49, Mai–Okt. Di–Sa 14–17, So 10–17, Nov.–Apr. Di–Sa 15–17, So 10–17 Uhr, www.50er-jahre-museum.de

> **Als Gast im Kloster**
>
> Aufgrund des stillen Charakters des Hauses ist Kloster Engelthal für Familien mit kleinen Kindern, Jugendgruppen und Aktivurlauber wenig geeignet. Aber für diejenigen, die Ruhe suchen, ist es ein Eldorado.

ⓘ Service

Angebot für Gäste
- Impulsexerzitien
- Einzelexerzitien
- Kontemplative Meditation
- Meditationswochen
- Schweigewochenenden und Stille Wochen
- Bibel und Märchen
- Kloster auf Zeit für junge Frauen ab 16 Jahren (Mitarbeit vier bis fünf Std. täglich in Haus und Garten)
- »Ora et labora«-Woche
- Glaubens- und Bibelkurse
- Einführung in die Psalmen
- Oasentage für Frauen
- Yoga und Meditation
- Qigong

Gottesdienste
Mo–Sa 7.30 Uhr Eucharistie und Laudes, So 7 Uhr Laudes, 9 Uhr Eucharistie
Tgl. 12 Uhr Mittagshore
Mo–Sa 18 Uhr Vesper, So 17.30 Uhr Vesper
Mo–Sa 20 Uhr Komplet und Vigilien

Keltenwelt am Glauberg

Bereits in der Jungsteinzeit war der Glauberg besiedelt. Mitte der 1990er-Jahre fand man bei Ausgrabungen drei reichlich ausgestattete keltische Fürstengräber aus dem 5. Jahrhundert sowie eine bis auf die Füße erhaltene lebensgroße Statue aus Sandstein, die einen Keltenherrscher darstellt. Diese einzigartigen Funde gibt es seit 2011 in der Keltenwelt zu bestaunen. Darüber hinaus präsentiert das Museum anschaulich in Artefakten und Fundstücken aus der Umgebung des Glaubergs die Kultur und Lebensweise der Kelten. Zum Museum gehört ein 30 qm großes Parkgelände mit einem archäologisch-naturkundlichen Lehrpfad und weiteren Schaustücken, auf dem auch weiterhin ausführlich geforscht und gegraben wird.

Am Glauberg 1, 63695 Glauburg, Tel. +49 60 41/82 33 00, Di–So 10 18 Uhr, www.keltenwelt-glauberg.de

Unterkunft
- Gästehäuser: EZ ab 39 € mit Waschbecken, EZ ab 50 € mit Dusche/WC, DZ 81 € mit Waschbecken, DZ 101 € mit Dusche/WC
- Zimmer inkl. VP
- Aufenthalt erst ab zwei Übernachtungen möglich
- Kloster auf Zeit: Tagessatz 15 €
- Ermäßigungen möglich

Verpflegung
- In den Speisesälen des Gästehauses

Einkaufsmöglichkeit
- Buch- und Kunsthandlung: Bücher, Devotionalien, Kunst, Produkte aus Klöstern und der Region
- Öffnungszeiten: Die 15–17, Mi/Fr 9.30–12, 15–17, Do 13–19, Sa 9.30–12, 13–16, So 10–12, 13–16 Uhr

Reservierung
- Kloster auf Zeit und Gästehäuser: Sr. Maria Magdalena Hörter, Tel. +49 60 47/963 63 05, E-Mail: gaestehaus@abtei-kloster-engelthal.de

18 Communität Christusbruderschaft Selbitz

Die Communität Selbitz gibt es so lange wie die Bundesrepublik, beide wurden 1949 gegründet. Damals lag die Umgebung von Selbitz, der Fränkische Wald, recht abgeschieden im Schatten des Eisernen Vorhangs. Ein Randgebiet im Nordosten Bayerns für die Dauer von 40 Jahren. Das ist Geschichte und doch nicht ganz. Wer heute während ein paar besinnlicher Tage in der Communität Selbitz die Wanderschuhe anzieht, könnte eine nette Tour zum Döbraberg unternehmen. Die knapp 795 m hohe Kuppe ist die höchste Erhebung des Frankenwalds. Auf dem Gipfel sieht man zwar noch eine Radarstation als Relikt des Kalten Krieges. Doch ist der Döbraberg, einst militärisches Sperrgebiet der Nato, längst wieder ein feines Wanderziel samt Aussichtsturm. Spirituelle Erbauung und Bewegung in der Natur ergänzen sich gut mit kultureller Anregung. Ein Ausflug nach Hof liegt daher nahe, insbesondere im Oktober: Seit gut 50 Jahre finden die Internationalen Hofer Filmtage überregionale Beachtung. Premieren und Retrospekiven bei einem der interessantesten deutschen Filmfestivals ziehen Cineasten, selbst weltbekannte, hierhin in die fränkische Provinz.

Wildenberg 33, 95152 Selbitz, Tel. +49 92 80/680, www.christusbruderschaft.de

Geselligkeit, gemeinsames Musizieren, aber auch genügend Freiräume für ein eigenes Programm bietet die Christusbruderschaft.

COMMUNITÄT CHRISTUSBRUDERSCHAFT SELBITZ

Communität Christusbruderschaft Selbitz

Das Kloster

Im Frankenwald am Döbraberg liegt die vom Pfarrerehepaar Hümmer 1949 gegründete Christusbruderschaft Selbitz. Sie gehört zur evangelisch-lutherischen Kirche in Bayern und unterhält in Selbitz bei Hof ihr Zentrum. Die Communität richtet ihr Leben an den drei Evangelischen Räten aus: Armut, Keuschheit und Gehorsam. Neben der Gästearbeit ist der diakonische Dienst an alten und kranken Menschen einer ihrer Schwerpunkte. Zur Communität gehören 120 Schwestern, sechs Brüder und 100 Tertiären. Die Bruderschaft unterhält u. a. ein Haus der Begegnung und Einkehr, ein Alten- und Pflegeheim, einen Verlag für Eigenpublikationen und einen Konvent in Zululand (Südafrika). Sehenswert sind einige der künstlerisch ausgestalteten Räume. Neun Zimmer können als Familienapartments genutzt werden. Ferner gibt es behindertengerechte Zimmer und Mehrbettzimmer für jüngere Gäste. Den Besuchern stehen in Selbitz zwei Kapellen, Gruppenräume, ein Seminar- und Gesprächsräume, ein Spielzimmer für Kinder und mehrere Teeküchen zur Verfügung sowie im Außengelände ein Sport- und ein Kinderspielplatz und ein Grill. Für Gäste wird eine gute Auswahl an Seminaren und Veranstaltungen angeboten, wie etwa Kloster auf Zeit, Retraiten, Freizeiten, Gesprächsbegleitung und Möglichkeit des Mitlebens für Schüler und Studenten.

❶ Wandern entlang des Fränkischen Gebirgsweges

Der 428 km lange Fränkische Gebirgsweg beginnt in Untereichenstein (Frankenwald) und endet im Tal der Pegnitz bei Hersbruck im Nürnberger Land. Der Wanderweg führt über einige Gipfel Frankens und beschert imposante Landschaftsimpressionen und abwechslungsreiche Naturerlebnisse. Kulturelle Highlights wie Bayreuth, Pottenstein oder Waldsassen liegen direkt an der Route.

Tourismusverband Franken e. V.: Wilhelminenstr. 6, 90461 Nürnberg, Tel. +49 911/94 15 10, www.fraenkischer-gebirgsweg.de

Als Gast im Kloster

Die Atmosphäre im Kloster erinnert auf ausgesprochen sympathische Weise an Klassenfahrten ins Landschulheim. Einzelgäste sind das ganze Jahr über willkommen, geistliche Begleitung nach Anfrage möglich. Hobbymusiker: unbedingt Instrumente einpacken!

ℹ Service

Angebot für Gäste
- »Ora et labora«-Einkehrzeiten
- Einzelexerzitien
- Kontemplative Exerzitien
- Kreativ-Exerzitien
- Wanderretraite
- Stille und Fasten
- Männer- und Frauenwochenenden
- Familien-Wochenenden
- Tanz und Körperarbeit
- Tage der Einkehr und Besinnung
- Filmtage
- Therapeutische Seminare zu Themen wie »Bibliodrama«, »Resilienz«, »Alexandertechnik«
- Singwochen

Unterkunft
- EZ 53 €, EZ mit Dusche/WC 59 €, DZ 44 €, DZ mit Dusche/WC 50 € pro Pers.
- Übernachtungen inkl. VP
- Zuschlag bei nur einer/zwei Übernachtungen: 15 €/8 €
- Für Jugendliche und Kinder Ermäßigungen

Verpflegung
- Verpflegung im Gästehaus (Speisesaal mit Einzelgästebereich)
- 3 Teeküchen für Gäste

Einkaufsmöglichkeit
- Produkte aus dem eigenen Buchverlag: Kunstdrucke, Karten, Bücher
- Kunstverlag

Reservierung
- Gästehaus: Tel. +49 92 80/68 50, gaestehaus@christusbruderschaft.de

19 Zisterzienserabtei Himmerod

In der ersten Hälfte des 12. Jahrhunderts war Bernhard von Clairvaux ein klerikaler Superstar. Furchtsam, ja: Ehrfürchtig folgten die Zeitgenossen des Zisterziensers seinen rhetorischen Fähigkeiten, mit denen er erfolgreich zu zwei Kreuzzügen aufrief. Für deren Berechtigung lieferte er sozusagen die religiöse Blaupause. Aus heutiger Sicht äußerst bedenklich, sollte man aber nicht vergessen, dass das christozentrische Mittelalter seine ureigenen ethischen Maßstäbe hatte. Nach damaliger Vorstellung war die Welt der Ort der Schöpfung, um den sich nicht nur die Sonne, sondern das ganze Universum drehte. Ein Ort der Schöpfung, der selbst in Mitteleuropa noch voll urwüchsiger, nahezu unerschlossener Gebiete war. So wie die Vulkaneifel. Der Abt Bernhard gründete – außer dem Kloster Clairvaux, nach dem er benannt wurde – noch etliche andere. Darunter auch, als nur eine von zweien in Deutschland, die Abtei Himmerod. Anno 1135 wählte Bernhard, persönlich anwesend, das Gelände für die künftige Abtei aus. Ein Gelände, durch das die Salm fließt, die am Berg Prümscheid in der Vulkaneifel entspringt und die nach 63,4 nahezu unbegradigten Kilometern von links in die Mosel mündet. Ein Gelände auch, in dem es noch sehr viel zu tun gab, bevor hier eine Abtei stand, in deren Abgeschiedenheit die Mönche nach ihren Ordensregeln leben konnten. Immerhin: Der Name Salm bedeutet Lachs. Und so wurde die mühsame Arbeit zisterziensischer Urbarmachung der wilden Gegend nicht nur mit Gotteslohn, sondern auch mit einem der leckersten Fische vergolten. Schottische Hochlandrinder, die sich von der barocken Neugestaltung der Abtei unbeeindruckt zeigen, gab es allerdings zu Zeiten Bernhard von Clairvaux noch nicht.

Abteistr. 3, 54534 Großlittgen, Tel. +49 65 75/951 30, www.abteihimmerod.de

Die Hallenkirche der Abtei verbindet einen romanischen Vorgängerbau mit barocken Stilelementen.

ZISTERZIENSERABTEI HIMMEROD

Das Kloster

In »die grünen Falten am fließenden Wasser der Salm« schickte der hl. Bernhard von Clairvaux 1134 seine geistlichen Söhne, die grauen Zisterziensermönche, so begeistert war er von der wildromantischen Landschaft im noch nicht urbar gemachten Talkessel zwischen Kunowald und Salm. So wurden die hochgebildeten Zisterzienser bald zu Pionieren bei der Trockenlegung und Rodung von unerschlossenen Gebieten. Zunächst zogen die Mönche in spartanische, hölzerne Gebäude. 1179 folgte die Weihe der romanischen Basilika. Himmerod entwickelte sich vor allem im 12. und 13. Jahrhundert zu einem geistigen und kulturellen Zentrum, was hauptsächlich auf das Konto der bemerkenswerten Bibliothek und des Skriptoriums im 15. Jahrhundert ging. Die 1751 geweihte und von dem sächsischen Architekten Kretschmar erbaute Barockkirche und die anderen Konventsgebäude wurden nach der Zerstörung aufgrund der Säkularisation als Steinbruch ausgeschlachtet und erst 1919 wieder besiedelt.

Noch immer umfassen die Klausurmauern aus dem 14. Jahrhundert die Gesamtanlage. Diese folgt architektonisch dem Strukturprinzip der konzentrischen Krei-

se, wie z. B. das Wappen, das auf Bernhard von Clairvaux zurückgeht. Im Außenbereich ordnen sich Gästehaus, Werkstätten, Mühle, Buchladen und Gasthof um einen Mittelpunkt, im inneren Bereich liegen Kirche und Klostergebäude, Klausur und Quadrum. Ausgedrückt werden soll mit diesem Bauprinzip die Konzentration auf das Wesentliche. In der Abtei wird seit dem 12. Jahrhundert Fischerei betrieben, heute gehören zehn Zuchtbecken und vier Fischweiher zu Himmerod. Die vorzüglichen Fischspezialitäten aus eigener Zucht werden in der Klostergaststätte serviert und direkt in der Fischerei verkauft. Im Übrigen bietet die gutshofähnliche Klostergaststätte einen deftigen Eintopf sowie regionale Spezialitäten. In der Begegnungsstätte »Alte Mühle«, einer Kornspeichermühle aus dem 17. Jahrhundert mit Emailkunst-Museum, finden Ausstellungen und Seminare statt; dort informiert ein Videofilm über die Klostergeschichte.

In dem Gastflügel der Abtei erhalten Einzelpersonen Unterkunft, um im Kloster einige Tage des Abschaltens zu erleben. Sie können an den Gebetszeiten der Gemeinschaft sowie an der Morgen- und Abendmeditation teilnehmen. Auf Wunsch bieten die Zisterzienser Einzelexerzitien an. Zahlreiche Zimmer stehen im Exerzitienhaus für Ehepaaren, Familien oder Gruppen zur Verfügung. Im Himmeroder Forum werden regelmäßig aktuelle Themen vornehmlich auf dem Gebiet der Wirtschaftsethik diskutiert.

❶ Wandern rund um Himmerod

Ein abwechslungsreicher Spaziergang führt durch das Obere Salmtal von Himmerod nach Eisenschmitt. Im Salmtal wurde lange Zeit Eisen abgebaut. Auf dem Mühlenpfad wandert man durch das Gebiet, wo einst Hochöfen standen, Eisen-

> **Als Gast im Kloster**
>
> Gäste und Besucher empfängt das Kloster mit einer besonderen Atmosphäre der Ruhe und großartiger Baukunst. Das Kloster ist malerisch in die Landschaft des Salmtals eingebettet.

Zisterziensische Klosterarchitektur ist vielfach geprägt von großer Schlichtheit.

ZISTERZIENSERABTEI HIMMEROD

 Service

Angebot für Gäste
- Einführung in das Ruhegebet
- Einkehr- und Exerzitienangebote
- Meditationswochenenden
- Meditationswandern
- Himmeroder Nächte
- Geistl. Gespräche u. Vorträge
- Kreative, musikalische u. sportliche Angebote
- Wüstentage

Unterkunft
- Übernachtung 35 € inkl. Frühstück
- Zusätzliches Mittagessen: 10 €
- Übernachtung inkl. VP 50 €
- Aufpreis für Zimmer mit Dusche/WC (nur im Gäste- und Exerzitienhaus): 5 €

Verpflegung
- Für Hausgäste im Kloster
- Klostergaststätte: Himmeroder Forelle
- Öffnungszeiten: Di–So 11–21 Uhr

Einkaufsmöglichkeit
- Buch- und Kunsthandlung im Klosterladen: Bücher, Ikonen, Keramik, Devotionalien, Musik-CDs, Honig, Apfelwein und -saft, Abteibier, Kräutertee, Klosterlikör, Essig, Senf
- Öffnungszeiten: März–Okt. Di–So 11–18, Nov.–Feb. Mi–So 11–17 Uhr
- Klosterfischerei: tagesfrische Räucherforelle, frische Lachs- und Regenbogenforellen
- Öffnungszeiten: tgl. 8–17 Uhr
- Gärtnerei: Gemüsejungpflanzen, Kräuter, Beet- und Balkonpflanzen, Topfpflanzen und Stauden
- Öffnungszeiten: März–Dez. Di–Sa 9–17, So 11–18 Uhr

Reservierung
- Gäste- und Exerzitienhaus, Gastflügel: Pater Stephan, Tel. +49 65 75/95 13 17, E-Mail: info@abteihimmerod.de, Kontaktformular unter www.abteihimmerod.de

erz-Steinbrüche und Stauwehre angelegt waren. Auch wenn heute die idyllische Landschaft nicht mehr daran erinnert.

❷ Eifelgeysir »Wallender Born«

Mit etwas Geduld kann man auch außerhalb Islands ein wunderbares Naturschauspiel erleben. Alle 35 Min. schäumt das Wasser im »Wallenden Born«, einem der wenigen Geysire Deutschlands, und steigt etwa einen Meter hoch. Dabei hört man ein rauschendes und leicht grollendes Geräusch. Diese natürlichen Springbrunnen entstehen nur auf vulkanischen Böden. In Hohlräumen sammelt sich Wasser und Kohlensäure an. Sobald das Gas Überdruck erreicht, schießt das Wasser nach oben.

www.eifel.info/a-wallender-born

❸ Maarmuseum Manderscheid

Die Maare, einzigartige Archive für vergangene Zeiten, zeigen sich im Maarmuseum Manderscheid von ihrer transparenten Seite. Ein Highlight ist das begehbare Großmodell eines Maares mit integrierten audio-visuellen Darstellungen. Dazu wurde eine Rekonstruktion dieser ehemals tropischen Eifel-Landschaft erstellt und vergleichend die heutige Pflanzen- und Tierwelt der Eifel-Maare lebensnah präsentiert. Zu sehen sind auch die Fossilien des ca. 45 Millionen Jahre alten Eckfelder Maares, allen voran das berühmte »Eckfelder Urpferdchen« und die »älteste Honigbiene der Welt«.

Wittlicher Str. 11, 54531 Manderscheid, Tel. +49 65 72/92 03 10, Di–So 11–17 Uhr, www.maarmuseum.de

❹ Burg Eltz

Der Name der Burg erklärt sich aus ihrem Standort am Elzbach, dem nahe gelegenen Moselzufluss. Das vom 11. bis 16. Jahrhundert erbaute Märchenschloss, Inbegriff einer mittelalterlichen Burg, ragt in einem waldreichen Seitental auf einem Felsen empor. Einen reizvollen Anblick bieten die verschiedenen Baustilelemente, Türmchen und Erker. Die Häuser und Wohntürme innerhalb der Burgmauer stammen aus verschiedenen Jahrhunderten. In zwei Gaststätten erwarten die Besucher kleine Gerichte sowie Kaffee und Kuchen. Man kann den Eltzer Wein probieren und den Blick ins Elztal genießen.

Burg Eltz 1, 56294 Wierschem, Tel. +49 26 72/95 05 00, tgl. 9.30–17.30 Uhr, www.burg-eltz.de

Die Benediktinerabtei ist von gepflegten barocken Gärten umgeben.

20 Benediktinerabtei St. Mauritius

Hochmittelalterlich ist die gotische Abteikirche St. Mauritius aus dem 13. Jahrhundert. Doch das Kloster selbst ist gut 500 Jahre älter und damit wohl das älteste in Deutschland. Noch älter ist das Testament des Adalgisel Grimo von 634. Auch wenn es »nur« in einer Abschrift aus dem 10. Jahrhundert erhalten blieb, gilt es als eines der frühesten Dokumente deutscher Geschichte. Adalgisel Grimo, ein adeliger Diakon, hatte einige Besitztümer zwischen den Ardennen und dem Hunsrück. Das Gebiet gehörte zum damaligen Austrasien, es war die Zeit der Merowinger, und das Fränkische Reich Karls des Großen stand noch aus. Mitten darin befand sich in Tholay eine Kirche, die Adalgisel Grimo auf der Ruine eines römischen Bades aus dem 3. Jahrhundert hatte errichten lassen. Sie wurde von einer Mönchsgemeinschaft betreut, die den irischen Missionar Wendelin (gestorben ca. 617) zu ihrem ersten Abt wählte. Jenen Wendelin, der bis heute an Saar und Mosel hochverehrt wird. In seinem Testament vermachte Adalgisel Grimo die Kirche zu Tholay samt ihrem Sprengel dem Bistum Verdun, das im 8. Jahrhundert hier den Benediktinerorden eine Abtei gründen ließ.

Im Kloster 11, 66636 Tholey, Tel. +49 68 53/91 04 23, www.abtei-tholey.de

BENEDIKTINERABTEI ST. MAURITIUS

Benediktinerabtei
St. Mauritius

Das Kloster

Inmitten des waldreichen Naturparks Saar-Hunsrück liegt die kleine Gemeinde Tholey, eingebettet in die sanften Hügel des St. Wendeler Landes. Am besten lassen sich die bedeutenden Kulturstätten in dieser geschichtsträchtigen Gegend zu Fuß erkunden. Denn so begegnet man nicht nur den historischen Denkmälern der Kelten- und Römerzeit hautnah, hier hat man auch die Gelegenheit, vom 571 m hoch liegenden Schaumbergplateau aus den atemberaubenden Ausblick über das Saarland zu genießen. Von hier aus fällt bereits die charakteristische Turmhaube von St. Mauritius ins Auge, die das Ortsbild von allen Seiten beherrscht. Klostergebäude und Kirche stehen auf Bauresten einer römischen Badeanlage aus dem 3. Jahrhundert am quellenreichen Südhang des Schaumbergs. Die Ursprünge des Klosters reichen bis ins 6. Jahrhundert zurück. Erstmals erwähnt wird es 634. Damals lebten die ersten Mönche nach irofränkischer Klosterregel. Schon Anfang des 9. Jahrhunderts wurde Tholey zur Benediktinerabtei und gilt heute als ältestes Kloster Deutschlands. Eine Besonderheit der gotischen Abteikirche sind ihre Bildfenster. Ihr Sinn erschließt sich nur in der verweilenden Stille. Entrückt lächelt der »Engel von Tholey« vom Hauptchor herab, dessen beeindruckender Barockprospekt noch erhalten ist. Neben den handwerklichen Arbeiten einiger Patres im klostereigenen Garten oder der Schreinerei betätigen sich die Priestermönche vornehmlich als Seelsorger am Ort. Zudem verwalten sie die Gaststätte und den Aussichtsturm auf dem Schaumbergplateau.

Im Gästehaus St. Lioba befindet man sich an einem Ort der vollkommenen Entspannung und Erholung. Bei der Buchung sollte man nach einem der drei Doppelzimmer mit Balkon fragen, um dort in Ruhe den Blick auf den barocken Klostergarten zu genießen. Endlich darf man aufatmen, denn Tholey ist ein Luftkurort!

❶ Johann-Adams-Mühle

Malerisch in einem Wiesental gelegen, beherbergt die Johann-Adams-Mühle aus dem 18. Jahrhundert heute ein kleines Mühlenmuseum und eine Landgaststätte. Dort werden feine regionale Spezialitäten serviert, im Sommer auch im Biergarten. Regelmäßig finden Brotbackkurse statt.

Landgasthof: Zur Johann-Adams-Mühle 1, 66636 Tholey-Theley, Tel. +49 68 53/96 16 96, tgl. ab 10 Uhr, www.landgasthof-johann-adams-muehle.de;
Museum: Apr.–Nov. So 14–18 Uhr

Auch eine Art, die innere Mitte zu finden: Gemütlichkeit beginnt im Gästehaus St. Lioba bei Kaffee und Kuchen oder einem kühlen Getränk auf der windgeschützten Terrasse.

BENEDIKTINERABTEI ST. MAURITIUS

 Service

Angebot für Gäste
- Für Einzelgäste auf Anfrage geistliche oder lebensbezogene Begleitung
- Teilnahme an den Gottesdiensten
- Einkehrtage
- Exerzitien nach Absprache
- Mitarbeit im Garten und im Haus
- Kulturhistorisches Museum »Theulegium« mit Abteilungen zur lokalen Geologie, Vor- und Frühgeschichte der Abtei St. Mauritius sowie der Geschichte des Schaumburger Landes

Gottesdienste
Tgl. 6 Uhr Vigil und Laudes, 7.15 Uhr Terz, 12.05 Uhr Mittagshore, 17.30 Uhr Vesper, 19.30 Uhr Komplet

Unterkunft
- Klausur: Tagessatz 35 € (nur für Männer)
- Gästehaus St. Lioba: EZ ab 60 €, DZ ohne Balkon 85 €, DZ mit Balkon 90 €
- Frühstücksbüfett 10 €, 2-Gänge-Menü 19 €, 3-Gänge-Menü 22 €, Kalte Mahlzeit 13 €

Verpflegung
- Im Gästehaus: deutsch-französische Küche
- Sommerterrasse
- Weinkeller

Reservierung
- Kloster: Prof. P. Albert-Ma., Tel. +49 68 53/91 04 23, E-Mail: bobbagood@gmail.com
- Gästehaus: Tel. +49 68 53/91 04 23, E-Mail: info@gaestehaus-sanktlioba.com, www.gaestehaus-lioba.com

 Schaumbergbad

Spaß und Erholung pur im Schaumbergbad mit einem Schwimmbecken im Freien und einer Riesentunnelrutsche ist nicht nur für die Kleinen ein Erlebnis. Wunderbar entspannt man in der Blockhaus-Sauna mit Klangschalen-Zeremonie oder im Dampfbad bei Salz- oder Honiganwendungen. Im angeschlossenen Erlebnispark Schaumberg (Eintritt frei) regen der Barfuß-Pfad, der »Garten der Düfte« und ein Bewegungslabyrinth alle Sinne an.

Zum Erlebnispark 1, 66636 Tholey, Tel. +49 68 53/911 10, Mo 15.30–22, Di/Mi/Do 10–22, Fr 10–23, Sa/So 8.30–20 Uhr, www.schaumbergbad.de

 Völklinger Hütte

Eine Stadt in der Stadt: In Völklingen befindet sich ein Bauwerk der anderen Art, erbaut aus Hochöfen und Schloten, Eisen und Stahl. 1873 wurde das Eisenwerk, die Völklinger Hütte, in Betrieb genommen, heute ist sie Unesco-Welterbe sowie ein bedeutendes Industriedenkmal und Wahrzeichen historischer Ingenieursbaukunst. Zwei bis drei Stunden kann ein Rundgang durch das Werk schon dauern, so weitläufig sind die Hallen und Gänge. Die Völklinger Hütte ist Schauplatz diverser hochkarätiger (Kunst-)Ausstellungen wie z. B. der UrbanArt! Biennale mit Urban-Art-Künstlern aus 17 Ländern. Regelmäßig finden hier Kulturveranstaltungen statt. Im Science-Center »Ferrodrom« werden spannende physikalische und chemische Phänomene und naturwissenschaftliche Entdeckungen dargestellt. Ein Teil widmet sich der Geschichte der Eisenverarbeitung.

Rathausstr. 75–79, 66333 Völklingen, Tel. +49 68 98/910 01 00, Apr.–Okt. tgl. 10–19, Nov.–März tgl. 10–18 Uhr, www.voelklinger-huette.org

 Straße der Skulpturen

Die Straße der Skulpturen in St. Wendel geht auf die Initiative des aus St. Wendel stammenden Künstlers Leo Kornbrust zurück, der mit dem Skulpturenpfad ein völker- und kulturverbindendes Friedenssymbol schaffen wollte. Als sich 1973 bei Bergarbeiten in der Nähe große Steinbrocken lösten, ließ Kornbrust diese an markanten Stellen in der Landschaft aufstellen und rief Künstler aus aller Welt dazu auf, die Steine zu bearbeiten und die Idee des Weges in ihren Kunstwerken fassbar zu machen. Bis heute entstanden daraus fast 40 Skulpturen, eingefügt in die Natur. Der Weg erstreckt sich auf einer Länge von 17 km und führt entlang des Saarland Rundwanderweges zum Bostalsee.

Bei St. Wendel, ganzjährig zugängig

> **Als Gast im Kloster**
>
> Wer sich sowohl in sich selbst als auch in die deutsche Geschichte vertiefen möchte, ist in Tholey gut aufgehoben. Hier findet man eine gelungene Verbindung von Klausur, Natur und Kultur.

Wo die Schwarzach in den Main mündet, liegt die Benediktinerabtei. Hier lebt auch der bekannte Pater Anselm Grün als Mönch.

21 Benediktinerabtei Münsterschwarzach

Möglicherweise hatte Einhard, der Biograf Karls des Großen, zu viele Bocksbeutel intus, als er über dessen vierte Gemahlin Fastrada (765–794) schrieb: Sie habe Karl anno 782 zum Blutgericht von Verden angestachelt, einem Massaker an sächsischen Kriegern, die sich den Franken nicht unterwarfen. Einhard zählte erst nach Fastradas Tod, die er nie kennenlernte, zum engsten Zirkel Karls des Großen. Es fragt sich, ob eine damals 17-jährige solchen Einfluss auf den Frankenkönig hatte, dessen Gattin sie erst 783, nach dem Tod seiner dritten Frau Hildegard, wurde. Allerdings ist eine Grimm'sche Sage überliefert, derzufolge Fastrada einen Ring besaß, der Karl auf fatale Weise an sie band. Als gesichert gilt, dass sie die Abtei Münsterschwarzach gründete, bis 877 ein Frauenkloster mit Äbtissinnen aus dem karolingischen Hochadel. Das war rund 1200 Jahre vor dem heutigen Kloster mit der neoromanischen Kirche am Main.

Schweinfurter Str. 40, 97359 Münsterschwarzach, Tel. +49 93 24/200, www.abtei-muensterschwarzach.de

BENEDIKTINERABTEI MÜNSTERSCHWARZACH

Das Kloster

Die Benediktinerabtei an der Mündung der Schwarzach in den Main gehört zu den ältesten Klöstern Frankens, errichtet um 788 als Frauenkloster mit karolingischer Kirche. Nach seinem Erlöschen wurde es 877 von Mönchen übernommen.

Äußerlich erinnert die trutzige viertürmige Abteikirche an romanische Dome, doch altertümlich ist in Münsterschwarzach wirklich nur die Fassade. Durch den konsequenten Einsatz von regenerativen Energieträgern kann das Kloster seit dem Jahr 2008 »Klimaneutralität« mit einer ausgeglichene CO_2-Bilanz vorweisen. Achtsamer Umgang mit der Schöpfung ist für die Mönche eine Art Gottesdienst und ebenso bedeutsam wie das liturgische Beten.

Das Gästehaus Münsterschwarzach steht Einzelgästen und Gruppen offen. Für die Gäste sind drei Speiseräume, eine Anbetungskapelle, ein Meditationsraum und ein Lesezimmer eingerichtet. Von der Küche werden Gäste mit vier Mahlzeiten pro Tag versorgt. Dabei stammen die Nahrungsmittel zum größten Teil aus den klostereigenen Betrieben, der Metzgerei, Bäckerei, Landwirtschaft und Gärtnerei. Kaffee und Getränke bekommt man rund um die Uhr.

Im Ateliergebäude neben der Druckerei zeigt eine Galerie Arbeiten der Patres Meinrad Dufner und Polykarp Uehlein. Bischofsringe und Armbänder, aber auch Kronen für Weinköniginnen werden in der Gold- und Silberschmiede hergestellt. Die Münsterschwarzacher Benediktiner führen den bedeutenden Ordensverlag »Vier Türme«, in dem zahlreiche Titel des Paters Anselm Grün erschienen sind, der seit über 50 Jahren der Brüderschaft angehört. Gastgruppen bieten die Brüder interessante Kirchen- und Klosterführungen an, stehen für Gruppengespräche zur Verfügung und gestalten Besinnungstage.

Junge Männer, die Chorgebet, Arbeit und Mahlzeiten der Mönche teilen möchten, sind zum »Kloster auf Zeit« eingeladen. Weiterhin werden Achtsamkeits- und Führungskräftekurse angeboten, »Einkehrtage« zur Betrachtung der eigenen Lebenssituation und Kontemplationsseminare. Ruhe finden Gäste durch meditative Übungen, stille Arbeit, Feldenkraisübungen und Gebärdentanz bei den »Wegen ins Schweigen«.

Als Gast im Kloster

Die Abtei Münsterschwarzach bietet einen ausgesprochen undogmatischen Rahmen für das gut ausgewählte, motivierende Kursprogramm.

❶ Kirchenburgmuseum Mönchsondheim

Bauern- und Handwerksmuseum unter freiem Himmel: In der historisch gewachsenen Dorfanlage steht noch alles an seinem Ort, z. B. die Schule von 1927, das Mesnerhaus von 1837, das frühere Wohnhaus der Dorflehrer und Mesner, ein Gasthof von 1790, das Rathaus mit Bäckerei und Schmuckfachwerk von 1557. In der sogenannten »Kirchenburg« aus der Zeit vom 15. bis 18. Jahrhundert sind 17 verschiedene Handwerksberufe vorgestellt. Hier befindet sich auch die Museumsschänke, in der man Kesselfleisch und fränkische Weine probieren kann.

An der Kirchenburg 5, 97346 Iphofen-Mönchsondheim, Tel. +49 93 26/12 24, Mitte März bis Okt. Di–So 10–18, Nov. Sa/So 10–16 Uhr, www.kirchenburgmuseum.de

❷ Weinlandkreis Kitzingen

Die »Bocksbeutelstraße« zu Orten bekannter fränkischer Weinlagen führt durch die Marktgemeinde Schwarzach am Main. In Kitzingen-Repperndorf hat man die Möglichkeit, sich bei einem erholsamen Spaziergang auf dem Wein- und Naturlehrpfad durch die Weinberge anhand vieler Informationstafeln mit der landschaftlichen und naturgegebenen Besonderheit des Repperndorfer Berges vertraut zu machen.

Tourist Info: Schrannenstr. 1, 97318 Kitzingen, Tel. +49 93 21/20 88 88, www.kitzingen.info, www.fraenkisches-weinland.de

BENEDIKTINERABTEI MÜNSTERSCHWARZACH

❸ Museum Malerwinkelhaus Marktbreit

Die drei aneinandergebauten Häuser waren einst Sitz eines bedeutenden Spezereiwarenhandels in Marktbreit. Die Ausstellung in verwinkelten Zimmerfluchten führt dem Betrachter die gesellschaftliche Situation der Bürgerfamilie und das erstrebte Ideal der Hausfrau und Mutter vor Augen. Exponate zeigen, wie Mädchen in Familie und Schule auf diese Rolle vorbereitet wurden sowie die harte, zeitraubende Arbeit, die sie ohne elektrische Hilfsmittel verrichten mussten. Wechselnde Sonderausstellungen zu ungewöhnlichen Themen wie »Magie, Zauberei und Heilkunde in römischen Zeiten«, »Mensch ärgere Dich nicht: das populärste Spiel der Nation gestern und heute« ergänzen das Museumsangebot. Um sich die Annehmlichkeit der »stillen Örtchen« heute bewusst zu machen, ist eine Besichtigung des über dem Breitbach außen schwebenden Toilettenhäuschens mit Fenster empfehlenswert. Von dort hat man einen guten Ausblick auf den malerischen Ort.

Bachgasse 2, 97340 Marktbreit, Tel. +49 93 32/59 15 96, Apr.–Okt. Do 14–20, Fr–So 14–17 Uhr, www.malerwinkelhaus.de

❹ Römerrundweg in Marktbreit

1985 wurde auf dem Kapellenberg ein römisches Legionslager aus augusteischer Zeit entdeckt. Mit ca. 37 ha war es eines der größten römischen Lager überhaupt. Der gut 3 km lange Rundweg, beginnend und endend am Mainkran, ist mit acht Tafeln bestückt, die mit Text und Bild das Lager sowie das Leben der römischen Legionäre darstellen. Wer auf diesem Römerrundweg wandert, erweitert seinen geschichtlichen Hintergrund auf angenehme Art und Weise und genießt einen herrlichen Ausblick in das Maintal, der für die körperliche Anstrengung reichlich belohnt.

Tourist Info: Mainstr. 6, 97340 Marktbreit, Tel. +49 93 32/59 15 95, www.marktbreit.de

ⓘ Service

Angebot für Gäste
- Einzel- und Gruppenexerzitien
- Einkehrwochenenden
- Kontemplationskurse
- Meditationsseminare
- Schweigeseminare
- Kloster auf Zeit
- Ikebana
- Sinnvolles Leben
- Gregorianischer Choral
- Fasten und Stille
- Kreatives Gestalten
- Ikonenmalkurs
- Meditatives Tanzen
- Körperarbeit
- Führungskräfteseminare
- Paarseminare

Unterkunft
- Gästehaus: EZ 43 €, EZ 50 € mit Dusche/WC, DZ 94 € mit Dusche/WC
- Inkl. VP
- Kostenreduzierung durch Mitarbeit halbtags: 12 €
- Zuschlag bei nur einer Übernachtung: 10 €

Verpflegung

Speisen aus eigener Herstellung: Bäckerei, Metzgerei, Gärtnerei
Essenszeiten: Frühstück 7.45–8.30 Uhr, Mittag 12.20 Uhr, Kaffee 14–16.30 Uhr, Abendessen 18.40, So 18.30 Uhr

Einkaufsmöglichkeit
- Buchhandlung: Bücher, Kunst und Schmuck
- Öffnungszeiten: Mo–Fr 8.30–17.30, Sa 8.30–17, Ostern–Weihnachten auch So 10.30–17 Uhr
- Klosterladen: Fleisch- und Backwaren
- Öffnungszeiten: Di, Mi 7.30–13, Do, Fr 7.30–17.30, Sa 7.30–12 Uhr
- Fair-Handel Markt: Waren aus der Dritten Welt
- Öffnungszeiten: Mo–Fr 8.30–17.30, Sa 10–14 Uhr

Reservierung
- Gästehaus: Tel. +49 93 24/202 03, E-Mail: gh@abtei-muensterschwarzach.de
- Kloster auf Zeit: Pater Frank, Tel. +49 93 24/203 89

❺ Weingut Thomas Mend

Kennen Sie «Blaue Zipfel»? Im stilvollen Wintergarten-Ambiente können diese und andere fränkische Spezialitäten zusammen mit einem Gläschen Wein genossen werden. Weinproben organisiert der Besitzer Thomas Mend.

Weinbergstr. 13, 97346 Iphofen; Tel. +49 93 23/30 13, Mo–Fr 9–12, 13–18, Sa 10–17, So 10–12 Uhr, www.weingut-mend.de

Köstliche Spezialitäten im Biergarten und eine herrliche Aussicht genießt man im Kloster Weltenburg.

22 Benediktinerabtei Weltenburg

Es gibt Klöster – und Weltenburg ist so eines – die eine derart exponierte Lage haben, dass Atheisten an der Banalität ihrer Ungläubigkeit zweifeln könnten. Aber vielleicht schmuggelt sich dieser Eindruck auch einfach nur als missionarischer Nebeneffekt klösterlich gelungener Baukunst ein. Elegant in einer Donauschleife gelegen, weiße Felsen vis-à-vis, ist die uralte, in heutiger Gestalt barocke Abtei Weltenburg sommers ganz von dieser Welt. Dann brummt der Biergarten, zu dessen Stimmung die Produkte der wohl traditionsreichsten Klosterbrauerei (seit anno 1050) erheblich beitragen. So schön die Lage, so bedrohlich ist sie mitunter, wenn die Donau ihr übliches Bett verlässt: Im August 2005 reichte ihr Pegelstand an die Fenstersimse im Erdgeschoss, 1999 und 1845 noch weit höher. Grund dafür ist die Weltenburger Enge, der Flussabschnitt zwischen hier und Kelheim. Das Geotop mit 80 m hohen Kalksteinwänden, die senkrecht aus der Donau ragen, lässt dem Wasser nicht viel Platz. Die Donau, auf ihrem langen Weg vom Schwarzwald zum Schwarzen Meer, hat am Kloster Weltenburg noch nicht ihren nördlichsten Punkt, den sie erst in Regensburg erreicht. Zuvor, wenige Flusskilometer abwärts, passiert sie bei Kelheim die monumentale Befreiungshalle, die hoch über dem Ufer thront (im Bild links, am Horizont). Den 1862 eingeweihten Heldentempel für 18 Germanenstämme ließ Ludwig I. von Bayern eingedenk der Überwindung Napoleons errichten. Wie unendlich viel verspielter ist im Vergleich da doch das barocke Wirken der Brüder Asam. Die üppige Innengestaltung der Abteikirche zählt zu ihren Hauptwerken.

Asamstr. 32, 93309 Kelheim, Tel. +49 94 41/20 40, www.kloster-weltenburg.de

BENEDIKTINERABTEI WELTENBURG

Das Kloster

Zwischen Weltenburg und Kelheim zieht sich die Donauschlucht durch eine abwechslungsreiche Kulisse aus steilen Felswänden. Zum Kloster gelangt man am besten mit dem Schiff ab Kelheim, vorbei an der Befreiungshalle Ludwigs I. durch die wildromantische Donauenge. Angelegt wird etwa 400 m vom Kloster entfernt. Ob Weltenburg bereits 617 von den iro-schottischen Wandermönchen Eustasius und Agilus gegründet wurde, ist nicht belegbar. Als sicher gilt, dass das Kloster bereits im 8. Jahrhundert existierte. Die von den Asam-Brüdern im 18. Jahrhundert erbaute, traumhafte Abteikirche zählt zu den Spitzenleistungen des europäischen Barock. Den Innenraum aus Weltenburger Marmor bestimmt eine theologische Konzeption, die den Kontrast zwischen Licht und Dunkel als Symbole menschlichen Suchens interpretiert.

Für das leibliche Wohl der zahlreichen Besucher sorgen in Weltenburg die Klosterbrauerei und die Klosterschenke. Einen der schönsten Biergärten Bayerns findet man inmitten der barocken Klosteranlage direkt an der Donau. Bedienungen in Tracht servieren an den Holztischen unter Kastanienbäumen Bier aus der ältesten Klosterbrauerei der Welt (seit 1050). Im Felsenkeller 40 m unter der Erde reift das Weltenburger Klosterbier in Ruhe zu seiner vollen Güte. Aus der Küche kommen heimische Spezialitäten wie Spanferkel mit Asambockkruste, Lammkoteletts vom Altmühltaler Weidelamm oder die alte Leibspeise der Zillenfahrer, Saures Lüngerl mit Semmelknödel.

Weltenburger Gäste wohnen hübsch mit Blick auf den Fluss in der »Begegnungsstätte St. Georg«, der ehemaligen Landwirtschaftsschule. Dort finden auch die zahlreichen von Bruder Michael Gebhart koordinierten Kurse und Veranstaltungen der Abtei statt. Einzelgästen werden zudem Einkehrtage angeboten. Die Musiktradition Weltenburgs lebt in den von der »Weltenburger Musikgemeinschaft« veranstalteten Kirchenkonzerten fort. Es bestehen täglich Gelegenheiten zur Teilnahme an der Liturgie und am Stundengebet der Mönche.

Bade- und Freizeitzentrum Keldorado

Das »Keldorado« ist ein Erlebnis-Paradies mit einer lichtdurchfluteten Panorama-Schwimmhalle, Innen- und Außenwarmbecken und einem Kinderbassin. Luftperlenbänke, Sprudel- und Massagedüsen machen den Besuch zum Urlaub vor der Haustür. Dazu gibt es ein

Einfach, ohne Schnickschnack, aber dennoch stilvoll werden Gäste in der Begegnungsstätte St. Georg untergebracht.

BENEDIKTINERABTEI WELTENBURG

 Service

Angebot für Gäste
- Einkehrtage
- Choralkurse
- Ikonenmalkurse
- Seminarprogramm zu philosophischen, theologischen, kunstgeschichtlichen und historischen Themen
- Kloster-Wochenende
- Bibel-Seminar
- Museum im historischen Felsenkeller

Gottesdienste
Tgl. 6.30 Uhr Laudes, 12 Uhr Mittagshore, 18 Uhr Vesper, 20 Uhr Komplet
Di 19.30, Fr 6.30, So 9 Uhr Eucharistie

Unterkunft
- Begegnungsstätte St. Georg: EZ ab 45 € inkl. Frühstück, DZ ab37 € pro Pers. inkl. Frühstück
- EZ ab 57 € inkl. HP, DZ ab 49 € pro Pers. inkl. HP
- EZ ab 77 inkl. VP, DZ ab 69 € pro Pers. inkl. VP

Verpflegung
- Klosterschenke: www.klosterschenke-weltenburg.de
- Öffnungszeiten: Apr.–Okt. 9–19 Uhr

Einkaufsmöglichkeit
- Klosterladen: Bücher, Holzschnitzereien, religiöse Kunst aus Bronze, Kerzen, Schmuck, Keramik, Karten, Ikonen, Klosterliköre, Weltenburger Klosterbitter und Biere
- Öffnungszeiten: März Mo–Fr 10–17, Apr.–Okt. Mo–Fr 8.30–18.30, Sa 9–18.30, So 10–18.30, Nov.–Feb. Di–So 11–16.30 Uhr

Reservierung
- Gästehaus: Tel. +49 94 41/675 75 00, E-Mail: gaestehaus@kloster-weltenburg.de
- Kloster auf Zeit: Abt Thomas M. Freihart, Tel. +49 94 41/20 40, E-Mail: abtei@kloster-weltenburg.de

---

Sanarium und ein Dampfbad. Auf dem Freigelände mit Sportbecken und Nichtschwimmerbecken kann man Großfiguren-Schach und Volleyball spielen. Eine Auswahl italienischer Speisen gibt es im Keldorado-Restaurant »Lo Scoglio« mit Terrassen-Biergarten und »Bikini-Bar«.

Rennweg 60, 93309 Kelheim, Tel. +49 94 41/22 67, Ende Sept.–Apr. tgl. 9–21, Di/Fr bis 22, Mai–Mitte Sept. tgl. 9–20.30 Uhr, www.keldorado-kelheim.de

❷ Schulerloch

Schon vor 40 000 Jahren wurde das Schulerloch von Neandertalern bewohnt. Die faszinierende Tropfsteinhöhle liegt 55 m über der Altmühl, geschützt in einer Bergflanke. Nach einem 20-minütigen, recht steilen Aufstieg erreicht man die Höhle, der Ausblick von hier ist auf jeden Fall lohnenswert. Das Schulerloch kann im Rahmen von Führungen besichtigt werden. Einzigartig sind die großen Becherstalagmiten, die Wasserbecken bilden. Highlight jeder Führung ist am Ende die Höhlenwand-Projektion. Hier erlebt man hautnah die Entstehung der Erde und steht Aug in Aug mit Neandertalern.

Oberau 2, 93343 Essing, Tel. +49 94 41/179 67 78, Apr., Mitte Sept.–Anf. Nov. tgl. 10–16, Mai–Anf. Sept. 10–17 Uhr, Führung jede halbe Stunde, www.schulerloch.de

❸ Befreiungshalle Kelheim

Die Befreiungshalle gab König Ludwig I. 1842 zum Gedenken an die gewonnenen Schlachten gegen Napoleon (Leipzig, Waterloo) in Auftrag. Den Anstieg zum Denkmal erledigt man am bequemsten mit der Ludwigsbahn, die an der Schiffsanlegestelle startet. Von oben überblickt man weit die »Weltenburger Enge«, den imposanten Donaudurchbruch und eins der »100 schönsten Geotope Bayerns«.

Befreiungshallestr. 3, 93309 Kelheim, Tel. +49 441/68 20 70, Apr.–Okt. tgl. 9–18, Nov.–März 9–16 Uhr

---

Als Gast im Kloster

Märchenhaftes Kloster auf einer Felsnase direkt am Wasser und genial in die Flussschleife komponiert. Das ausgezeichnete Essen und der herrliche Blick erzeugen im Biergarten eine mindestens ebenso andächtige Stimmung wie die grandiose Asamkirche.

Die prächtigen Deckengemälde der Basilika von Scheyern wurden zwischen 1923 und 1924 von Otto Hämmerle gemalt.

23 Benediktinerabtei zum Heiligen Kreuz, Scheyern

Mitunter erzählen kleine Dinge große Geschichten. Ein Splitter, zum Beispiel. Stammt er vom Kreuz Christi, gehört er zu den kostbarsten Reliquien überhaupt. Kloster Scheyern besitzt solch eine Kostbarkeit – und trägt sie auch im Namen. Um 1150 sandte Fulcherius, Patriarch im Kreuzfahrerstaat Jerusalem, einen Kanoniker nach Europa, um Spenden für die heiligen Stätten zu erbitten. Ein Begleitschreiben und der Kreuzsplitter unterstrichen die Dringlichkeit. In Dachau jedoch raubten die örtlichen Grafen dem Gesandten die Reliquie. 30 Jahre später, als die Linie derer von Dachau erlosch, wurde sie dem Kloster Scheyern vermacht, das seither Wallfahrtsziel ist. Die später barockisierte Basilika, bis 1267 Grablege der Wittelsbacher, bewahrt die edel als byzantinisches Kreuz gefasste Reliquie auf. Weniger kostbar als köstlich ist übrigens das Klosterbier, das nebenan in Deutschlands drittältester Klosterbrauerei gebraut wird.

Schyrenpl. 1, 85298 Scheyern, Tel. +49 84 41/75 20, www.kloster-scheyern.de

BENEDIKTINERABTEI ZUM HEILIGEN KREUZ, SCHEYERN

Das Kloster

Die Benediktinerabtei zum Heiligen Kreuz steht auf einer Anhöhe in der gefälligen Landschaft der Hallertau, dem berühmten Hopfenanbaugebiet. Die Anfänge des Klosters Scheyern liegen in Bayrischzell am Fuß des Wendelsteins, wo Gräfin Haziga 1077 zwei Einsiedlern ein Waldstück schenkte. 1119 besiedelten die Mönche dann die ehemalige Stammburg der Grafen von Scheyern-Wittelsbach und wandelten sie in ein Kloster um. Scheyern ist seit über 800 Jahren ein viel besuchter Wallfahrtsort, nachdem der letzte Graf von Dachau dem Kloster eine bedeutende Kreuzreliquie vererbte, die nach der Form des byzantinischen Patriarchen-Kreuzes gefasst ist. 1980 wurde der Abteikirche von Papst Johannes Paul II. die hohe Auszeichnung einer »Basilica minor« verliehen.

Die dreischiffige romanische Basilika aus dem 12. Jahrhundert wurde durch Brände mehrmals beschädigt. Nur sehr zurückhaltend fanden Rokoko-Elemente bei Restaurierungsarbeiten im 18. Jahrhundert Eingang. Im 19. Jahrhundert wandelte sich das Gesicht der Kirche durch eine gravierende Umgestaltung im Stil der Neuromantik. An den Wänden des Mittelschiffes zeigt ein Freskenzyklus verschiedene Szenen und Wunder aus dem Leben des heiligen Benedikt. Die Basilika ist durch die Kreuzkapelle, in der sich das »Heilige Kreuz von Scheyern« befindet, mit dem gotischen Kreuzgang verbunden. Im 18. Jahrhundert wurden dem damaligen Geschmack entsprechend Rokokofenster eingesetzt und Stuckaturen hinzugefügt. Heute befindet sich im Kreuzgang auch die viel besuchte Jahreskrippe. Von dort gelangt man in die Johanneskirche mit Königskapelle, Kapitelsaal und der ehemaligen Familiengrabstätte der Wittelsbacher, deren Besichtigung sich lohnt.

Gäste genießen das wunderschöne Ambiente der Benediktinerabtei mit ihrem friedlichen Innenhof. Basilika und Kreuzgang können tagsüber jederzeit besichtigt werden. Die Verpflegung der Gäste übernimmt die »Klosterschenke« im Hotel Schyrenhof, die sich seit 1841 an der Stelle der alten Tafernwirtschaft aus dem 16. Jahrhundert befindet. Seit der Errichtung des Klosters wird bereits das Scheyrer Klosterbier gebraut.

Benediktinerabtei zum Heiligen Kreuz

Als Gast im Kloster

Ausnehmend schöne und friedliche Anlage, in die Gäste zum wirklichen Mitleben eingeladen sind, nicht als »Klostertouristen«. In der Schenke werden vorzügliche Bier- und Hopfenspezialitäten ausgeschenkt.

Service

Angebot für Gäste
- Meditationswochenende
- »Ora et labora«-Wochen
- Exkursionen auf dem Klostergut
- Schnuppertage im Kloster
- Stille Tage im Kloster (für Männer)
- Fastentage nach F. X. Mayr
- Ehevorbereitungsseminare
- Der Natur auf der Spur
- Wildkräuter-Erlebnisführungen
- Kalligraphie für Anfänger und Fortgeschrittene
- Basilikakonzerte

Gottesdienste
Mo/Di/Do/Fr 5.30, So 6 Uhr Mette
So–Di, Do/Fr 12 Uhr Mittagshore
Mi 7, Sa 6.45, So 7.30, 8.30, 10, 19 Uhr Eucharistie,
Mo/Di/Do/Fr 17.45 Uhr Vesper mit Eucharistie, Mi/Sa 18 Uhr Vesper, So 16.30 Uhr Vesper
So–Di, Do/Fr 19.45 Uhr Komplet

Unterkunft
- Gästehaus: EZ 34 €, DZ 45 € pro Pers., Dusche auf dem Gang
- EZ 40 € mit Dusche/WC, DZ 50 € mit Dusche/WC pro Pers.
- Frühstück 7 €
- Mittagessen 15 €
- Kaffee und Kuchen 5 €
- Abendessen 8,50 €

Verpflegung
- Im Gästehaus
- Mittagessen und Abendessen in der Klosterschenke

Fortsetzung s. nächste Seite

BENEDIKTINERABTEI ZUM HEILIGEN KREUZ, SCHEYERN

 Service

Einkaufsmöglichkeit
- Klosterladen Scheyern: Kunst und Bücher, Kerzen, CDs mit Musik aus der Abtei, Wallfahrtsandenken »Scheyrerkreuzerl«
- Öffnungszeiten: Mo 14–17, Di–Sa 9–12, 14–17.30, So 13–17.30 Uhr
- Kloster-Getränkemarkt, Kloster-Metzgerei

Reservierung
- Kloster auf Zeit: Gastpater Frater Joachim, E-Mail: gastpater@kloster-scheyern.de
- Gästehaus: Tel. +49 84 41/75 22 41, E-Mail: bildungshaus@kloster-scheyern.de

❶ Spargelmuseum Schrobenhausen

Mit Exponaten aus über 30 Ländern präsentiert Schrobenhausen das erste Spezialmuseum dieser Art. Im Erdgeschoss kann man sich über die Geschichte, den europäischen Spargelmarkt, Botanik und Kultivierung des »königlichen Gemüses« informieren. Im 1. Stock des historischen Amtsturms, ein ehemaliges Gefängnis und Teil der Schrobenhausener Stadtmauer, sind Spargelrezepte und Spargelgeschirre ausgestellt, u.a. eine kostbare Meißener Spargeldeckeldose. Ganz oben kann man herrlich kuriose künstlerische Darstellungen zum Thema Spargel bewundern.

Europäisches Spargelmuseum: Am Hofgraben 1, 86529 Schrobenhausen, Tel. +49 82 52/909 85 34, Mai, Juni tgl. 10–17, Juli–Apr. Mi/Sa/So 14–16 Uhr, museen-schrobenhausen.byseum.de/de/spargelmuseum

❷ Wandern rund um Scheyern

Ausgangspunkt dieser circa eineinhalbstündigen Wanderung ist der Parkplatz gegenüber der Klosterschenke. Von dort aus folgt man dem Weg zum Schöneck und biegt nach ca. 100 m halb rechts in den bergab führenden Waldweg ein. Auf diesem gelangt man zu den Klosterweihern und hat einen schönen Blick auf den Prielhof. Die große Scheune linker Hand wurde vor 100 Jahren nach den biblischen Maßangaben der Arche Noah gebaut. Im Weiher davor findet sich die sogenannte Wassernuss, eine Pflanze, die bereits als ausgestorben galt und in Mitteleuropa nur sehr selten, z. B. in den Weihern des Klosters Scheyern, vorkommt. Der dahinter liegende Teich lädt zum Baden ein.

Nach diesem Abstecher kehrt man zum Hauptweg an der Südseite des Prielhofes, des 1758 errichteten Maierhofes des Klosters Scheyern, zurück. An seiner Rückseite führt ein Kiesweg vorbei an Obstgärten zu den »Flachweihern«.

Nach Unterschnatterbach folgt man dem Höhenrücken, der herrliche Ausblicke auf den Ort mit dem alten Hauskloster der bayerischen Herrscherfamilie der Wittelsbacher bietet. Nach 10 Min. wandert man rechts auf Wiesenwegen in Richtung Scheyern bis zum »Hohlweg«, der den Klosterberg hinaufführt. Entlang der Klostermauer gelangt man schließlich zurück zum Hauptportal.

❸ Hopfenmuseum Wolnzach

Der Hopfen, eine der wichtigsten Kulturpflanzen, erhielt ein eigenes Museum in Wolnzach, der Hopfenmetropole im Herzen der Hallertau. Mit allen Sinnen können Besucher die Vielseitigkeit dieser Pflanze hier informativ und interaktiv erleben. Zum ersten Mal stellt ein Museum die gesamte Geschichte des Hopfenbaus in Deutschland vor und berichtet von heilkundigen Klosterbewohnern, von aufgeklärten Fürsten und von findigen Ingenieuren. Das Museumsgebäude ist in Form eines stilisierten Hopfengartens gebaut, mit Stahlträgern, die an das Nebeneinander der Hopfensäulen erinnern. Für die kleinen Besucher gibt es spezielle Angebote.

Elsenheimerstr. 2, 85283 Wolnzach, Tel. +49 84 42/75 74; Di–So 10–17 Uhr, www.hopfenmuseum.de

❹ Pfaffenhofen an der Ilm

Nur wenige Autominuten von Scheyern entfernt liegt Pfaffenhofen, als »lebenswerteste Kleinstadt der Welt« mit dem »LiveCom Award« der Vereinten Nationen ausgezeichnet. Wahrzeichen ist der 78 m hohe Kirchturm von St. Johannes Baptist, an dessen Fuße sich eine Lourdes-Grotte befindet. Das traditionsreichste Haus ist das Café Hipp am Hauptplatz, seit 400 Jahren Wachszieherei und Lebzelterei.

Tourist Info: Hauptpl. 47, 85276 Pfaffenhofen, Tel.+ 49 84 41/78 22 50, www.pfaffenhofen.de

Von weithin sichtbar sind die Türme der Niederalteicher Kirche.

24 Benediktinerabtei Niederaltaich

Malerisch an der Donau, am Fuße des Bayerischen Walds und unweit der Isarmündung liegt das Dominikanerkloster Niederaltaich. Dominanter Hingucker sind die beiden trutzigen Türme der prächtigen Basilika. Mönche der Bodenseeinsel Reichenau waren es, die im 8. Jahrhundert eine klösterliche Siedlung errichteten. Und sie zogen weiter aus, rodeten Teile des Bayer- und Böhmerwalds, machten das Kloster auch dort zum kulturellen Zentrum. So verwundert es kaum, dass die Abtei zu einer der mächtigsten im süddeutschen Raum anwuchs – bis zur Klosteraufhebung 1803. Erst 1949 wurde Niederaltaich wieder Abtei. Heutzutage ist die Barockbasilika besonderer Anziehungspunkt und besticht durch die im Donauraum einzigartige Sakristei mit edel geformten Schränken und vergoldetem Schnitzwerk. Besonders ist auch die ökumenische Zielsetzung der Abtei mit zwei kirchlichen Traditionen: Ein Teil der Mönche lebt und betet im römischen, der kleinere Teil im byzantinischen Ritus – letztere in einem Gotteshaus, dessen Ausstattung an russische und griechische Kirchen erinnert. Solch lebendige Ökumene können Gäste unter anderem im Kloster auf Zeit erleben.

Mauritiushof 1, 94557 Niederaltaich, Tel. +49 99 01/20 80, www.abtei-niederaltaich.de

BENEDIKTINERABTEI NIEDERALTAICH

Das Kloster

Zwischen Regensburg und Passau liegt die Abtei Niederaltaich am Nordufer der Donau. Vom Bayernherzog Odilo 731 gegründet, ist die Abtei das älteste Kloster Niederbayerns. Niederaltaich erlebte im 11. Jahrhundert eine Blütezeit. Besondere Sehenswürdigkeiten sind die Basilika mit ihrer berühmten Sakristei, die barocke Gesamtanlage und – als Besonderheit – die byzantinische Kirche mit Kapelle.

Männer können ohne jede konfessionelle oder sonstige Einschränkung das Leben mit den Mönchen begrenzte Zeit teilen. Auch in ökumenischer Hinsicht geht man eigene, fortschrittliche Wege, wie die Einrichtung des Ökumenischen Instituts im Hause zeigt. Einige Mönche leben im römischen, andere im byzantinischen Ritus. Katholische und orthodoxe Gottesdienste oder eine Osternacht nach byzantinischem Ritus sind beeindruckende Erlebnisse.

Im Gästehaus der Abtei »St. Pirmin« im Herzen der Klosteranlage können Einzelgäste erholsame Tage verbringen, sich in das geistliche Leben einfinden und Abstand von der Tageshektik gewinnen. Dort stehen minimalistisch ausgestattete Zimmer, mehrere Konferenz-, Seminar- und Lese- sowie Aufenthaltsräume zur Verfügung, in denen auch größere und kleinere Gruppen Platz finden. Zweimal im Jahr, meist im Frühjahr und Herbst, können etwa 20 Männer zwei Wochen lang das »Kloster auf Zeit« erleben und in Stille, im Gebet, im Gespräch und in geistlicher Unterweisung zubringen. 1962 wurde diese Art von Auszeit im Kloster übrigens hier zum ersten Mal in Deutschland angeboten. Zusätzlich stehen Meditations- und Schweigekurse, Ikonenmalkurse, Exerzitien und byzantinische Seminare im Programm.

❶ Ausflüge mit der Donaudampfschifffahrt

Unter dem Motto »Auf fröhlicher Welle« startet die Donauschifffahrt ihre vergnüglichen und erlebnisreichen Ausflugsfahrten die Donau entlang. Die beschauliche Fahrt vermittelt vielfältige Eindrücke vom Wasser aus. Zu Landausflügen und Besichtigungen ist der Ausstieg an allen Anlegestellen möglich, später steigt man mit dem Rundreiseticket wieder zu. Ab Deggendorf bieten sich verschiedene Kombinationen an: Deggendorf – Vilshofen – Passau, Ripperl-Essen mit Livemusik auf dem Schiff oder eine Tour zur Isarmündung, bei der man den letzten frei fließenden Abschnitt und die gestaute Donau erleben kann. Ein erholsames, erfri-

Um 1720 wurde das Innere der frühgotischen Hallenkirche barockisiert. Die Kirche zählt seitdem zu den bemerkenswertesten Sakralbauten innerhalb des süddeutschen Barock.

BENEDIKTINERABTEI NIEDERALTAICH

 Service

Angebot für Gäste
- »Kloster auf Zeit« für Männer
- Tage der Besinnung für Einzelgäste
- Meditationskurse
- Ikonenmalkurs
- Stressbewältigungskurse
- Herzensgebet
- Byzantinische Seminare
- Bogenschießen
- Feldenkrais
- Wandern und Meditation
- Handwerkskurse
- Konzerte

Gottesdienste
Römischer Ritus
Mo–Fr 5.30 Uhr Morgenhore, Sa 6.30 Uhr Morgenhore und Eucharistie
Mo/Fr 6, Mi 8.30 Uhr Eucharistie
So 10.30 Uhr Choralamt
Mo–Sa 12 Uhr Mittagshore
Mo–Sa 17.40, So 17.30 Uhr Vesper
Di/Do 19 Uhr Eucharistie
Tgl. 19.30 Uhr Komplet
Byzantinischer Ritus
Mo–Fr 5.30, Sa 19.30 Uhr Matutin
Sa 6.30, So 9.30 Uhr göttliche Liturgie
So 9.15 Uhr Dritte Stunde
Tgl. 17.20 Uhr Vesper
So–Fr 19.30 Uhr Komplet

Unterkunft
- Gästehaus: EZ 47 €, DZ 42 € pro Pers.
- EZ 59 € mit Dusche/WC, DZ 54 € mit Dusche/WC pro Pers.
- Zuschlag bei nur einer Übernachtung: 9 €

Verpflegung
- Im Gästehaus
- »Klosterhof Niederaltaich« mit Biergarten
- Öffnungszeiten: Mai–Sept. tgl. 11–23, Okt.–April Di–So 11–23 Uhr

Einkaufsmöglichkeit
- Klosterladen: Bücher, CDs, Klosterlikör, Duftöle, Ikonen, Glaskunst aus dem Bayerischen Wald
- Öffnungszeiten: Mo–Sa 9–12, 14–17, So 10–12 Uhr

Reservierung
- Kloster auf Zeit: Pater Johannes Hauck, Tel. +49 0 99 01/20 86, E-Mail: johannes@abtei-niederaltaich.de
- Gästehaus: Tel. +49 99 01/20 86, E-Mail: st.pirmin@abtei-niederaltaich.de

---

schendes und zugleich kulinarisches Erlebnis, empfehlenswert auch für Familien.

Wurm + Köck: Höllgasse 26, 94032 Passau, Tel. +49 851/92 92 92, www.donauschiffahrt.de; Anlegestelle Deggendorf: Eginger Str., Festpl., 94469 Deggendorf

❷ Besucherbergwerk Silberberg

Viele Attraktionen unter Tage bietet der Silberberg: Durch einen 600 m langen Stollen gelangt man tief ins Innere bis zu einer gewaltigen Höhlung. Ein unterirdischer See und das Silberberg-Museum runden den Besuch ab. Man kann auch mit einem Führer unbeleuchtete Stollen des Bergwerks erkunden. Den Abschluss des Ausflugs bildet eine gemütliche Einkehr in der Panoramagaststätte »Bergmannschänke« oder in der »Silberberg-Alm«.

Silberberg 28, 94249 Bodenmais, Tel. +49 99 24/304, Mitte Jan.–Mitte März Di/Mi/Fr 12–14, Ende März–Juni, Sept., Okt. tgl. 10–16, Juli/Aug. 10–16.45, Nov. 11–14, Dez.–Anf. Jan. 11–15 Uhr, www.silberberg-online.de

Als Gast im Kloster

Die ökumenische Ausrichtung des Klosters eröffnet neue Perspektiven. Bei einem Aufenthalt im Gästehaus »St. Pirmin« besteht die Möglichkeit zur persönlichen Begleitung.

❸ Deggendorfer Knödelsage

Im nahe gelegenen Deggendorf begibt man sich auf die Spuren der »Knödelsage«. Besucher sollten sich die Brunnenfigur der Knödelwerferin im Altstadtviertel ansehen. Sie soll der Legende nach durch einen beherzten Knödelwurf in das Gesicht eines feindlichen Spions die Stadt vor den Truppen Ottokars von Böhmen gerettet haben, als dieser 1266 in Niederbayern einfiel. In Erinnerung daran nascht man heute die Praline »Deggendorfer Knödelchen« oder größere Knödel aus fruchtig-süßem Biskuitteig.

Tourist Info: Oberer Stadtpl. 1, 94469 Deggendorf, Tel. +49 991/296 05 35, www.deggendorf.de

Im Kloster Kirchberg ist sowohl die Landschaft inspirierend, als auch das breit gefächerte Angebot an Kursen.

25 Berneuchener Haus Kloster Kirchberg

Ruhig schlummern hinter Klostermauern können Übernachtungsgäste des Klosters Kirchberg. Denn das liegt himmlisch abgelegen auf einer Anhöhe zwischen Schwarzwald und Schwäbischer Alb, gerade so, als wollten die Gebirge mit ihren Attributen konkurrieren: Dort, auf dem Kirchberg, inmitten der weiten Wiesenfläche einer Anhöhe, eingerahmt von dichtem Wald, lässt es sich weit blicken. Dass eine solch stille, inspirierende Landschaft ein guter Ort für ein evangelisches Tagungs- und Einkehrhaus mit ökumenischer Prägung ist, dachte wohl auch die Berneuchener Bewegung – sie erkor das ehemalige Dominikanerinnenkloster zum geistigen Zentrum besagter Gemeinschaft.

Deren Name geht auf das Gut Berneuchen im heutigen Polen zurück, wo 1922 evangelische Laien und Theologen Wege zur Erneuerung der Kirche suchten. Teil der Bewegung ist auch die Gemeinschaft St. Michael, die nun auf dem Kirchberg Besucher einlädt, am geistlichen Leben teilzunehmen, mit zusätzlich mehr als 100 Veranstaltungen und Kursen pro Jahr. Sehenswert sind vor allem die 1237 erbaute gotische Klosterkirche und der Nonnenfriedhof mit schmiedeeisernen Grabkreuzen.

Kirchberg 1, 72172 Sulz am Neckar, Tel. +49 74 54/88 30, www.klosterkirchberg.de

BERNEUCHENER HAUS KLOSTER KIRCHBERG

Das Kloster

Die schlossähnliche Klosteranlage auf dem Kirchberg ist von einer Mauer umgeben. Barockgiebel zieren den Konventbau, der auf einer Anhöhe zwischen Schwäbischer Alb und dem Schwarzwald über romantischen Flusstälern liegt. Von der gotischen Klosterkirche gelangt man durch zwei prächtige Kreuzgangarkaden zum Klausurbezirk. Ursprünglich ein Dominikanerinnenkonvent, wurde das Kloster 1237 vom Graf von Hohenberg gestiftet und fiel 1381 in österreichischen Besitz. 1806 wurde es dem Königreich Württemberg überschrieben und in der Folge säkularisiert. Seit 1958 hat der Verein Berneuchener Haus, der aus der Evangelischen Michaelsbruderschaft entstand, die Klosteranlagen vom Land Baden-Württemberg gepachtet. 1979 zerstörte ein Brand große Teile des Konventgebäudes.

Nach dem Wiederaufbau und der Sanierung der gesamten Anlage entstand das evangelische Tagungs- und Einkehrhaus. Das Gebäude bietet Räumlichkeiten für externe Tagungen und für das riesige Kursangebot des Berneuchener Hauses. Im Programm »Ora et labora« etwa wird täglich gemeinsam gebetet und gearbeitet. Gäste können verschiedene Formen der Meditation erlernen, Fastenseminare und Besinnungstage oder Kreativkurse besuchen sowie an Gesprächen zu biblischen Themen und Lebensfragen teilnehmen.

Berneuchener Haus Kloster Kirchberg

Als Gast im Kloster

Ein breites Angebot an über 100 Seminaren und Kursen jährlich bietet für jeden Gast das Passende. Die offene Atmosphäre lässt Gäste, sich herzlich aufgenommen fühlen.

1 Burg Hohenzollern

Die Stammburg des ehemaligen deutschen Kaiserhauses liegt auf dem 885 m hohen Zollerberg der Schwäbischen Alb. Spektakulär ist der Rundblick, den schon Kaiser Wilhelm II. bewunderte: »Die Aussicht von der Burg Hohenzollern ist wahrlich eine weite Reise wert.« In der Schatzkammer befinden sich neben der preußischen Königskrone Erinnerungsstücke an Friedrich den Großen und andere Berühmtheiten der deutschen Geschichte. Der steile Aufstieg zur Burg dauert ca. 20 Min. Wer nicht gut zu Fuß ist, kann mit dem Pendelbus hinauffahren.

72379 Burg Hohenzollern, Tel. +49 74 71/ 24 28, Mitte März–Okt. tgl. 10–17.30, Nov.–Anf. März 10–16.30 Uhr, www.burg-hohenzollern.com

Service

Angebot für Gäste
- Fasten im Kloster
- Tage der Einkehr und Besinnung
- Kontemplation
- Meditation, Tanz und Bewegung
- Ikonenmalerei und Kalligraphie
- Yoga und Qigong

Gottesdienste
Mo–Sa 7.45 Uhr Morgengebet
Do 7.45 Uhr Eucharistie
So 9 Uhr evangelische Messe
Tgl. 12 Uhr Mittagsgebet, 18 Uhr Vesper
Mo–Sa 21 Uhr Komplet

Unterkunft
- Gästehaus: EZ 67,70 €, DZ 53,20 € pro Pers.
- EZ 81,90 € mit Dusche/WC, DZ 67,60 € mit Dusche/WC pro Pers.

Verpflegung
- Zwei Speisesäle im Konventbau und öffentliches Tagescafé
- Klosterschenke
- Öffnungszeiten: Di–So 13–17.30, Mai–Okt. So ab 12 Uhr

Einkaufsmöglichkeit
- Klosterladen: Honig, Gebäck, Bücher, Fair-Trade-Produkte, Likör, Säfte, Fruchtaufstriche
- Öffnungszeiten: Di–Sa 13–17.30, So 10.30–11.45, 13–17.30 Uhr

Reservierung
- »Ora et labora«: Lothar Hölzle, Tel. +49 74 54/88 31 06, E-Mail: lothar.hoelzle@klosterkirchberg.de
- Gästehaus: Tel. +49 74 54/88 31 00, E-Mail: belegung@klosterkirchberg.de

BERNEUCHENER HAUS KLOSTER KIRCHBERG

Von dem Kreuzgang des ehemaligen Dominikanerklosters aus dem Mittelalter sind heute nur noch die Wände mit den gotischen Spitzbögen erhalten.

② Kanufahren auf dem Neckar

Eine Kanutour bietet idyllisches Naturerlebnis zwischen den steilen Felsen. Mit ein bisschen Glück beobachtet man unterwegs Graureiher, Blesshühner und Eisvögel. Die Strecke ist sehr abwechslungsreich und beinhaltet ruhige Passagen, aber auch schneller fließendes Gewässer. Nach gut zwei Stunde Paddeln kommt man bei der Verleihstation in Fischingen an, wo ein angefeuerter Grill bereitsteht. Nach der Anstrengung hat man sich das Picknick auch verdient.

Kanusport Neptun: Burg-Wehrstein-Str. 55, 72172 Sulz-Fischingen, Tel. +49 74 54/96 74 55, Mai–Sept. Di–So 10–18 Uhr, www.kanusport-neptun.com

③ Wasserschloss Glatt

Schloss Glatt in Sulz am Neckar ist eins der ältesten Renaissance-Schlösser Baden-Württembergs. In den ehrwürdigen Mauern sind ein Schloss- und Adelsmuseum, ein Bauernmuseum sowie eine Galerie mit zeitgenössischen Künstlern aus der Region untergebracht. Einen Besuch kann man mit Kaffee und Kuchen im Schlosscafé mit Gartenterrasse ausklingen lassen.

Schloss 1, 72172 Sulz-Glatt am Neckar, Tel. +49 74 82/80 77 14, Apr.–Okt. Di–Fr 14–17, Sa/So 11–18, Nov–März Sa/So 14–17 Uhr, www.schloss-glatt.de;
Café: Tel. +49 74 82/18 64, Fr–So 12.30 bis 18.30, Ende März–Anf. Okt. tgl. 12.30 bis 18.30 Uhr, www.schlosscafeglatt.de

④ Nordic Walking in Sulz am Neckar

Das Gebiet und die einmalige Landschaft rund um das Kloster und um Sulz sind ideal zum Laufen und Nordic Walken, besonders das »Nordic-Walking-Dorf« Sulz-Glatt bietet einige schöne Strecken, viele davon beginnen am Wasserschloss Glatt, so kann man Schlossbesuch und Nordic-Walking-Tour verbinden. Ein malerischer Rundweg, der auch als Einsteigertour dienen kann, führt vom Westtor des Schlosses über den Priorberg – hier die Fernsicht genießen – und über den Steinbruch Glatt zurück zum Schloss.

www.schloss-glatt.de/tourismus-in-glatt/

⑤ aquasol Rottweil

Bei warmen 34 °C entspannt man im Solebecken; im Abenteuerbecken warten Massagedüsen und Sprudelfontänen; Schwimmer nutzen die beheizten Fitness- und Sportbecken mit 25 m Länge. Außerdem gibt es hier mit 120 m eine der längsten Wasserrutschen Süddeutschlands. Auch das Saunieren kommt nicht zu kurz im aquasol: Besucher können zwischen einer Stein-, Tavernen- sowie einer Sternen- und einer Aufguss-Sauna oder dem Dampfbad wählen. Besondere Wellness verspricht der Soletempel mit angeschlossenem Gradierwerk für eine vorzügliche Atemluft.

Brugger Str. 11, 78628 Rottweil,
Tel. +49 741/47 27 00, tgl. 10–22 Uhr,
www.aquasol-rottweil.de

Seit dem 19. Jahrhundert beherbergt das ehemalige Schloss Untermarchtal das Mutterhaus der Barmherzigen Schwestern.

26 Kloster Untermarchtal

Auf der Schwäbischen Alb, an der Donau gelegen, ist Untermarchtal ein beschauliches Dorf mit kaum 900 Einwohnern. Als die Barmherzigen Schwestern vom hl. Vinzenz von Paul 1891 im örtlichen Schloss aus dem 16. Jahrhundert ihr Mutterhaus bezogen, waren es gar nur halb so viele. Das Schloss schenkte übrigens der Kaufmann Franz Joseph Linder, er hatte es fünf Jahre zuvor erworben, seiner Tochter Margarita, die damals Oberin des Ordens war. Aus dem einstigen Adelssitz wurde ein Kloster, das im Lauf der Jahrzehnte mehrfach erweitert wurde. Hektik ist in Baden-Württembergs Gemeinde mit dem höchsten Altersdurchschnitt (50,7 Jahre) nicht zu erwarten. Was beileibe kein Nachteil ist. Die entspannte Landschaft tut ein Übriges. Durch Felder und die Donau entlang lässt sich ungestört spazieren. Und Ruhe finden. Als eines der reizvollsten Ausflugsziele in der Nähe bietet sich (30 km entfernt) das aufgehobene Kloster Blaubeuren am sagenumwobenen Blautopf, Baden-Württembergs schönster Karstquelle an.

Margarita-Linder-Str. 8, 89617 Untermarchtal,
Tel. +49 73 93/300, www.untermarchtal.de

KLOSTER UNTERMARCHTAL

Das Kloster

Die Gründerpersönlichkeiten des Ordens, Vinzenz von Paul (1581–1660) und Luise von Marillac (1591–1660), setzten sich für hilfsbedürftige und suchende Menschen ein. In ihrer Nachfolge leben die Vinzentinerinnen ein »Christentum der Tat«, z. B. in Krankenhäusern, einer Schule für Hörgeschädigte in Schwäbisch-Gmünd oder in ihrer Missionsniederlassung in Tansania. Seit 1891 befindet sich in Untermarchtal der Sitz des Mutterhauses der Barmherzigen Schwestern. In den 1970er-Jahren erbaute Professor Baur aus Basel die Rundbaukirche St. Vinzenz.

Im Kloster können Gäste das hauseigene Schwimmbad benutzen. In der Klosterküche bieten die Schwestern eine regionale oberschwäbische Speisekarte mit Köstlichkeiten aus größtenteils hauseigener Landwirtschaft, Gärtnerei, Bäckerei und Metzgerei an. Gewählt werden kann zwischen zwei Varianten, eine davon vegetarisch. Beliebtes Gericht sind die Klostermaultaschen. Neben den Einzel- und Doppelzimmern stehen auch Mehrbettzimmer, die als Familienapartments genützt werden können, zur Verfügung.

> ### Als Gast im Kloster
> Schöne Zimmer, gutes Essen, die Freundlichkeit der Schwestern und eine kontemplative Atmosphäre tragen zum Wohlfühlen und zur Entspannung bei. Bei einer begleiteten Auszeit existiert viel Raum für persönliche Gespräche.

Bildungshaus der Barmherzigen Schwestern vom hl. Vinzenz von Paul

Die kontemplative Atmosphäre des Hauses lädt Menschen in unterschiedlichen Lebenssituationen zur Besinnung und Erholung ein. Die Untermarchtaler Seminarangebote, ebenso wie das begehbare Kreuzlabyrinth nahe der Kirche, verstehen sich als Versuch, auf substanzielle Fragen der Gegenwart eine Antwort zu finden. Exerzitientage gestalten sich durch biblische Impulse, Besinnungs- und Gebetszeiten, Schweigen, Körperübungen, kreatives Arbeiten und persönliche Gespräche. Weiterhin finden Wanderexerzitien im Donautal statt, Besinnungstage sowie Meditations- und Ikonenmalkurse. Junge Frauen bis 35 Jahre, die das Leben der Vinzentinerinnen kennenlernen möchten, sind zum gemeinsamen Beten und Arbeiten ins Kloster eingeladen.

Für Führungskräfte wird eine Auszeit im Kloster mit Exerzitien, Gesprächsbegleitung sowie Zeit für Stille und Meditation angeboten. Workshops beschäftigen sich mit der »Spiritualität im Management«. In den Untermarchtaler Kamingesprächen kommen Experten zu Themen wie Ethik, Ökonomie und Nachhaltigkeit zu Wort.

❶ Keltisches Freilichtmuseum Heuneburg

Die Heuneburg ist das älteste massive Lehmbauwerk nördlich der Alpen. Über 2500 Jahre haben sich hier Reste einer keltischen Höhensiedlung erhalten. An historischer Stätte wurden mehrere Bauwerke originalgetreu wiedererrichtet. So etwa ein Teilstück der Lehmziegelmauer mit dem Donautor, das Herrenhaus und ein Wohnhaus mit dazugehörigem Speicher und Werkstattgebäude. Besucher des Freilichtmuseums können sich von dem hohen Niveau des Zimmermannhandwerks in keltischer Zeit überzeugen. Auch Führungen werden angeboten. Etwa 2 km entfernt befindet sich das zugehörige Keltenmuseum. Hier erfahren Besucher auf Infotafeln mehr über die Welt der Kelten. Originale Funde aus der Heuneburg werden ausgestellt und führen anschaulungsreich in das Kunstschaffen, das Alltagsleben und die Handelsbeziehungen der Kelten ein.

Freilichtmuseum: Heuneburg 1–2, 88518 Herbertingen-Hundersingen, Tel. +49 75 72/71 43 58, Apr. bis Anf. Nov. Di–So 10–17 Uhr; Keltenmuseum: Binzwanger Str. 14, 88518 Herbertingen-Hundersingen, Tel. +49 7586/16 79, Apr. –Anf. Nov. Di bis So 10–16 Uhr, www.heuneburg.de

❷ Hängegarten Schloss Neufra

Im 16. Jahrhundert schuf Graf von Helfenstein vor Schloss Neufra mit Hilfe seiner Leibeigenen einen romantischen Hängegarten mit Blick ins Donautal. Getragen

KLOSTER UNTERMARCHTAL

 Service

Angebot für Gäste
- Stressvermeidung
- Einzelexerzitien
- Familienexerzitien
- Wanderexerzitien
- Meditationstage
- Einkehr- und Besinnungstage
- Bibeltage
- Tanz und Yoga
- Labyrinth-Tag für Frauen
- Leben mit den Schwestern für Frauen bis 35 Jahre
- Gesprächsbegleitung
- Management und Spiritualität
- Natur, Kultur und Spiritualität
- Berufs- und Lebensplanung
- Kompetenz für Beruf und Ehrenamt
- Seniorenfreizeiten
- Aufatmen-Durchatmen-Tage im Kloster
- Kommunikation im Alltag
- Work-Life-Balance
- Ikonenmalkurse
- Töpfer- und Malkurse
- Kloster- und Kirchenführungen

Gottesdienste
Mo/Di/Mi/Fr 6.05, So 8.15 Uhr Laudes, Sa 7 Uhr Laudes mit Eucharistie
Mo/Di/Mi/Fr 6.30, Do 19, So 8.45 Uhr Eucharistie
Fr–Mi 19 Uhr Vesper

Unterkunft
- Bildungsforum Untermarchtal: EZ 41,90 € inkl. Frühstück, 67,10 € inkl. VP, 72,40 € inkl. VP und Nachmittagskaffee
- EZ/DZ mit Dusche/WC 52, 20 € pro Pers. inkl. Frühstück, 77,70 € inkl. VP, 82,70 € inkl. VP und Nachmittagskaffee

Verpflegung
- Im Bildungsforum: regionale und saisonale Küche aus eigener Landwirtschaft, Gärtnerei, Bäckerei, Metzgerei

Einkaufsmöglichkeit
- Klosterladen: Produkte aus der Klostermetzgerei und -bäckerei, Produkte aus fairem Handel, Devotionalien, Literatur, Erzeugnisse anderer Klöster
- Öffnungszeiten: Mo–Fr 7.30–17.30, Sa 6.30–15, So 10–12 Uhr

Reservierung
- Persönliche Auszeit im Kloster: Sr. Marzella Krieg, Tel. +49 73 93/302 49, E-Mail: sr.marzella@untermarchtal.de
- Bildungsforum: Tel. +49 73 93/302 60, E-Mail: bildungsarbeit@untermarchtal.de, www.bildungsforum-kloster-untermarchtal.de
- Anmeldungen schriftlich bis 4 Wochen vor Kursbeginn
- Mitleben im Kloster (für junge Frauen bis 35 Jahren): Sr. Katharina Maria Scherer, Tel. +49 7393/30-367, E-Mail: sr.katharina-maria@untermarchtal.de

---

wird der Garten von einem Unterbau aus Backsteingewölben auf Säulen. Diese stellen eine Verbindung zur Bergnase her, an der der Garten »hängt«. Im Garten finden regelmäßig Vernissagen, Konzerte sowie Garten- und Kräutertage statt. In der Turm- und Gartenschenke werden verschiedene, saisonal wechselnde Gerichte mit Kräutern, Apfelpfannkuchen und die beliebten Käsespätzle angeboten.

Schloßberg 12, 88499 Riedlingen, Tel. +49 73 71/57 00, Apr.–Okt. Di–So 10.30–18 Uhr, www.haengegarten.de; Turm- und Gartenschenke: Fr–So 10.30–18 Uhr

Blautopf in Blaubeuren

Am Rande der Altstadt Blaubeurens liegt Deutschlands blaueste Karstquelle. Der Blautopf ist Gegenstand vieler Sagen und Legenden. Eduard Mörike verewigte die ungewöhnliche Quelle in seiner »Historie von der schönen Lau«. Hierin erzählt er das biedermeierliche Märchen von der schönen Wassernixe, die mit Hilfe der Betha Seysolffin, Wirtin des Nonnenhofs, wieder das Lachen lernte. Am Ufer der Quelle erinnert eine Skulptur an die Erzählung. Die leuchtend blaue Quelle, die nach Regen türkisgrün schimmert und in endlose Tiefen zu reichen scheint, wird von einem unterirdischen Höhlensystem gespeist. Rund um den Blautopf gibt es schöne Wanderwege. Direkt an der Quelle liegt das ehemalige Kloster Blaubeuren. Auch ein Rundgang durch das charmante Städtchen Blaubeuren lohnt sich oder ein Besuch im Urgeschichtlichen Museum, in dem die steinzeitliche »Venus vom Hohle Fels« zu sehen ist.

Tourist Info: Kirchpl. 10, 89143 Blaubeuren, Tel. +49 73 44/96 69 90, www.blaubeuren.de; Museum: Kirchpl. 10, 89143 Blaubeuren, Tel. +49 73 44/96 69 90, www.urmu.de

Trotz des ehrwürdigen Alters der Abtei herrscht ein frischer, moderner Geist im Kloster.

27 Benediktinerabtei Beuron

Bei Beuron bettet sich die noch junge Donau in einen kurvigen Canyon. Wie inszeniert ragen die hellen Kalkfelsen um das im Hochmittelalter von Augustinern gegründete Kloster auf. Zur Abtei erhoben, schuf Baumeister Franz Beer um 1700 das imposante Barockbauwerk von heute. 60 Jahre nach der Aufhebung stiftete Fürstin Katharina von Hohenzollern-Sigmaringen den Benediktinern die Abtei. Bald entwickelte hier die Beuroner Kunstschule einen eigenen Stil mit byzantinischen Elementen. Die Kunst der Mönche war gar im italienischen Montecassino und in Prag gefragt. Vor Ort findet man Belege dafür in der Gnadenkapelle der Abteikirche und flussabwärts in Gestalt der Mauruskapelle.

Über Burg Wildenstein führt ein herrlicher Weg dorthin. Zur Klostergeschichte gehören auch viele Besuche der Philosophin Edith Stein ab Ende der 1920er-Jahre. Erzabt Raphael Walzerm, ein entschiedener Gegner des Naziregimes, bekniete sie, nicht in einen Orden einzutreten, sondern weiterhin weltlich zu wirken. Die zum Katholizismus konvertierte Jüdin trat dennoch 1933 den Karmelitinnen bei und starb 1942 im KZ Auschwitz. Im Kloster Beuron erinnert eine Gedenktafel an sie.

Abteistr. 2, 88631 Beuron, Tel. +49 74 66/170,
www.erzabtei-beuron.de

BENEDIKTINERABTEI BEURON

Benediktinerabtei Beuron

Das Kloster

In einem Talkessel der Donau zeugt die Erzabtei Beuron für den frischen Geist modernen Mönchtums. Trotz der Felsen, die wie eine natürliche Mauer das Kloster umringen, herrscht reger Austausch mit der Umwelt. Graf Gerold von Bussen gründete schon 777 das ursprüngliche Kloster Beuron. Nach drei Jahrhunderten wurde es durch einen Raubzug der Ungarn zerstört. Nach dem Wiederaufbau 1077 zogen Augustiner-Chorherren in die neue Anlage. Im Zuge der Säkularisation fielen die Besitztümer Beurons dann an das Haus Hohenzollern-Sigmaringen, bis

Als Gast im Kloster

Beuron empfängt seine Gäste im erhabenen, altehrwürdigen Festtagsgewand und überrascht sie dann mit seiner modernen geistigen Frische. Die Gärten sind Poesie in Pflanzenform.

Service

Angebot für Gäste
- Besinnungstage für Männer
- Heilfastenwoche
- Exerzitien
- Einkehrwochenenden
- Psalmensingen
- Christliche Zen-Mediation
- Entspannung und Körperarbeit

Gottesdienste
Mo–Sa 7.45 Uhr Morgengebet
Do 7.45 Uhr Eucharistie
So 9 Uhr evangelische Messe
Tgl. 12 Uhr Mittagsgebet, 18 Uhr Vesper
Mo–Sa 21 Uhr Komplet

Unterkunft
- Im Gästeflügel: EZ ab 42,50 €, DZ ab 37,50 € pro Pers.
- EZ ab 57,50 € mit Dusche/WC, DZ ab 52,50 € mit Dusche/WC pro Pers.
- Zimmer inkl. VP

die Fürstinnenwitwe Katharina das Anwesen zwei Benediktinermönchen aus Bonn überließ. Die »Beuroner Kunstschule« entwickelte sich 1868 als monumentale Antwort auf den Realismus des 19. Jahrhunderts. In der Marienkapelle finden sich zahlreiche Beispiele für den frühchristlichen Stil der Beuroner Kunstschule, z. B. Mosaiken und Wandbemalungen.

Einzelgäste finden im Gästeflügel der Abtei Unterkunft zu Besinnungstagen. Sie können die Mönche bei ihrer Arbeit unterstützen. An den Exerzitien und Kursen im Exerzitienhaus Maria Trost mit Kapelle und Meditationsraum können auch Frauen teilnehmen und dort wohnen.

- Gäste- und Tagungshaus Maria Trost: EZ ab 35 €, DZ ab 36 € pro Pers.

Verpflegung
- Im Gästehaus oder im Speisesaal des Exerzitienhauses Maria Trost

Einkaufsmöglichkeit
- Klosterladen: theologische Bücher, Dubletten aus der Klosterbibliothek, Souvenirs, Devotionalien, geschnitzte Figuren, Kunst, Kerzen, Produkte der Klostergärtnerei und -brennerei
- Öffnungszeiten: tgl. 8.30–17.30 Uhr

Reservierung
- Gastflügel: Gastpater der Erzabtei, Tel. +49 74 66/171 58, E-Mail: gastpater@erzabtei-beuron.de
- Exerzitienhaus Maria Trost: Edith-Stein-Weg 1; Tel. 0 74 66/483, E-Mail: mariatrost@t-online.de, www.mariatrost.de

Ausflugszug »Naturpark-Express«

Hier kann man seinen Füßen eine Pause gönnen und den Ausflug in den »Naturpark Obere Donau« genießen. Der Naturpark-Express ist Teil der längsten touristischen Bahnstrecke Deutschlands und schlängelt sich an Sommerwochenenden entlang der romantischen Bahnstrecke zwischen Sigmaringen und Blumberg durch das Obere Donautal. Er hält an über zwanzig Bahnhöfen.

Tel. +49 74 66/928 00, Fahrplan im Internet, www.naturpark-obere-donau.de

28 Kloster St. Trudpert

Diese Landschaft. Diese Ruhe. Diese Luft: Das sind drei Gründe, warum es Erholungssuchende ins Münstertal zieht. Und von einem weiteren Grund ragt – weithin sichtbar – ein für den Schwarzwald recht untypischer Zwiebelturm in die Höhe, der des Klosters St. Trudpert. Namensgeber des prachtvollen Gebäudeensembles war der irische Eremit Trudpert, der im 7. Jahrhundert die Alemannen der Gegend missionierte. Ihm ist die Kapelle an der östlichen Mauer des barocken Klosters gewidmet, die der spirituelle Mittelpunkt der alten Abtei ist. Sie steht an jener Stelle, wo der Legende nach Knechte den Mönch mit einer Axt erschlugen. Als einzig verbliebene Kostbarkeit aus dem mittelalterlichen Klosterschatz befindet sich ein silbernes Vortragekreuz, das Niello-Kreuz, noch heute im Besitz der Pfarrei. Nur an besonderen Prozessionszügen ist das Niello-Kreuz aus dem 12. auch im 21. Jahrhundert in der Öffentlichkeit zu sehen. Doch einer der größten Schätze des Klosters ist jederzeit frei zugänglich: die grandiose Natur im sogenannten Tal der hundert Täler, wo die Abtei liegt, am Fuße des Belchens. Der 1414 m hohe Münstertaler Hausberg prägt mit seinen Ausläufern das Landschaftsbild und nirgendwo sonst ragt der Belchen näher an die Rheinebene heran. Kein Wunder, dass sich rund um die mächtige Klosteranlage ein breites Wegenetz für erlebnisreiche Touren in die Südschwarzwälder Berge hineinzieht. Davor oder danach lohnt unbedingt eine Einkehr im Café-Gasthaus zum Kreuz am Kloster. Kaum einer kommt hier an der saftigen Schwarzwälder Kirschtorte vorbei.

St. Trudpert 6, 79244 Münstertal, Tel. +49 76 36/780 20, www.kloster-st-trudpert.de

Ort der Spiritualität: Das Kloster im Schwarzwald kann auf eine reiche Geschichte zurückblicken.

KLOSTER ST. TRUDPERT

Die beiden Kirchen des Klosters sind mit prächtigen und farbenfrohen Wand- und Deckengemälden ausgestattet.

Das Kloster

Im südlichen Schwarzwald, rund 20 km von Freiburg entfernt, liegt St. Trudpert stolz auf einer kleinen Anhöhe im Münstertal. Vermutlich im 7. Jahrhundert fand die Missionierung des Tals durch den iro-schottischen Wandermönch Trudpert statt. Zu Ehre des Märtyrers wurde anno 815 das Benediktinerkloster St. Trudpert gegründet, das als ältestes rechtsrheinisches Kloster gilt und zum geistigen, kulturellen und aufgrund der Silbervorkommen auch wirtschaftlichen Mittelpunkt des Tals aufstieg. Mit dem Kloster wuchs auch die Stadt, die dank des Silbers ebenfalls immer mächtiger wurde – zu mächtig jedenfalls für die konkurrierenden Freiburger, die 1346 die Stadt Münster verwüsteten. Auch das Kloster wurde mehrfach zerstört, zuletzt während des Dreißigjährigen Krieges.

Die heutige Pfarrkirche der Gemeinde samt Klosteranlage stammt aus dem 18. Jahrhundert und wurde vom Vorarlberger Architekten Peter Thumb als barockes Kleinod gebaut, dem er Zwiebelturmhauben aufsetzte, sodass sich manch einer in Bayern wähnt. Prächtig anzusehen ist auch das Innere mit den Deckenfresken von Francesco Antonia Giogioli (1722). In harmonischen Farben ist dort unter anderem die Bekehrung des Paulus aufgemalt, eingerahmt von weißem Stuck, umrandet mit Engelsköpfen. Die barocke Kanzel wurde erst 1822 eingebaut und zeugt von einer Zeit, als das Kloster – bereits seit 1806 säkularisiert – in privater Hand war. Erst seit 1920 setzen die Schwestern vom heiligen Josef zu Saint Marc die klösterliche Tradition fort und verschreiben sich dem christlichen Sozialdienst.

Die ursprünglich aus dem Elsass kommenden Schwestern zeigen sich sehr gastfreundlich: Einzelpersonen, Familien, Schulklassen oder Seminarteilnehmer übernachten in den beiden Gästehäusern St. Josef und St. Agnes und können, müssen aber nicht, an den Gebetszeiten der Schwestern teilnehmen. Die Natur rund ums Kloster ist nicht nur prächtige Kulisse, sondern Inspirationsraum für geistliche Wandertage; außerdem bieten die Schwestern Exerzitien oder Meditationswochenenden und für Jüngere spezielle Jugendvespern an. Den Klosteralltag aus-

Als Gast im Kloster

Ein Aufenthalt in Schwarzwald-Kloster eignet sich gut für Gäste auf der Suche nach zurückgezogener Stille, die gerne die Natur genießen und die Wanderschuhe schnüren.

KLOSTER ST. TRUDPERT

Service

Angebot für Gäste
- Exerzitien
- Meditationswochenenden
- Geistliche Wanderungen
- Meditationsräume
- Gebetskapellen
- Führungen
- Kloster auf Zeit für junge Frauen

Gottesdienste
Mo–Fr (Untere Kirche) 6.15, Sa 7.45 Uhr
Laudes mit Konventamt, 8 Uhr Eucharistie,
18 Uhr Rosenkranz, 18.25 Vesper
So (Obere Kirche) 9 Uhr Eucharistie,
18 Uhr Vesper

Unterkunft
- Haus St. Josef: EZ mit Dusche/WC, Telefon 32 €, DZ mit Dusche/WC, Telefon 26 € pro Pers.
- Zuschlag bei nur einer Übernachtung: 10 € Einzelgäste, 8 € Gruppen
- Haus St. Agnes: EZ mit fl. Wasser 22 €, DZ mit fl. Wasser 19 € pro Pers.
- Dusche und WC auf Etage
- Zuschlag bei nur einer Übernachtung: 8 € Einzelgäste, 6 € Gruppen
- VP in beiden Gästehäusern: 31 € pro Pers.

Verpflegung
- Ein Großteil der Speisen stammt aus eigener landwirtschaftlicher Erzeugung und aus der klostereigenen Backstube
- Café-Gasthof zum Kreuz: bietet vor allem hausgemachte Kuchen auf der Sonnenterrasse an
  St. Trudpert 1, 79244 Münstertal,
  Tel. +49 76 36/818, ww.cafezumkreuz.de
- Öffnungszeiten: Di–So 11–21 Uhr

Reservierung
- Kloster auf Zeit: Schwester M. Franziska, Tel. +49 76 36/780 21 88, E-Mail: info@kloster-st-trupert.de
- Gästehäuser: Tel. +49 76 36/780 21 06, E-Mail: gaestehaus@kloster-st-trudpert.de

---

probieren können junge Frauen zwischen 18 und 40 Jahren, dabei den Tagesablauf miterleben, mit den Schwestern beten und im Garten oder in Küche, Waschküche, Bügelzimmer und Backstube mithelfen und sich im Gespräch mit den Ordensfrauen austauschen.

 Belchen

Er ist zwar nur der dritthöchste der Schwarzwälder Berge, aber für viele gilt er als der König des Gebirges und dessen schönster Aussichtsberg. Dank markanter Kuppelform und exponierter Höhenlage lässt er weit blicken, bis ins Elsass und zu den Schweizer Alpen. Selbst von unten ist der Berg eine Wucht und strahlt im Frühjahr weithin sichtbar schneebedeckt aus dem dunkelgrünen Waldgebirge heraus wie Schokotorte mit Zuckerguss. Erste Sahne ist auch der Aufstieg vom Münstertal aus. Ambitionierte Wanderer können den Gipfel über die spektakuläre Nordseite erklimmen – nirgendwo sonst im Schwarzwald ist der Höhenunterschied auf solch kurzer Entfernung zwischen Talsohle und Gipfelkreuz höher. Wem das zu anstrengend ist, der lässt sich mühelos mit der Belchenbahn auf den autofreien Panoramaberg tragen.

Tourist-Info: Wasen 47, 79244 Münstertal,
Tel. +49 76 36/707 30,
www.muenstertal-staufen.de

 Staufen

Wer die Fauststadt mit dem schmucken, mittelalterlichen Ortskern besucht, über dem die Burgruine Staufen thront, dürfte hingerissen sein – und dies nicht wegen der Risse, die sich nach einer missglückten Geothermie-Bohrung durch manche Fassaden ziehen. Ohnehin nimmt der »Riss-Tourismus« mit sinkender Hebegeschwindigkeit ab, und vielleicht finden die Risse ein ebenso schnelles Ende wie der historische Faust, mit dem 1539 eine weltbekannte Figur ihr Ende im Gasthaus Löwen am Staufener Marktplatz fand. Der Markt selbst hatte schon im frühen Mittelalter große Bedeutung, und auch die Burgherren von Staufen, die gleichzeitig Vögte der Klosterbesitzungen St. Trudpert waren, profitierten vom Münstertäler Silber. Heutzutage ist Staufen ein munteres Städtchen, und in den vielen Cafés und Restaurants kann man es sich wunderbar zeitlos gutgehen lassen.

Tourist-Info: Hauptstr. 53, 79219 Staufen,
Tel.: +49 76 33/805 36,
www.muenstertal-staufen.de

29 Kapuzinerkloster Stühlingen

Blaue Lupinen, rote Rosen, duftender Lavendel: Zwischen Blumen- und Kräuterbeeten lässt sich von der Südterrasse des Klosters auch ziemlich weit blicken. Das Städtchen Stühlingen zu Füßen, beginnt gleich dahinter der Schweizer Kanton Schaffhausen mit den sanften Hügelketten des Randen. Der den Franziskanern angehörende, im 16. Jahrhundert gegründete Kapuzinerorden ist ganz auf Schlichtheit des Lebensstils und Zuwendung zu anderen ausgerichtet. Angesichts der üppig gedeihenden Flora des idyllischen Klosters werden Gäste von der Schlichtheit eher wenig, von der freundlichen Zuwendung der Kapuzinerbrüder und Franziskanerschwestern viel verspüren. Ein guter Ort ist dies für eine begrenzte Auszeit – während der man sich gern in die Gemeinschaft einbringt: etwa im Gespräch über Gott und die Welt. Oder bei der Mitarbeit in der Küche oder im großen Obstgarten. Dort, zwischen Gewächshäusern, Laubengang und Zisterne, sorgt eine Madonna dafür, dass die frei laufenden Enten nicht allzu laut schnattern. Und wem nach kleinen Wanderungen ist, der findet links und rechts der Sauschwänzlebahn herrlich verschlafenes südschwarzwälder Gelände.

Lorettoweg 12, 79780 Stühlingen, Tel. +49 77 44/939 93, www.kapuziner.de

Mitleben und -helfen in der Gemeinschaft – Kloster Stühlingen bietet seinen Gästen einen gehaltvollen Aufenthalt.

KAPUZINERKLOSTER STÜHLINGEN

Kapuzinerkloster Stühlingen

Das Kloster

Das mittelalterliche Romantik-Städtchen Stühlingen, Heimat seltener Orchideen, liegt im Südschwarzwald an der Schweizer Grenze. Die Geschichte des Kapuzinerklosters ist eng mit dem Haus Fürstenberg verwoben. Nachdem die Fürstenberger 1723 ihren Wohnsitz verlegten, zogen die Kapuziner in ein Kloster neben der Wallfahrtskapelle der Jungfrau Maria von Loreto. Heute bilden vier Kapuzinerpater und drei Reuter Franziskanerinnen hinter frisch gestrichenen, strahlend weißen Wänden die Stühlinger Klostergemeinschaft. Schwestern und Mönche leben unter einem Dach in der großen Anlage. Beim Chorgebet drängen sie sich während der kalten Jahreszeit um die besten – weil als einzige geheizten – Plätze in den hinteren Sitzreihen. Gemeinsam versuchen sie als Angehörige von Bettelorden, aus dem schönen Klostergarten mit den spalierüberdachten Wegen und der kleinen Landwirtschaft ihren täglichen Bedarf zu decken.

In den bepflanzten Innenhöfen der Konventanlage wird hie und da auch gegrillt, wenn es etwas zu feiern gibt. Seit mehr als 20 Jahren wird in Stühlingen Interessierten die Möglichkeit geboten, mindestens eine Woche in der Klostergemeinschaft zu verbringen. Alle sind in die schlichten Zellen eingeladen, mit den Mönchen und Schwestern die Klostergemeinschaft zu bilden. Nicht als Zuschauer, sondern mit der Möglichkeit und sogar dem Auftrag, den Alltag mitzugestalten. Gäste werden wie selbstverständlich in das Ordensleben, die Mahlzeiten und die Gebete eingegliedert. Besonders gefragt sind Besucher, die sich in Eigeninitiative ins Gespräch einbringen. Da das Kloster außer einer Spende kein Geld für Unterkunft und Verpflegung fordert, helfen Gäste vielfach im Garten und Haus mit.

❶ Museumsbahn Wutachtal

Die Museumsbahn, im Volksmund auch »Sauschwänzlebahn« genannt, führt durch das Wutachtal mit seinen romantischen Hangpfaden und botanischen Raritäten. Die denkmalgeschützte Bahn ist ein einzigartiges Zeugnis der Ingenieurbaukunst mit Brücken, Viadukten, Kehrschleifen und dem einzigen Kreiskehrtunnel Deutschlands.

Bahnhofstr. 1, 78176 Blumberg, Tel. +49 77 02/513 00, Apr.–Okt., Fahrplan unter www.sauschwaenzlebahn.de

❷ Museumsmühle im Weiler

Im Weiler bei Stühlingen-Blumegg befindet sich eine der ältesten, in großen Teilen noch vollständig erhaltenen Gipsmühlen Deutschlands. Sie diente zum Getreide- und Körnermahlen sowie zum Früchtestampfen. Außerdem wurde Gips zu Düngegips zermahlen. Die Mühle ist eine einzigartige Rarität aus dem 18. Jahrhundert mit drei Mühlrädern und fünf Mahl- und Stampfwerken.

Zur Alten Mühle 1, 79780 Stühlingen, Tel. +49 77 03/520, Öffnungszeiten siehe Internet, www.museumsmühle.de

❸ Rheinfall bei Schaffhausen

»Halte dein Herz, o Wanderer, fest in gewaltigen Händen! Mir entstürzte vor Lust zitternd das meinige fast. Rastlos donnernde Massen auf donnernde Massen geworfen, Ohr und Auge, wohin retten sie sich im Tumult?« So beeindruckt zeigte sich Eduard Mörike vom größten Wasserfall Europas, der 150 m breit und 23 m tief über die Felsen stürzt. Vom Rheinfallbecken aus kann man die ganze Wucht der Wassermassen auf sich wirken lassen.

> **Als Gast im Kloster**
>
> Dieses »Kloster zum Mitleben« belohnt seine Mitbewohner, wie die Gäste richtiger heißen müssten, durch große Menschlichkeit, offene Ohren und ernst gemeintes Interesse an jedem Einzelnen. Arbeitshandschuhe einpacken!

KAPUZINERKLOSTER STÜHLINGEN

Tosende Wassermassen, sprühende Gischt erlebt man beim Rheinfall bei Schaffhausen.

Vom Schloss Laufen aus führt ein Fußweg vorbei am tosenden Rheinfall zur Plattform »Känzeli«, mitten im Wasser.

Schaffhausen Tourismus: Herrenacker 15, 8201 Schaffhausen, Tel. +41 52/632 40 20, www.schaffhauserland.ch

④ Heimatmuseum Hüsli

Das Haus wurde 1912 als Sommersitz der aus Lörrach stammenden Berliner Sängerin Helene Siegfried erbaut und dient seit ihrem Tod im Jahr 1966 als Museum des Landkreises Waldshut. Die Ausstattung stammt ausnahmslos aus Bauernhöfen der Region und präsentiert eine überaus sehenswerte Sammlung Schwarzwälder Volks- und Alltagskunst, vor allem des 18. und 19. Jahrhunderts. Das Hüsli erlangte Berühmtheit als Drehort für die TV-Serie »Schwarzwaldklinik«, wo sein Äußeres als Wohnhaus von »Professor Brinkmann« diente.

Am Hüsli 1, 79865 Grafenhausen-Rothaus; Tel. 0 77 48/212, Jan.–Okt. Di–So 13.30–17, Mi–So zusätzlich 10–12 Uhr, www.landkreis-waldshut.de

⑤ Seerundfahrt auf dem Schluchsee

Im Sommer dreht die MS Schluchsee täglich ihre Runden auf dem malerischen Schwarzwaldsee, der bei Wassersportlern und auch als Wanderziel beliebt ist. Eine Fahrt dauert 75 Min. An den Zwischenstationen kann von Bord gegangen oder zugestiegen werden.

Seerundfahrten Toth: Freiburger Str. 14, 79859 Schluchsee, Tel. +49 171/772 72 37, Mai–Okt. tgl., www.seerundfahrten.de

⑥ Vogelpark Steinen

Ein besonderer Vogelpark inmitten der herrlichen milden Landschaft des Wiesentales. Auf 100 000 qm Parkfläche erleben Besucher über 1000 Vögel in 300 Arten aus aller Welt und eines der schönsten Tropenhäuser Europas mit Freiflugraum. Auch quirlige Berberaffen, Kapuziner- und Weißbüschel-Äffchen sowie Kängurus sind hier anzutreffen. Im Tropen-Haus kann man bei jeder Witterung fliegende Vogel-Kostbarkeiten aus dem Tropengürtel beobachten. Die Falkneranlage liegt auf einer kleinen Anhöhe in der Nähe des Parkeingangs. Hier finden faszinierende Greifvogel-Flugvorführungen mit Adlern, Falken und Eulen statt. Zweimal täglich stehen moderierte Berberaffen-Fütterungen auf dem Programm. Müde Füße erholen sich in der Kneipp-Anlage und auf dem Barfußpfad.

An der L136, 79585 Steinen, Tel. +49 76 27/74 20, Ende März–Anf. Nov. tgl. 10 bis 17 Uhr, www.vogelpark-steinen.de

---

 Service

Angebot für Gäste
- Mitleben in der Gemeinschaft
- Stille Woche mit biblischen Impulsen
- Wanderwochen
- Mitfeiern der großen Kirchenfeste
- Mitarbeit in Haus und Garten
- Wochen der Schöpfung und Natur

Gottesdienste
Tgl. 7.30 Uhr Laudes, 12 Uhr Mittagshore, 17.30 Uhr Vesper, 21 Uhr Komplet Mo/Di/Mi/Fr/So 18, Sa 8.30 Uhr Eucharistie

Unterkunft
- Mindestaufenthalt eine Woche
- Spende von mind. 40 € pro Tag
- Anmeldegebühr 25 €

Verpflegung
- Frisches aus Eigenanbau

Reservierung
- Mitleben: Tel. +49 77 44/939 93, E-Mail: stuehlingen@kapuziner.org

Erfrischung im Sommer: Der Gnadensee liegt vor den Toren Kloster Hegnes und den Nonnen quasi zu Füßen.

30 Provinzhaus Hegne der Barmherzigen Schwestern

Der Name »Provinzhaus« für ein Schloss mit Blick auf das Weltkulturerbe Insel Reichenau mutet etwas seltsam an. Das aus dem 16. Jahrhundert stammende Anwesen baute ein Privatmann 1879 bis 1882 im Stil der Neorenaissance um, den man noch heute vorfindet. Seit 1892 im Besitz der Barmherzigen Schwestern vom Heiligen Kreuz, richteten sie den Sitz ihrer Ordensprovinz 1895 hier ein. Daher der Name. Auf der Reichenau ist das Klima derart mild, dass im Freien drei Ernten pro Jahr möglich sind. Das Klima in Allensbach weicht davon nicht ab. Wer im Provinzhaus Erholung sucht, darf demnach mit Milde rechnen. Und mit dem Anblick des Gnadensees. Das ist jener Teil des Untersees (der wiederum Teil des Bodensees ist), der zwischen Allensbach und der Reichenau liegt. Einst war die Insel ein Gerichtsort. Verurteilte wurden im Boot nach Allensbach zur Vollstreckung gebracht. Während der Überfahrt konnte der Reichenauer Abt Gnade walten lassen. Läutete er eine Glocke, war der Delinquent frei. Ob das so war, könnte man die Barmherzigen Schwestern mal fragen.

Konradistr. 12, 78476 Allensbach, Tel. +49 75 33/80 70, www.kloster-hegne.de

PROVINZHAUS HEGNE DER BARMHERZIGEN SCHWESTERN

Provinzhaus Hegne
der Barmherzigen
Schwestern

Das Kloster

Vor den Toren von Konstanz, mit Blick über den Bodensee zur Insel Reichenau, liegt das Provinzhaus Hegne mit seiner schönen Grünanlage. 1895 wurden über 300 Schwestern aus Baden und Hohenzollern in Hegne zu einer eigenen Provinz zusammengefasst. Seit 1926 lehren die Barmherzigen Schwestern vom Heiligen Kreuz am Marianum, einer privaten katholischen hauswirtschaftlich-sozialpädagogisch ausgerichteten Berufsfachschule mit einer Fachschule für Sozialpädagogik.

Das Gästehaus St. Elisabeth verbindet den Komfort eines Drei-Sterne-Hotels mit dem Geist einer traditionellen Klosterherberge. Vom Liegestuhl des eigenen Seegrundstücks mit Kanuport haben Gäste einen herrlichen Blick auf den Bodensee und die Insel Reichenau. Einige Zimmer gibt es auch im Haus St. Elisabeth, einem »Haus der offenen Tür«, das Glaubenswochenenden, Exerzitien und Rastzeiten vom Alltag veranstaltet. Allen Gästen stehen die Hauskapelle, die Krypta und die Klosterkirche als Orte der Stille zur Verfügung. Das Haus Ulrika, das den Namen einer ehemaligen Kreuzschwester, der frommen und tröstenden Ulrika, trägt, dient als Begegnungsort für Rat suchende Menschen in persönlichen oder sozialen Notsituationen. Eine Tonbildschau informiert Interessierte über Leben und Wirken der Schwester Ulrika. Dort findet man auch die Ausstellung »Die Kreuzschwestern von Hegne in Geschichte und Gegenwart«. Im Haus Ulrika dienen »Nischentage« als Rückzugsmöglichkeit vom Alltag.

 Blumeninsel Mainau im Bodensee

Bei einem Ausflug auf die Insel Mainau, die nicht nur Botanikbegeisterte mit ihrer üppigen tropischen Vegetation fasziniert, erleben Besucher entlang der blumengesäumten Wege romantische Seeblicke. Aber auch die Mammutbäume und exotische Mondaufgänge unter Palmen, Bananenbäume und reife Orangen unterhalb des Grafenschlosses kann man genießen.

78465 Insel Mainau, Tel. +49 75 31 / 30 30, tgl. von Sonnenaufgang bis -untergang, www.mainau.de

 Wild- und Freizeitpark Allensbach

Direkt am Bodensee sind auf 75 ha Luchse, Wölfe, Braunbären und viele andere Tiere in riesigen Freigehegen zu bestaunen. In der Falknerei finden immer

Gemütliche Zimmer, ein schöner Ausblick und ein interessantes Kursprogramm – die Gästehäuser des Klosters bieten einen angenehmen Aufenthalt.

PROVINZHAUS HEGNE DER BARMHERZIGEN SCHWESTERN

 Service

Angebot für Gäste
- Exerzitien
- Ignatianische Exerzitien
- Meditation und Bibelmeditation
- Kontemplationstage
- Hegner Sommerprogramm
- Rhythmus, Atem, Bewegung
- Tanz
- Kreativitätskurse
- Die Kunst der Gelassenheit
- Geistliche Tage der Stille (Fr Abend bis Sa Vormittag)
- Trauerbewältigungsseminare
- Fastenurlaub nach der Buchinger Methode
- Führungskräfteseminare

Gottesdienste
Mo–Mi/Fr 7, So 7.30 Uhr Laudes, Do 7 Uhr Laudes mit Eucharistie
Mo/Mi 10.30, 17, Sa 8, So 9.30, 16.45 Uhr Eucharistie
Do 17.15 Uhr Rosenkranz
Mo/Mi/Do/So 17.45. Sa 17.30 Uhr Vesper
Di/Fr 17.45 Eucharistie mit Vesper

Unterkunft
- Haus Franziskus: Tagessatz 30 €
- Zeit im Kloster: Tagessatz 30 €, 20 € bei Mitarbeit
- Haus Hildegard: »Stille Tage«, Tagessatz 19 € nur mit Selbstverpflegung (Küche vorhanden)
- Bettwäsche: 3 €
- Haus St. Elisabeth: EZ 38–110 €, DZ 79–168 € mit Frühstück
- HP zus. 18 € (3-Gänge-Menü), 25 € (4-Gänge-Menü)
- VP zus. 36 €

Reservierung
- Haus Franziskus: Tel. +49 75 33/80 73 81, E-Mail: haus.franziskus@kloster-hegne.de
- Haus Hildegard: Sr. Gertrud Pia Sauter, Tel. +49 75 33/80 70, E-Mail: Sr. Gertrud.Pia@Kloster-Hegne.de
- Haus St. Elisabeth: Tel.: +49 75 33/93 66 20 00, E-Mail: info@st-elisabeth-hegne.de, www.st-elisabeth-hegne.de

Dienstag bis Sonntag, zweimal täglich um 11 und 15 Uhr, spannende Flugshows statt. Weitere Attraktionen sind der große Abenteuerspielplatz und die amerikanische Park-Eisenbahn.

Gemeinmärk 7, 78476 Allensbach, Tel. +49 75 33/93 16 19, Mai–Sept. 9–17, Okt.–April 10–17 Uhr, www.wildundfreizeitpark.de

Als Gast im Kloster

Familien- und kinderfreundliches Haus, von dessen Zimmern aus man auf den Bodensee blickt. Besonders schön: Der klostereigene Badestrand am Bodensee ist auch für Nichtschwimmer geeignet!

Ob blühende Blumen im Frühling, grüne Zypressen im Sommer oder bunte Blätter im Herbst – die italienische Wassertreppe auf der Insel Mainau lohnt sich zu jeder Jahreszeit.

31 Benediktinerabtei Ottobeuren

Auf einen Farbenrausch sollte vorbereitet sein, wer Ottobeurens Benediktinerabtei besichtigt. Dass das Kloster bereits anno 764 gegründet wurde, gerät beim Gang durch die tausend Jahre später errichtete, riesige Barockanlage leicht in Vergessenheit. Von heute aus betrachtet, erscheint das Barock als seltsame Zeit – fern und nah. Die Zeit des Absolutismus, aber auch der Aufklärung, die Jahrzehnte vor der Französischen Revolution und ihren Umbrüchen. Man könnte meinen, manche Hervorbringung barocker Musik und Malerei fand einen fernen Widerhall in der Popkultur der 1960er- und 1970er-Jahre. So bunt und munter schreiende Farben und Klangfarben kreierte das 18. Jahrhundert, wie man sie erst in der Ära von Andy Warhol und Sergeant Pepper wiederfindet. Wobei schon die Künstler des Barock, ganz ohne illegale Drogen, nahezu psychedelische Effekte erzielten – allein die Deckenfresken in der Basilika (Johann Jakob Zeiler und Franz Anton Zeiler) sind eine Wucht. Basilika, Kaisersaal, Theatersaal: Kein zweiter Ort in Deutschland ist barocker als diese Abtei der Benediktiner. Deren Motto lautet übrigens korrekt: »ora et labora et lege«. Bete, arbeite und lies. Und zu lesen gibt es hier wahrlich genug. Die Klosterbibliothek hat nicht nur eine opulente Innenarchitektur, sie ist auch reich an Lektüre mit Abertausenden von Handschriften, Inkunabeln (frühe Drucke aus dem 15. Jahrhundert), Folianten (großformatige Bände). 1974 war die Bibliothek Drehort einiger Szenen für den Film »Martha« von Rainer Werner Fassbinder. Ein Psychothriller, dessen Bilder der kongeniale Kameramann Michael Ballhaus einfing.

Sebastian-Kneipp-Str. 1, 87724 Ottobeuren, Tel. +49 83 32/79 80, www.abtei-ottobeuren.de

Barocke Pracht herrscht vor in allen Räumen des Klosters.

BENEDIKTINERABTEI OTTOBEUREN

Das Kloster

Der berühmteste Sohn des Allgäuer Kurortes Ottobeuren ist Pfarrer Sebastian Kneipp, der hier 1821 geboren wurde. Die Geschichte des Ortes reicht aber Jahrhunderte weiter zurück. Das Kloster wurde schon 764 von dem fränkischen Graf Silach gegründet und von Karl dem Großen mit Landbesitz ausgestattet. Als freies Reichsstift war es direkt dem Kaiser unterstellt. Seine wissenschaftliche Blütezeit als Zentrum des süddeutschen Humanismus erlebte Ottobeuren im 16. Jahrhundert. Bereits 1509 richtete man die erste Buchdruckerei ein. 1711 begann ein umfassender Neubau der gesamten Klosteranlage im Stil des Barock, 1766 wurde die von Johann Michael Fischer erbaute Kirche eingeweiht. Mit der vollständigen Enteignung 1802 fielen die Hoheitsrechte an Bayern. 30 Jahre später richtete König Ludwig I. von Bayern Ottobeuren wieder als Priorat ein, seit 1918 ist es wieder eine selbstständige Abtei.

Die Kirche wurde 1926 vom Papst zur Basilika minor erhoben. Sie zeichnet sich durch ihre großen Doppeltürme mit konvex geschwungener Fassade, meisterhafte Stuckarbeiten und Deckenfresken, ihr Ro-

Benediktinerabtei Ottobeuren

koko-Chorgestühl sowie den prächtigen Orgelprospekten aus. Die stattliche dreigeschossige Klosteranlage, die unzählige Räume und noch mehr pausbäckige Engel beherbergt, gruppiert sich um vier Höfe. Ergänzt wird sie durch den nicht öffentlich zugänglichen Klostergarten mit schönen Teichanlagen. In der von Johann Baptist Zimmermann gestalteten Bibliothek sind wertvolle Bücher gesammelt. Die Empore des hohen Bibliothekssaales wird von weißen und roten Marmorsäulen getragen.

Auch Kultur hat in der Hochburg des Barock natürlich ihren Platz: Die namhaften »Ottobeurer Konzerte« finden in der Basilika und im Kaisersaal statt, der mit Standbildern der Habsburger Kaiser geschmückt ist; zudem werden im Klostermuseum bedeutende Kunstwerke der Gotik, der Renaissance und des Barock ausgestellt. Die Ottobeurer Mönche sind in der Seelsorge tätig, sie unterrichten als Lehrer an einem Gymnasium und einer Realschule und führen eine Buch- und Kunsthandlung. Zudem haben sie ihre Aktivitäten um die Tagungs- und Begegnungsstätte Ottobeuren erweitert. Für ihr eigenes leibliches Wohl und das der Gäste sorgen sie mit ihrem Garten, in der Bäckerei und bei der Likörherstellung in der Klosterbrennerei. Ein Mitbruder kümmert sich um eine stattliche Zahl von Bienenvölkern. Ein Klostercafé mit Gartenterrasse lädt zum Verweilen ein.

Gäste, die am Kursangebot teilnehmen oder eigene Tagungen veranstalten, sind im Gästetrakt untergebracht. Mitleben in der Hausgemeinschaft ist für Männer ab 16 Jahren im »Kloster auf Zeit« möglich. Ferner werden für Einzelpersonen und Gruppen Einzelexerzitien angeboten, Besinnungs- und Einkehrtage, Ikonenmalkurse, Schweige- und Musikmeditationen. Die Ottobeurer Studienwoche bietet ein Vortrags- und Diskussionsforum auf wissenschaftlichem Niveau und lädt alljährlich dazu ein. Zur Mitfeier, z. B. der Osterliturgie, ist jedermann willkommen.

❶ Allgäuer Volkssternwarte

Das moderne Observatorium in Ottobeuren dient sowohl der Volksbildung als auch der amateurastronomischen Arbeit. Lehrreich und anschaulich sind ein Modell unseres Sonnensystems im Maßstab 1:1 Milliarde sowie die Folientafeln über die Sonne und über weit entfernte Objekte wie Nebel, Kugelsternhaufen und Galaxien. Bilder vom Teleskop lassen sich über den Videoprojektor projizieren und in Multimediashows darstellen.

Dr.-Friedrich-Kuhn-Weg, 87724 Ottobeuren, Tel. +49 83 32/936 60 58, Führungen Fr 19.30 Uhr oder nach Voranmeldung, www.avso.de

---

Als Gast im Kloster

Ein Aufenthalt im Ottobeurer »Bollwerk des Glaubens« eignet sich gut für Gäste auf der Suche nach zurückgezogener Stille. Kursangebot und Kurortumgebung bieten wenig für junge Leute und Kinder.

Service

Angebot für Gäste
- Einzelexerzitien
- Einkehr im Kloster
- Ottobeurer Studienwoche: Infos im Internet unter www.ottobeurer-studienwoche.de
- Musikmeditationen
- Stressbewältigung
- Meditation und Achtsamkeit
- Zen
- Ikonen- oder Hinterglasmalerei

Gottesdienste
Ganzjährig Mo–Sa 8, So 7.30, Mai–Okt. Mo–Fr 6.30 Uhr Konventamt
So 17.30, Mai–Okt. Mo–Fr 18, Sa 17.30 Uhr Vesper

Unterkunft
- Pauschalpreise für die Seminare gelten für Unterbringung im EZ, Zimmer mit Dusche/WC
- Bei Einzelaufenthalten Preise nach Vereinbarung

Verpflegung
- Ein Großteil der Speisen stammt aus dem eigenen Garten, der Bäckerei und Imkerei.
- Kloster-Café: Hausgemachte Kuchen und Torten, www.klostercafe-ottobeuren.de
- Öffnungszeiten: tgl. 9–18 Uhr

Einkaufsmöglichkeit
- Klosterladen: Bücher, Führer durch Basilika und Abtei, Souvenirs, Grußkarten, Videos über die Abtei, CDs mit Konzerten aus der Abtei oder den gregorianischen Chorälen der Mönche beim Stundengebet mit Orgelgeläut, Honig aus der eigenen Imkerei
- Öffnungszeiten: Mo 13.30–17.30, Di–Sa 9–12.30, 13.30–17.30, So 13.30 bis 17.30 Uhr

Reservierung
- Bildungshaus: Tel. +49 83 32/79 80, E-Mail: bildungshaus@abtei-ottobeuren.de

❷ Crescentia-Pilgerweg

Der Heiligen Crescentia von Kaufbeuren zu Ehren wurde im Jahr 2003 ein 88 km langer Pilgerrundweg durch die Allgäuer Voralpenlandschaft geschaffen. Er führt von Kaufbeuren über Ottobeuren und Mindelheim und eignet sich auch für Pilger, die mit dem Fahrrad unterwegs sind. Die malerische Reise über Irsee und Markt Rettenbach nach Ottobeuren kreuzt den Günztal- und Kneippradweg. Informationsbroschüre und Wanderkarte sind in der Tourist Info Ottobeuren erhältlich. Oder man folgt ab dem Marktplatz Ottobeurens dem Markierungszeichen: Federkiel, Tintenfass und Papier verweisen auf das Briefapostolat der Heiligen Crescentia.

Tourist Info: Marktpl. 14, Ottobeuren, Tel. +49 83 32/92 19 50, www.ottobeuren.de

❸ Therme Bad Wörishofen

Die Schwäbische Bäderstraße verbindet neun Heilbäder und Kurorte auf einer Länge von 140 km im Alpenvorland von Bayern und Baden-Württemberg. Ein besonderes Highlight ist die Therme Bad Wörishofen mit ihrer riesigen Glaskuppel, die bei gutem Wetter geöffnet wird und Badefreuden in tropisch warmem Thermalwasser unter freiem Himmel erlaubt. Kraftvolle Massagedüsen, die Sprudelliegen im Außenbecken und duftende Aromabäder garantieren Wellness und wunderbare Entspannung. Die Saunalandschaft umfasst mehrere Saunas, darunter eine Stollensauna oder ein Kelostadl.

Thermenallee 1, 86825 Bad Wörishofen, Mo–Mi 10–22, Do–Fr 10–23, Sa 9–24, So 9–22 Uhr, www.therme-badwoerishofen.de

❹ Schwäbisches Bauernhofmuseum

Ein historisches »Dorf im Dorf« mit allem, was zur Darstellung von ländlichem Leben des Mittelalters dazugehört: ein Besuchermagnet! Das 1955 eröffnete Bauernhofmuseum ist eines der ältesten seiner Art. Neben dem Haupthaus in der Museumsstraße wurden noch weitere Häuser des Ortes in das Freilichtmuseum einbezogen. So sind heute über 15 liebevoll eingerichtete Objekte zu sehen, darunter eine bemalte Kapelle mit 50 schmiedeeisernen Grabkreuzen. Im Museumsgasthaus »Gromerhof« mit Biergarten gibt es eine herzhafte Brotzeit.

Museumstr. 8, 87758 Kronburg, Tel. +49 83 94/14 55, März, Ende Okt.–Nov. 10–16, Apr.–Mitte Okt. 9–18 Uhr, www.bauernhofmuseum.de

32 Erzabtei St. Ottilien

Ein Kloster mit eigenem Bahnhof? Das klingt exklusiv. Auch wenn es sich nur um eine Haltestelle der Ammergaubahn handelt, so ist die Abtei St. Ottilen doch an eine der reizvollsten Bahnstrecken im Oberbayerischen angeschlossen. Dass die Patres, mit eigenem Löschzug ausgestattet, auch zur freiwilligen Feuerwehr der Gegend gehören, macht sie natürlich sympathisch. Und wenn sie zudem als Seelsorger für andere Einsatzkräfte ein Ohr haben, wissen sie, worum es geht. Spiritueller Ursprung der Abtei ist eine (heute barocke) Wallfahrtskapelle – erstmals erwähnt im 14. Jahrhundert und gewidmet der elsässischen heiligen Odilia (670-720, Patronin bei Augenleiden). Lange vor der Klostergründung befand sich hier der Weiler Emming, der im 16. Jahrhundert ein schlossartiger Gutshof wurde und 1884 seinen Abriss fand. Zwei Jahre später von einem Benediktiner aus Beuron erworben, entstand das neugotische Kloster St. Ottilien. Bald zur Abtei ernannt, ging deren Namen auch auf den ehemaligen Weiler Emming samt Haltestelle über. Dort zugestiegen, ist es nicht weit zum nördlichsten Voralpensee, wo Kloster Andechs mit seiner Brauerei lockt.

Erzabtei 1, 86941 St. Ottilien, Tel. +49 81 93/710, www.erzabtei.de

Ein blaues Flurkreuz weist den Weg zu St. Ottilien.

ERZABTEI ST. OTTILIEN

Das Kloster

Wie man nach St. Ottilien kommt? Immer dem Glockenläuten nach. Denn hier bezeichnen die Kirchenglocken jede Viertelstunde und alle Gebetszeiten, Tag und Nacht. Die ansonsten recht friedliche Erzabtei der Missionsbenediktiner liegt etwa 40 km westlich von München, umgeben von Feldern und grünen Wiesen. Von Geltendorf aus führt eine schöne Allee zum Klosterdorf.

Die Erzabtei ist vergleichsweise jung. Sie entstand erst 1887 neben der kleinen Wallfahrtskapelle, die seit dem 14. Jahrhundert bekannt und der Äbtissin Ottilia geweiht ist. Eigentlich hatte der Beuroner Benediktiner P. Andreas Amrhein 1884 das oberpfälzische Reichenbach als Standort für eine Gemeinschaft gewählt, die nach mittelalterlichem Vorbild benediktinisches Leben mit dem Missionsauftrag verbinden wollte. Doch da dem Bischof von Regensburg die Neugründung missfiel, übersiedelte man bereits drei Jahre später ins oberbayerische Emming. Schon 1902 erhielt das Kloster den Rang einer Abtei, wurde 1914 Erzabtei und Hauptkloster der Missionsbenediktiner. 1941 hob die Geheime Staatspolizei das Kloster auf; die vertriebenen Mönche konnten erst nach Kriegsende 1945 wieder nach St. Ottilien zurückkehren. Bis 1948 diente ein Teil des Klosters als Hospital für befreite KZ-Häftlinge, wovon ein jüdischer Friedhof heute noch zeugt.

Zu den Sehenswürdigkeiten zählen die neugotische Kirche mit dem weithin sichtbaren Glockenturm und ihrem goldenen baldachingedeckten Hochaltar sowie das in einem Jugendstilbau untergebrachte Missionsmuseum, in dem eine ethnografische Sammlung aus Afrika und Südostasien zu sehen ist. Schon kurz nach der Gründung des Klosters war die erste Missionarsgruppe nach Ostafrika ausgesandt worden, weitere folgten später nach Südafrika, Korea und China. Bis heute ist St. Ottiliens größte Aufgabe die Unterstützung junger Kirchen im Aufbau und die Mithilfe bei der Einpflanzung benediktinischen Klosterlebens in überseeischen Ländern.

Die Vielzahl der Berufe, in denen sich die autarke Mönchsgemeinschaft als Installateure, Filmemacher, Klosterfriseure und Webmaster betätigt, ist bemerkenswert. Im Fall eines Brandes tauschen die Feuerwehrmönche schon mal ihre Kutten gegen moderne Schutzanzüge und rücken zum Einsatz aus. Die drei Fahrzeuge mit 22 Mann Besatzung waren ursprünglich zum Selbstschutz für das Kloster gedacht, sind heute jedoch meistens auf der Autobahn im Einsatz. Gemeinsam mit der Feuerwehr aus Eresing rücken die Ottilianer auf der A 96 zwischen Greifenberg und Landsberg am Lech aus. Die Mönche bewirtschaften zudem ein großes landwirtschaftliches Anwesen mit Hühnerhof und Gärtnerei; was übrig bleibt, wird verkauft. Im renommierten St. Ottilier EOS-Verlag erscheint jährlich eine Vielzahl an Sachbüchern zu theologischen und geschichtlichen Themen.

Erzabtei St. Ottilien

Service

Angebot für Gäste
- Exerzitien
- Besinnungstage
- Oasentage
- Kreativkurse
- Ikonenmalerei
- Meditationskurse Zen für Christen
- Meditative Wandertage
- Nähmaschinenmuseum
- Kloster auf Zeit (für junge Männer)

Gottesdienste
Mo–Sa 5.40 Uhr, Vigil und Laudes, So 6.30 Uhr Laudes
Mo–Sa 6.45, So 9.15 Uhr Konventamt
Mo–Sa 8, So 7.45, 11 Uhr Eucharistie
Tgl. 12 Uhr Mittagshore
Mo–Sa 18, So 17.30 Vesper
Tgl. 20 Uhr Komplet

Unterkunft
- Gästehaus: EZ 59 € inkl. VP, DZ 51 € inkl. VP pro Pers.
- Zuschlag bei nur einer Übernachtung: 8 €

Verpflegung
- Klostergaststätte Emminger Hof mit Biergarten
  www.emmingerhof.de
- Öffnungszeiten: tgl. ab 11 Uhr

Fortsetzung s. nächste Seite

ERZABTEI ST. OTTILIEN

 Service

Einkaufsmöglichkeit
- Klosterladen: Bücher aus dem Abteiverlag EOS, kunsthandwerkliche Arbeiten und Devotionalien
- Öffnungszeiten: Mo–Fr 10–12, 13.30–17, Sa 10–12, 13.30–16, So 10.30–16 Uhr
- Gärtnerei/Hofladen: Lebensmittel aus der eigenen Landwirtschaft
- Öffnungszeiten: Mo–Do 8–11.30, 13.30–17, Fr 8–17, So 8–11.30 Uhr

Reservierung
- Kloster auf Zeit: Br. Markus Weiß, Tel. +49 81 93/710, E-Mail: kloster aufzeit@ottilien.de
- Gästehaus: Tel. +49 81 93/716 01, E-Mail: gaestepater@ottilien.de
- Exerzitienhaus: Tel. +49 81 93/716 01, E-Mail: exhaus@ottilien.de

Als Unterkunft dient das Gästehaus der Abtei. In der Klostergaststätte »Emminger Hof« werden Gäste mit Delikatessen aus der altbayerischen Klosterküche und mit regionalen Fischspezialitäten bewirtet. Im Kursprogramm haben Exerzitien, Mediationskurse und spirituelle Auszeiten einen zentralen Stellenwert.

Männer und Frauen können Einkehr- und Besinnungstage in der Erzabtei verbringen. Dazu gehört, dass man an den Gebetszeiten in der Klosterkirche teilnimmt; auf Wunsch kann auch das Gespräch mit den Mönchen gesucht werden. Jungen Männern, die sich für ein Leben als Missionsbenediktiner interessieren, wird das »Kloster auf Zeit« nahegelegt.

Religionsverbindend wirkt das Meditationswochenende »Christliche Meditation im Stile des Zen«. Auf den »Oasentagen« kann man mit Musik, Tanz und Meditation Kraft für den Alltag tanken. Der am Ortsrand von Wessobrunn gelegene Stillerhof wird als Jugendhaus von St. Ottilien genutzt. Er ist für Gruppen von bis zu 40 Personen ausgerichtet.

❶ Ammersee-Bahn

Die nostalgische Ammersee-Bahn, die schon seit über 100 Jahren Bestand hat, beginnt in Mering bei Augsburg. In Geltendorf zweigt sie Richtung Ammersee ab, vorbei an der Erzabtei St. Ottilien, Schondorf, Utting und dem Luftkurort Dießen nach Weilheim, wo sie nach 54 km endet. Der Streckenabschnitt zwischen Geltendorf und Weilheim ist der romantischste und landschaftlich interessanteste Teil. Auf dieser Etappe verlaufen die Gleise stellenweise sehr nah am Ufer des Ammersees. Ab Dießen wird das idyllische Ammermoos in Richtung Weilheim durchquert, wo man bei schönem Wetter das bayerische Alpenpanorama bewundern kann.

www.ammerseebahn.de

❷ Stadt Landsberg am Lech

Bei einem Rundgang durch die hübsche historische Altstadt von Landsberg am Lech sollte man den Salzstadel aus dem 14. Jahrhundert, das Färbertor, den

Allerlei Spezialitäten, Eier, Brot und Wurst aus der eigenen Landwirtschaft sowie Honig, Likör, Wein und Klosterschokolade bieten die Mönche in ihrem Hofladen an.

ERZABTEI ST. OTTILIEN

Bei Föhn gibt es den schönsten Blick auf St. Ottilien, den neugotischen Glockenturm und das Alpenpanorama im Hintergrund.

Dachlturm, den Arkadenhof, die schönste gotische Toranlage Süddeutschlands, das »Bayertor«, die schäumende Kaskade, das Lechwehr vor der Kulisse der Altstadt und vieles mehr besuchen.

Tourist Info: Hauptpl. 152, 86899 Landsberg am Lech, Tel. +49 81 91/12 82 46, www.landsberg.de

③ Archäologischer Park Herrsching

Bei Bauarbeiten am Mitterweg in Herrsching stieß ein Bagger auf ein frühmittelalterliches Grab, in dem adelige Bajuwaren aus dem 7. Jahrhundert bestattet waren. Die anschließenden Ausgrabungen führten zur Entdeckung von elf weiteren Gräbern und eines Steinfundaments einer frühchristlichen Adelskirche.

Tourist Info: Bahnhofpl. 3, 82211 Herrsching, Tel. +49 81 52/52 27, www.herrsching.de

④ Schloss Hohenschwangau

1832–1836 ließ Kronprinz Maximilian von Bayern die verfallene Burg Schwanstein im neugotischen Stil wieder aufbauen. Hier verlebte sein ältester Sohn, König Ludwig II., seine Jugend. Der große Festsaal, auch Helden- oder Rittersaal genannt, nimmt die ganze Breite des Schlosses ein. Die Decke aus Stuckgips wurde mit neugotischen Verzierungen auf rosa Grund und plastischen silbernen Sternen geschmückt. Das Hohenstaufenzimmer war der Ankleideraum von König Maximilian II. und König Ludwig II. und zudem das Musikzimmer Ludwigs. Auf den Wandbildern sind einige von Maximilian ausgewählte besondere Ereignisse aus der Epoche der Staufer dargestellt. Die Besichtigung ist nur im Rahmen einer Führung möglich.

Alpseestr. 12, 87645 Hohenschwangau, Tel. +49 83 62/ 93 08 30, Apr.– Mitte Okt. tgl. 8–17, Ende Okt.–Dez. 9–15 Uhr, www.hohenschwangau.de

⑤ Wieskirche

Ausgehend von den Tränen, die 1738 an der Figur des »Gegeißelten Heilands« gesehen wurden, entwickelte sich rasch eine Wallfahrtsstätte umfangreichen Ausmaßes. In der Wieskirche ist die Kunst des Rokoko zu einer einmaligen Vollendung gereift, sodass in der kunstgeschichtlichen Literatur vom »Raum-Wunder« der Wies die Rede ist. Das von den Wessobrunner Brüdern Dominikus und Johann Baptist Zimmermann geschaffene Werk wurde vor einigen Jahren von der Unesco als Weltkulturgut ausgewiesen.

Wies 12, 86989 Steingaden, Tel. +49 88 62/93 29 30, Sommer tgl. –8–20, Winter 8–17 Uhr, www.wieskirche.de

Als Gast im Kloster

In der Erzabtei lebt eine ausgesprochen bunte, lebhafte und fortschrittliche Gemeinschaft von Mönchen. Gäste werden sich im schönen St. Ottilien ebenso wohlfühlen wie die glücklichen Hühner in der klostereigenen Landwirtschaft. Als Vorgeschmack lässt sich vorab schon den berühmten Kirchenglocken und den Gesängen der Choralschola auf der Website der Abtei (www.erzabtei.de) lauschen. Mit dem Online-Stundenbuch, das die Texte zu allen Gebetszeiten und der hl. Messe enthält, hat man zu Hause die Möglichkeit mitzubeten. Wer trotzdem den Faden verliert, kann live aus der Kirche dem Originalton folgen.

33 Kloster Bernried

Der Starnberger See ist eine ziemlich exklusive Wohngegend. Ludwig II. regierte teils von Schloss Berg am Ostufer (wo er 1886 mysteriös ertrank). Etwas Majestätisches hat auch Bernried, 1983 zur Schönheitskönigin bayrischer Gemeinden gekürt. Wer hier lebt, hat meist seine Schäfchen im Trockenen. So wie der knurrige Lothar-Günther Buchheim, dessen Kriegsroman »Das Boot«, verfilmt von Wolfgang Petersen, weltberühmt wurde. Buchheim wohnte in Feldafing, baute aber in Bernried das »Museum der Phantasie«. Es zeigt Mitbringsel seiner Weltreisen, sein Werk als Maler und Klassiker der Moderne. Vom Kloster Bernried, samt Park fein am See gelegen, führt die Uferpromenade zum Museum. Vorbei an vielen Yachten, die auf dem Wasser dümpeln, wie winters auch an den putzigen Nonnengänsen, die hier eine Auszeit von der Arktis nehmen. Ludwig II., Museum, See und Gänse – ein Aufenthalt in diesem Kloster vermag die Fantasie zu beflügeln.

Klosterhof 8, 82347 Bernried, Tel. +49 81 58/25 50, www.bildungshaus-bernried.de

Hell und freundlich ist das denkmalgeschützte Bildungshaus des Klosters Bernried.

KLOSTER BERNRIED

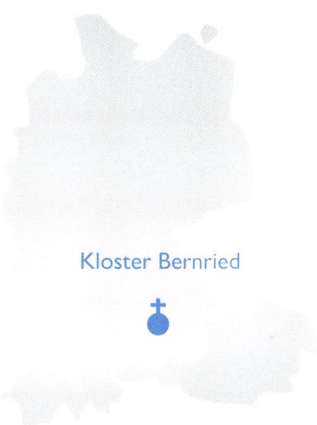

Kloster Bernried

Das Kloster

Das schöne Kloster und Bildungshaus St. Martin liegt mit seinem weitläufigen Garten direkt am Starnberger See und dem herrlichen Nationalpark. Es bildet eine bauliche Einheit mit der Pfarrkirche St. Martin des Dorfes Bernried, das 1983 als schönstes Dorf Bayerns ausgezeichnet wurde. Dazu beigetragen haben gut erhaltene, typische Holzhäuser, die exponierte Lage am See, der herrliche Park, die Hofmarkskirche und nicht zuletzt die Klosteranlage. Das unter Denkmalschutz stehende historische Gebäude ist in mehreren Bauabschnitten renoviert worden und bietet heute bis zu 95 Personen Unterkunft. Neben der Hauskapelle, dem Festsaal, der Bibliothek, dem hellen Gartensaal, dem Lesezimmer, einem Fernsehraum und drei Speiseräumen stehen Gästen und Tagungsteilnehmern mehrere Gruppenräume zur Verfügung.

Am hauseigenen Badeplatz mit Liegewiese, Holzsteg und Umkleidekabinen tummeln sich bei sommerlichen Temperaturen die Gäste. Die Küche sorgt mit frischem Obst, Gemüse und knackigen Salaten aus dem Eigenanbau für eine gesunde und vielseitige Verpflegung. Für Tee, Gewürz- und Heilkräuter wird nach bewährter klösterlicher Tradition der Kräutergarten gepflegt. Nach benediktinischer Art ist das Bildungshaus die wesentliche Existenzgrundlage des Klosters. Die in ihren Berufen hochqualifizierten Schwestern, die im Bildungshaus pädagogisch tätig sind, sichern die Qualität des Angebotes: religiöse Bildung, Familienferien, Fastenwochen, stille »Reisen nach innen«, Beziehungswochenenden, Tanzseminare, Frauentage und Paarseminare.

❶ Dampferfahrt auf dem Starnberger See

Jedes Jahr pünktlich zum Frühjahrsbeginn fuhr König Ludwig II. an »seinen« See. Der See ist ca. 21 km lang und fünf km breit. An seiner tiefsten Stelle misst das Gewässer 127 m. Start zur Seerundfahrt ist am Dampfersteg in Bernried, nur eine Minute vom Kloster entfernt.

An der Mühle, 82347 Bernried, Tel. +49 81 51/80 61, www.seenschifffahrt.de

Als Gast im Kloster

Sehr schönes Kloster am Starnberger See zum Verweilen, zur-Ruhefinden und zum Spazierengehen. In der Bildungsstätte des Klosters wird ein breit gefächertes Angebot offeriert.

Service

Angebot für Gäste
- Exerzitien
- Meditationstage
- Fastentage
- Schweigetage
- Bibelabende
- Spirituelle Impulse
- Besinnungswochenenden
- Oasentage
- Auszeit im Kloster
- Spirituelles Wandern
- Frauenseminare
- Selbstfindung
- Familienferien
- TZI Persönlichkeitskurse

Gottesdienste
Tgl. 6.30 Uhr, Laudes
Mo–Sa 12, So 11.45 Uhr Mittagshore
Tgl. 17.30 Uhr Vesper
Eucharistie: Infos und Zeiten am Empfang

Unterkunft
- Gästehaus: EZ 46 € inkl. Frühstück, DZ 38 € inkl. Frühstück pro Pers.
- Aufpreis zur VP: 20 €
- Zuschlag bei nur einer Übernachtung: 8 €

Verpflegung
- Im Gästehaus, überwiegend mit gesunden Produkten aus Eigenanbau

Einkaufsmöglichkeit
- An der Pforte und in einem der Stüberl Karten, Bücher etc.

Reservierung
- Bildungshaus St. Martin: Tel. +49 81 58/25 50, Online-Anmeldung möglich, E-Mail: zentrale@bildungshaus-bernried.de

KLOSTER BERNRIED

Eine schattige Lindenallee mit alten Bäumen führt zum Kloster Bernried, vorbei geht der Weg an malerischen Bauernhäusern und grünen Wiesen.

2 Roseninsel

Das kleine Eiland, 150 m vom Feldafinger Seeufer entfernt, war einer der sommerlichen Lieblingsaufenthalte König Ludwig II., der im Casino, der schmucken Inselvilla, besondere Gäste wie die Kaiserin von Österreich oder Richard Wagner empfing. Die Rosen blühen zweimal auf der Insel: Mitte Juni und Mitte August.

Fähre: Parkplatz Roseninsel, 82340 Feldafing, Tel. +49 151/28 74 19 05, Mai, Mitte Sept. bis Mitte Okt. 10–18, Juni–Anf. Sept. 10–18 Uhr, Mo eingeschränkt, www.roseninsel.bayern/; Casino: Tel. +49 81 57/92 41 62, Mai–Mitte Okt. Di–So 12–18 Uhr, wochentags Führungen stündlich, Wochenende halbstündlich, www.schloesser.bayern.de

3 Buchheim-Museum

Das Museum der Phantasie des 2007 verstorbenen Lothar-Günther Buchheim zeigt eine sorgfältig zusammengetragene Expressionistensammlung mit Gemälden, Aquarellen, Zeichnungen und Druckgrafiken, u. a. von Max Beckmann und Ernst Ludwig Kirchner. Die Nebensammlungen umfassen Kunsthandwerk aus aller Welt, Volkskunst, Kultgegenstände aus Afrika und anderen außereuropäischen Ländern. Das Gebäude wurde vom Architekten Günter Behnisch errichtet.

Am Hirschgarten 1, 82347 Bernried, Tel. +49 81 58/ 99 70 20, April–Okt. Di–So 10–18, Nov.– März Di–So 10–17 Uhr, www.buchheimmuseum.de

4 Forsthaus Ilkahöhe

Das Restaurant mit überdachter Sonnenterrasse und Biergarten bietet seinen Gästen in einzigartiger Lage über dem Starnberger See einen freien Blick auf die gesamte Alpenkette. Das ländlich-elegante Ambiente schätzen Stammgäste ebenso wie auswärtige Besucher der Region, die hier die Schätze des Weinkellers sowie fangfrische Fischgerichte aus dem nahe gelegenen See genießen.

Oberzeismering 2, 82327 Tutzing, Tel. +49 81 58/82 42, Mi–Mo 12–23Uhr, www.restaurant-ilkahoehe.de

5 Floßfahrt auf der Isar

Bei einer Floßfahrt genießt man die idyllische Flusslandschaft von Wolfratshausen bis München-Thalkirchen mal aus einem anderen Blickwinkel – nämlich vom Wasser aus. Für Begeisterung bei den Gästen sorgen regelmäßig das Geschick der Flößer, einige »spritzige« Abfahrten an Staustufen, die bayerisch-deftige Verpflegung an Bord und musikalische Untermalung (folkloristische Blasmusik oder New-Orleans-Jazz). Die Fahrt dauert je nach Strömung etwa 6 Std. Eine frühzeitige Anmeldung ist empfehlenswert, da die Floßfahrten beliebt sind und recht schnell ausgebucht werden. Auch Einzelplätze sind vorhanden.

Isar-Floss-Event: Isarstr. 26 a, 82515 Wolfratshausen, Tel. +49 81 71/91 03 88, Ende Apr. bis Anf. Sept., Abfahrt 9–10 Uhr Marienbrücke Wolfratshausen, www.isar-floss-event.de

KLOSTER BERNRIED

Blomberg Sommerrodelbahn

Zu Fuß oder mit der Sesselbahn gelangt man zum Startplatz an der Mittelstation. Dort nimmt man seinen »Kessy-Bob« in Empfang und braust durch den Wald und über Weiden bergab. 17 Steilkurven sorgen auf einer der längsten Sommerrodelbahnen Deutschlands für Nervenkitzel.

Am Blomberg 2, 83646 Bad Tölz; Tel. +49 80 41/37 26, März–Nov. tgl. bei trockenem Wetter 9–18 Uhr, www. blombergbahn.de

Gabriele Münter Haus

Von 1908 bis 1914 bewohnten die Maler Gabriele Münter und Wassily Kandinsky das sogenannte »Russenhaus«, in dem sich die Künstlervereinigung »Blauer Reiter« regelmäßig traf. Im Keller des Anwesens überdauerte ein Großteil des Frühwerks Kandinskys den Zweiten Weltkrieg. Besucher können u. a. die von ihm gestaltete Treppe und verzierte Möbel besichtigen.

Kottmüllerallee 6, 82418 Murnau, Tel. +49 88 41/62 88 80, Di–So 14–17 Uhr, www.muenter-stiftung.de

Murnauer Meditationsweg

Loslassen, neue Gedanken entwickeln und die Ursprünglichkeit der Voralpenlandschaft spüren, dafür wurde der Meditationsweg Ammergauer Alpen im Blauen Land geschafffen. Insgesamt umfasst er sechs Etappen und führt von der Rochuskapelle in Bad Kohlgrub nach Ettal. Eine Etappe beginnt beim Kulturzentrum Murnau; über das Münter Haus geht es nach Uffing, Seehausen und wieder zurück nach Murnau. Ausgeschildert ist der Weg mit dem Symbol eines brennenden Herzens.

www.meditationsweg.bayern

9 Herzogstand

In wenigen Minuten bringt eine Gondelbahn die Gäste vom Walchensee aus auf 1600 m zur Bergstation des Lieblingsbergs von König Ludwig II. Ein Berggasthof mit Sonnenterrasse und Mietliegestühlen ist nur ein paar Schritte entfernt. Wanderer mit etwas mehr Kondition erreichen vom Walchensee oder vom Kesselberg aus den Gipfel in etwa zwei Stunden. Die Mehrzahl der Wege ist auch gut von Ungeübten zu bewältigen.

Herzogstandbahn: Am Tanneneck 6, 82432 Walchensee; Tel. +49 88 58/236; Sommer Mo–Fr 9–17.15, Sa/So 9–17.45 Uhr, www.herzogstandbahn.de

10 Oberammergau

Oberammergau ist eingebettet in die eindrucksvolle Alpenlandschaft Bayerns. Der kleine Ort ist vor allem wegen der dort stattfindenden Passionsspiele bekannt, aber auch für die Holzschnitzkunst, die bis ins 12. Jahrhundert zurückreicht. Oberammergau bietet darüber hinaus ein breit gefächertes Kulturprogramm: Opernaufführungen im Passionsspielhaus, Lüftlmalerei, das Pilatushaus, König-Ludwig-Feuer, Sterngang oder das traditionelle bayerische »Brez'n-Angeln«.

Tourist Info: Eugen-Papst-Str. 9 a, 82487 Oberammergau, Tel. +49 88 22/92 27 40, www.ammergauer-alpen.de

Schloss Neuschwanstein

Neuschwanstein ist das bekannteste der Schlösser Ludwig II. An eine Ritterburg erinnernd wurde es im Gedenken an germanische Heldensagen und als Huldigung an Wagners Opern konzipiert. Höhepunkte sind der Sängersaal mit Szenen aus der Parzifal-Dichtung sowie der Thronsaal, der einer byzantinischen Basilika nachempfunden wurde. Wer die 200 Höhenmeter zum Schloss nicht zu Fuß bewältigen möchte, nutzt eine der Kutschen.

Ticketcenter: Alpseestr. 12, 87645 Hohenschwangau, Tel. +49 83 62/ 93 08 30, Apr.–Mitte Okt. tgl. 8–17, Ende Okt. bis Dez. 9–15 Uhr, www.neuschwanstein.de

Zugspitze

Ein Traumtag auf dem höchsten Berg Deutschlands: Mit der Zahnradbahn fährt man zum Schneeferner-Gletscher und besucht dort Deutschlands höchstgelegene Kirche sowie eine Videovorführung über den Bau der Zugspitzbahn oder spaziert über die Grenze ins benachbarte Tirol.

Talstation: Olympiastr. 27, 82467 Garmisch-Partenkirchen, Tel. +49 88 21/79 70, www.zugspitze.de

34 Kloster Benediktbeuern

Gründung durch Karl Martell, Kirchweihe von Bonifatius: Das sind historisch prominente Namen, nicht nur für ein Kloster. Eindrucksvoll für die im 8. Jahrhundert einsetzende Geschichte Benediktbeuerns ist zudem, dass das Kloster stets auf der Höhe der Zeit war. Im Hochmittelalter als Hort damaligen Wissens, im Barock als architektonisches Glanzstück, heute als Hochschule auch für weltliche Fächer. Selbst nach der zeitweisen Aufhebung des Klosters ging der Blick nach vorne: 1807 bis 1819 schuf Joseph Fraunhofer in Benediktbeuern optische Grundlagen für die moderne Naturwissenschaft. Die Glashütte, in der er experimentierte, lag im säkularisierten Kloster, das der Unternehmer Joseph von Utzschneider übernommen hatte. Heute ist sie ein Museum. – Priester werden wollte der Bauernsohn Giovanni Bosco (1815–1888) schon als Kind. Im Italienischen heißen Priester auch Don und als solcher widmete sich Bosco ganz der Jugendarbeit. Er entwickelte eine umsichtige Sozialpädagogik, selbst nach heutigen Kriterien. Dass Don Bosco unter dem humanistischen Einfluss François de Sales (1567–1622) stand, erklärt den Namen des Ordens, der 1930 das Kloster übernahm. – Zu Benediktbeuern gehört der Anblick der Benediktenwand wie das Matterhorn zu Zermatt. Erstaunlich, dass das Bergmassiv noch zu den Voralpen zählt: Unter dem 1801 m hohen Gipfel liegen nach Norden 300 senkrechte Felsmeter. Von Einheimischen Benewand genannt, verlangt sie geübten Bergsteigern den Schwierigkeitsgrad VII ab. Wanderer erreichen den Gipfel über seitliche Grade. Mit etwas Glück lassen sich einige der hier lebenden Steinböcke blicken.

Don-Bosco-Str. 1, 83671 Benediktbeuern, Tel. +49 88 57/880, www.kloster-benediktbeuern.de

Ein beschaulicher Nachmittag im Kloster Benediktbeuern.

KLOSTER BENEDIKTBEUERN SALESIANER DON BOSCOS

Kloster Benediktbeuern
Salesianer Don Boscos

Das Kloster

Vor den Zwiebeltürmen grasen friedlich Kühe, dahinter erhebt sich ein schroffes Felsmassiv. In der oberbayerischen Kulturregion Pfaffenwinkel blickt das Kloster Benediktbeuern auf eine mehr als 1250-jährige Geschichte zurück. In der ersten Phase wurde es 725/28 durch Karl Martell gegründet, der heilige Bonifatius weihte die Kirche 739. Aufgrund des weit entwickelten Schulwesens und der Pflege von Kunst und Wissenschaft erlebte es im Mittelalter eine Blütezeit. In der Bibliothek fand man die um 1230 verfasste Handschrift, die in der Vertonung von Carl Orff als »Carmina Burana« – Lieder von Benediktbeuern – weltberühmt wurde. Ein Faksimile befindet sich heute im gotischen Refektorium, das Original in der Bayerischen Staatsbibliothek.

Von 1669 an wurde die barocke Klosteranlage von bedeutenden Künstlern der Zeit gestaltet. Vor dem dreigeschossigen Konventbau im Kern der Anlage und der barocken Abteikirche befindet sich ein weiter Arkadenhof mit Springbrunnen. Die Eingänge von Kloster und päpstlicher Basilika zieren gemalte Portalarchitekturen. Kirchengewölbe und Seitenkapellen sind üppig mit Stuck und mit Figuralplastik ausgestattet.

An das gotische Kreuzganggewölbe schließt sich das ehemalige Refektorium mit seltenen Holzschnitzereien in der Decke an. Der früh-barocke Festsaal weist Deckengemälde mit Bildern der Schöpfungsgeschichte auf. Im »Fürstentrakt«, in dem früher hohe Gäste wie etwa Landesvater Karl Albrecht VII. wohnten, schmücken die eleganten Frührokoko-Stuckaturen von 1728/32 den prächtigen Kurfürstensaal.

Die Ordensgemeinschaft der Salesianer Don Boscos erwarb 1930 die Klosteranlage und entwickelte Benediktbeuern zu einem Zentrum religiöser Bildung, Wissenschaft und Erziehung. Heutzutage können Studenten an zwei Hochschulen im Kloster philosophisch-theologische und soziale Fächer studieren. Auf dem Klostergelände befinden sich weiterhin ein Naturlehrgebiet mit Biotopen, ein Meditations- und Kräutergarten, eine Jugendherberge sowie die Jugendbildungsstätte »Aktionszentrum«. Ein Zentrum für Umwelt und Kultur (ZUK) wurde im ehemaligen Maierhof eingerichtet. Seit 2001 erzeugt das Kloster Benediktbeuern mit einer hochmodernen ökologischen Energiezentrale 80 Prozent des eigenen Energiebedarfs aus regenerativen Energiequellen (Hackschnitzel, Rapsöl, Fotovoltaik, Solar und Wasserkraft). Das Kurs- und Freizeitangebot für alle Altersgruppen, Einzelgäste und Familien mit Kindern in Benediktbeuern ist beachtlich und reicht von Naturkunde- und Heilkräuterführungen über Kreativkurse, Tai-Chi und Meditationen hin zu Exerzitien für Einzelpersonen oder Gruppen.

❶ Fraunhofer Glashütte

Joseph von Fraunhofer, Begründer der Spektroskopie, arbeitete von 1807 bis 1819 in der Fraunhofer Glashütte. Die Ausstellung umfasst zwei große Schmelzöfen mit Rührwerk zur Glasherstellung, Schautafeln, Werkzeuge zur Glas- und Metallbearbeitung sowie optische Instrumente.

Fraunhoferstr. 2, 83671 Benediktbeuern,
tgl 9–16 Uhr

❷ Kochel am See

Das Kocheler Franz Marc Museum zeigt Bilder von einem der bedeutendsten Künstler der klassischen Moderne. Beim »Wandern auf den Spuren des Blauen Reiter« ermöglicht der Vergleich von Origi-

---

Als Gast im Kloster

Mit dem Motto »Freude am Leben« wirbt das Zentrum für Umwelt und Kultur für einen schonenden Umgang mit der Natur. Barocke Lebensfreude findet sich im Kloster Benediktbeuern an allen Ecken, und das nicht nur optisch. Outdoor-Freaks, Bergfexe und alle, die gerne etwas unternehmen, sind hier sommers wie winters in ihrem Element.

KLOSTER BENEDIKTBEUERN SALESIANER DON BOSCOS

 Service

Angebot für Gäste
- Exerzitien für Erwachsene
- Tai-Chi
- Yoga
- Ökologie-Seminare
- Diverse Lehrpfade rund ums Kloster
- Fledermausexkursionen
- Vogelbeobachtung
- Heilkräuterführungen
- Gartenentdeckungsreisen
- Klosterführungen
- Fraunhofer Glashütte

Unterkunft
- Gästehaus: EZ/DZ 33 € pro Pers. ohne Dusche/WC
- EZ 46 € mit Dusche/WC, DZ 41,50 € pro Pers. mit Dusche/WC
- Mittagessen: 12,50 €, 15 € (So)
- Abendessen: 10 €, 15 € (So)

Verpflegung
- Frühstücksbüfett, Halb- oder Vollpension in der Klosterküche
- Kloster-Café: hausgemachte Kuchen und Torten
- Öffnungszeiten: Mo–Fr 12.30–17.30, Sa/So 11–17.30, Dez.–Apr. Do/Fr 12.30 bis 17.30, Sa/So 11–17.30 Uhr
- Klosterbräustüberl Benediktbeuern: Zeiler Weg 2, 83761 Benediktbeuern, Tel. +49 88 57/94 07, www.klosterwirt.de
- Öffnungszeiten: tgl. 10–23, Mitte März bis Okt. tgl. 9–23 Uhr

Einkaufsmöglichkeit
- Klosterladen an der Pforte: Bücher, Karten, Geschenkartikel
- Öffnungszeiten: tgl. 9–18 Uhr
- Klostergärtnerei: ökologische Lebensmittel und Pflanzen, Gemüse und Kräuter aus Eigenanbau
- Öffnungszeiten: Mo–Fr 9–18.15, Sa 9–12.30 Uhr

Reservierung
- Gästehaus der Salesianer Don Boscos: Tel. +49 88 57/881 95, E-Mail: gaestehaus@kloster-benediktbeuern.de

nalmotiven mit den daraus entstandenen Gemälden vor Ort einen unmittelbaren und direkten Zugang zu der Symbolik und Leuchtkraft der Bilder. Dies ist während der Sommermonate besonders malerisch bei einer Schiffstour über den Kochelsee.

Motorschifffahrt Kochelsee: Kirchenweg 1, 82431 Kochel am See; Tel. +49 88 51/416, www.motorschifffahrt-kochelsee.de; Franz Marc Museum: Franz-Marc-Park 8–10, 82431 Kochel, Tel. +49 88 51/92 48 80, Di–So 10–17, April–Okt. 10–18 Uhr, www.franz-marc-museum.de

❸ Freilichtmuseum Glentleiten

Auf dem Museumsgelände mit Wald, Weideflächen und Gärten sind 60 historische Gebäude aufgebaut. Bauernhöfe, Mühlen, Almgebäude, Werkstätten vermitteln mit ihrer originalgetreuen Einrichtung ein anschauliches Bild von der bäuerlich geprägten Vergangenheit Oberbayerns. Die Gärten geben einen guten Überblick über die geschichtliche Entwicklung ihres Pflanzenbestandes. In verschiedenen Werkstätten werden Wagenräder, Schuhe und Sättel vor den Augen der Besucher hergestellt. Angeboten werden Themenführungen wie »Sauber! – Hygiene und Sauberkeit früher«, »Unter Dach und Fach – Bauen in vergangenen Zeiten«. Eine Pause lässt sich bei bayerischen Schmankerln, Kaffee und Kuchen der Museumsgaststätte »Starkerer Stadel« einlegen

An der Glentleiten 4, 82439 Großweil, Tel. +49 88 51/18 50, März–Mai, Okt. Di–So 9–18, Juni–Sept. tgl. 9–18, Nov. Di–So 9–17 Uhr, www.glentleiten.de

Benediktenwand-Tour

Ausgangspunkt ist das Alpenwarmbad in Benediktbeuern. In ca. 3 Std. erreicht man die bewirtete »Tutzinger Hütte« und kann eine Verschnaufpause für den weiteren Aufstieg einlegen. Bei der Hütte gabelt sich der Weg: Für den etwa 1,5 Std. dauernden Anstieg auf 1800 m Höhe wird der Ostweg, für den Abstieg der Westweg empfohlen. Auf dem Gipfel hat man einen herrlichen Rundblick. Bei klarem Wetter ist nach Süden die Fernsicht bis zum Großglockner, zu den Dolomiten, nach Norden bis München möglich. Der nicht ganz einfache Streckenabschnitt ab »Tutzinger Hütte« sollte nur mit gutem Schuhwerk (am besten feste Bergschuhe) begangen werden.

www.dav-tutzinger-huette.de

Die Fraueninsel, ein grünes Eiland im blauen »bayerischen Meer«. Der Chiemsee gilt auch als Seglerparadies.

35 Benediktinerinnenabtei Frauenwörth

Über Margarete von Tirol (1318–1369) ist viel geschrieben worden. Auch Lion Feuchtwanger widmete Tirols letzter Herrscherin, die das Land den Habsburgern vermachte, einen Roman, der in einigen Details von der wahren Historie aber abweicht. Richtig ist allerdings, dass die Herzogin sich in den Intrigen des 14. Jahrhunderts zwischen Luxemburgern, Wittelsbachern, Habsburgern und dem Papsttum mühsam behaupten musste. Gemeinhin wurde sie später als Margarete Maultasch verunglimpft. Obwohl sie wahrscheinlich nicht unattraktiv war, spielte auch Feuchtwanger auf dieser Klaviatur. Als letztes Refugium – nachdem sie fast alles verloren hat: den zweiten Ehemann Ludwig, ihren Sohn Meinhard, die Rivalin – wählt sie bei Feuchtwanger den Gang ins Kloster Frauenwörth. Ob Margarete von Tirol je auf der Fraueninsel war, ist ungewiss, gestorben ist sie in Wien. Gleichwohl bietet sich der süffig zu lesende Roman als perfekte Lektüre bei einer Auszeit auf diesem idyllischen Eiland im Chiemsee an. Samt Fischerdorf ist die Insel 12 ha groß, ein Drittel davon gehört zum Kloster der Benediktinerinnen. Im 8. Jahrhundert gegründet, blieb der später erweiterten Abtei viel Romanisches erhalten, darunter die karolingische Torhalle, der frei stehende Münsterturm (11. Jh.) und uralte Fresken. Von der Fraueninsel bestens zu sehen, markiert die zackige Kampenwand (1669 m) den Horizont hinterm Südufer des Sees. Sie zu erwandern, bringt einen die Chiemgaubahn von Prien nach Aschau. Wer fit ist, schafft die gut 1000 Höhenmeter in drei Stunden (hinunter per Seilbahn). Vom Gipfel ergibt sich nicht nur ein Paradeblick auf den Chiemsee. Satt ist auch das Alpenpanorama, das bei klarem Wetter etwa Kaisergebirge, Großvenediger, Großglockner und Watzmann zeigt.

Frauenchiemsee 50, 83256 Frauenchiemsee,
Tel. +49 80 54/90 70, www.frauenwoerth.de

BENEDIKTINERINNENABTEI FRAUENWÖRTH

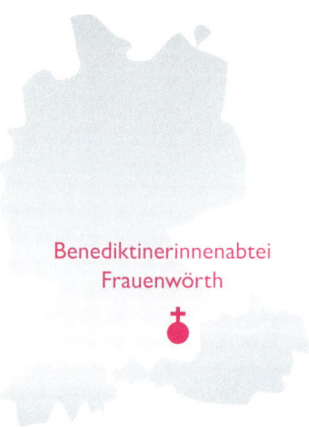

Das Kloster

Die Benediktinerinnenabtei liegt idyllisch auf einer der drei Inseln im Chiemsee und ist nur per Schiff am besten von Gstadt oder Prien aus zu erreichen. Die lange Geschichte des Klosters beginnt mit seiner Gründung durch den Bayernherzog Tassilo III. um 772. Vom 11. bis zum 15. Jahrhundert erlebte es eine andauernde, relativ ungestörte Blütezeit, da es aufgrund seiner Insellage vor Überfällen geschützt war. Das Wasser erwies sich als wirkungsvollste Klausurmauer. Im 18. Jahrhundert wurden die Klostergebäude umgebaut und erhielten ihr heutiges Aussehen. Kloster Frauenchiemsee mit dem achteckigen Zwiebelturm, dem Wahrzeichen der Insel, zählt zu den ältesten bestehenden Frauenklöstern nördlich der Alpen – und auch zu den meist besuchten.

Der edle (und recht hochprozentige) Klosterlikör der Frauenwörther Nonnen wird aus den heilenden Pflanzen des Kräutergartens gewonnen. Mit seinen Buchsrabatten, Rosenbüschen und dem betörenden Lavendelduft ist der nach den Lehren Hildegards von Bingen eingerichtete Garten ein wahres Schmuckstück. Doch Frauenchiemsee ist nicht nur für seine »flüssige Nahrung« bekannt: Der Klosteranger versorgt bereits seit Jahrhunderten das Kloster mit Gemüse und Kartoffeln. Kürzlich wurde er als üppiger Blumen- und Obstbaumgarten umgestaltet.

Eine der vielen Sehenswürdigkeiten in Frauenwörth ist die einmalige Lage des Gästehauses direkt am Ufer des Chiemsees. Unbedingt einmal ganz früh aufstehen und bei Sonnenaufgang ins Wasser springen! Angeboten werden Einkehrwochenenden, Exerzitien, Meditationskurse, Seminare und Kurse für Gesundheit, Kunst, Musik und Freizeitgestaltung, wie beispielsweise Ayurvedakurse, Atempause im Kloster, Yoga und Qigong.

Herrenchiemsee

Auf Herrenchiemsee, der bekanntesten Insel im Chiemsee, baute sich König Ludwig II. sein Versailles nachempfundenes Schloss. Unter den Prunkräumen Herrenchiemsees stechen besonders das Paradeschlafzimmer und die Große Spiegelgalerie hervor. Das »Kleine Appartement« im Stil des französischen Rokoko diente als private Wohnung des Königs. Das Schloss ist von einem weitläufigen Park mit Wasserspielen und antiken Brunnenfiguren umgeben. Leicht erreicht man die Insel mit dem Linienschiff. Vom Anlegesteg läuft man ca. 15 Min. bis zum Schloss.

83209 Herrenchiemsee, Tel. +49 80 51/ 688 70, tgl. 9.40–16.15, Apr.–Okt. 9–18 Uhr, www.herrenchiemsee.de

Blühende Idylle im Klosteranger: Prächtige Rosen, Obstbäume und Blumen wachsen besonders gut im milden Klima der Insel.

BENEDIKTINERINNENABTEI FRAUENWÖRTH

❷ Radtour rund um den Chiemsee

Auf sehr gut ausgebauten und beschilderten Radwegen lässt sich der größte der bayerischen Seen bequem umfahren. An der Strecke liegen zahlreiche Gasthöfe, die zu einer Rast einladen. Fahrradverleih in allen größeren Orten am Chiemsee.

❸ Naturerlebnistouren am Chiemsee

Von Experten geführte Touren bieten Einblicke in das empfindliche und wichtige Gleichgewicht zwischen Tourismus, Natur und Landwirtschaft. Selbst nach jahrtausendelangen kultivierenden Eingriffen sind am Chiemsee und in den Chiemgauer Bergen Kultur und Natur noch harmonisch miteinander verbunden. Von der Uferlinie des Sees sind 90 Prozent unbebaut und mehr als die Hälfte naturnah belassen. Die Flachwasserzonen sind für größere Boote unpassierbar. Mit Kescher und Sieb wird dem See »auf den Grund gegangen« und im Schlamm nach Erbsenmuscheln gesucht. Vorbei geht es an gelb blühenden Teichrosenfeldern und dichten Schilfröhrichten. Oder man begibt sich auf eine naturkundliche Entdeckungsreise rund um die Prienmündung.

www.chiemseeagenda.de; Tourist Info Chiemgau: Leonrodstr. 7, 83278 Traunstein, Tel. +49 861/909 59 00, www.chiemsee-chiemgau.info

Als Gast im Kloster

Für das wahre Inselfeeling muss man keinen Urlaub nach Bali buchen: Betörende Düfte aus dem Kräutergarten, türkisgrünes Wasser, so weit das Auge reicht, und der Besuch eines Ayurvedakurses sorgen für die perfekte Fernreise-Atmosphäre.

ℹ Service

Angebot für Gäste
- Exerzitien
- Ayurvedisch kochen
- Wohlfühltage für Frauen
- Sing- und Stimmbildungsseminare
- Seminare zur Stressreduktion und Lebensführung
- Atempause im Kloster
- Methoden zur mentalen und körperlichen Entspannung
- Qigong, Yoga und Tai-Chi

Gottesdienste
Im Münster: Fr 17.30 (nur im Sommer), Sa 18, So 9.30 Uhr

Unterkunft
- EZ 30 € ohne Bad, DZ 25 € pro Pers. ohne Bad
- EZ 45 € mit Dusche/WC, DZ 35 € pro Pers. mit Dusche/WC
- EZ 55 € mit Dusche/WC, Seeblick, DZ 45 € pro Pers. mit Dusche/WC, Seeblick
- Nur Frühstück: 12,00 €
- HP: 30 €
- VP: 40 €

Verpflegung
- Gaststätte Klosterwirt
- Öffnungszeiten: tgl. ab 9 Uhr

Einkaufsmöglichkeit
- Klosterladen: Liköre, Magenbitter, Klostergeist, Lebkuchen, Marzipan, Bücher, getrocknete Kräuter aus dem eigenen Garten
- Öffnungszeiten: Sommer Mo–Sa 10–17.45, So 13–17, Winter Mo–Sa 10–17.15, So 13–17 Uhr

Reservierung
- Gästehaus: Sr. Agnes Soltau, Tel. +49 80 54/90 71 45, E-Mail: gaestehaus@frauenwoerth.de

❹ Römermuseum »Bedaium«

Der römische Ort Bedaium entstand 50 n. Chr. an der Stelle des heutigen Seebruck. Er entwickelte sich rasch zum Verkehrsknotenpunkt zwischen Inn und Salzach. Kontinuierliche Bodenforschung legte eine faszinierende Illustration der Vergangenheit frei. Mit Hilfe von mehr als 500 Ausstellungsstücken wird ein historischer Bogen von der Vorgeschichte über die Stein- und Bronzezeit bis zu den frühen Kelten geschlagen. Ein 23 km langer archäologischer Rundweg führt von Seebruck zu prähistorischen und frühgeschichtlichen Fundstätten und Bodendenkmälern in der Region.

Römerstr. 3, 83358 Seebruck, Tel. +49 86 67/75 03, Di–Sa 10–16 Uhr, Winter geschl., www.roemermuseum-bedaium.byseum.de

»Ruhe ist für die Seele der Anfang der Reinigung.«

Basilius der Große
(antiker Kirchenlehrer)

36 Prämonstratenser-Chorherrenstift Geras

Ein Meister des Lichts und der Blautöne war Paul Troger (1698–1762). Seine Fresken sind von feiner Strahlkraft, so auch das Deckenfresko im Marmorsaal des Stifts Geras, das die Wunderbare Brotvermehrung zeigt. Das im 12. Jahrhundert gegründete, mehrfach zerstörte Kloster der Prämonstratenser wurde 1730 bis 1752 im Barockstil prachtvoll neu errichtet. Dabei und danach entstand eine Fülle an Skulpturen und Freskenmalerei. Für letztere ist, außer Troger, unbedingt auch Joseph Winterhalder zu nennen. Die Familie Winterhalder aus Vöhrenbach im Schwarzwald brachte mehrere Generationen Bildhauer hervor, von denen einige berühmt wurden. Einzig Joseph Winterhalder der Jüngere (1743–1807, vierte Generation) trat als Maler hervor. Stift Geras verdankt seinem Können die bildgewaltige Ausstattung der Bibliothek, die als Spätwerk des Künstlers gilt. Das Stift blieb der Kreativität verpflichtet. Als erstes Kloster (seit 1970) bietet es mit der Akademie Geras unter Anleitung professioneller Dozenten Wochenseminare und Workshops in Techniken des Malens, Zeichnens und der Bildhauerei an.

Hauptstr. 1, 2093 Geras, Tel. +43 29 12/34 50, www.stiftgeras.at

Alte Natur- und Kulturlandschaft: An das Stift grenzt der schöne Naturpark Geras an.

PRÄMONSTRATENSER-CHORHERRENSTIFT GERAS

Das Kloster

Das Stift Geras steht auf altem Kulturland. Der 134 ha große Naturpark mit Wildschweinen, Schafen und Auerochsen ist Teil einer idyllischen Teich- und Waldlandschaft, in dem sich auch ein speziell für Kinder angelegter Streichelzoo befindet. Von einem Aussichtshügel am Langen Teich können weite Teile der Schilf- und Ährenfelder des Naturparks überblickt werden sowie der historisch angelegte Kräutergarten mit unzähligen Obstbäumen und Zierpflanzen.

Graf Ulrich von Pernegg stiftete 1153 das Prämonstratenser-Chorherrenstift Geras und berief zugleich Chorfrauen in die 10 km entfernte Burg Pernegg. Von der auf einem slawischen Gräberfeld errichteten Stiftskirche sind noch die romanischen Fundamente und die gotischen Bauteile erhalten. Die Klosteranlage in ihrer heutigen Erscheinung geht vor allem auf die barocke Neugestaltung durch hochrangige Architekten und Freskanten wie Munggenast und Troger zurück. Auf einer alten Ansicht des Stiftes basiert das neue Farbkonzept mit gelben Flächen, weißen Gliederungen und einzelnen silbergrau hervorgehobenen Akzenten. Paul Trogers virtuoses Deckenfresko »Die wunderbare Brotvermehrung« von 1738 ist das zentrale Ereignis des festlichen, lichten Marmorsaales.

Gäste werden sich gerne und viel im »Meierhof« des Stiftes aufhalten, einem in sich geschlossenen Gebäude mit schönem Innenhof, das neben den Gästezimmern im behaglich bäuerlichen Gutshofstil auch das Atelier beherbergt, in dem die Kunstkurse der »Geras Akademie« stattfinden. Auch im Hotel »Kunst & Kultur«, dem früheren Getreidespeicher von 1670, stehen hübsche Gästezimmer zur Verfügung. Neben Themenführungen durch den Naturpark Geras werden in Geras zahlreiche Kurse zum Fasten, meditativen

Traditionsreiche Mauern: Stift Geras hat Bestand seit 1153.

Service

Angebot für Gäste
- Kräuterführungen
- Wanderexerzitien
- Meditatives Wandern
- Achtsamkeitsübungen
- Fastenkurse
- Gregorianische Choräle
- Mal-, Zeichen- und Kunstkurse der Akademie Geras
- Musik- und Fastenkurse im Kloster Pernegg
- Themenführungen durch den Naturpark Geras
- Klosterführungen
- Konzerte

Gottesdienste
So–Mo 7 Uhr Laudes, Sa 8 Uhr Laudes mit Eucharistie
Tgl. 12.15 Uhr Mittagshore
Fr–Mi 18 Uhr Vesper, Do 18 Uhr Vesper mit Eucharistie
Mo–Mi/Fr 19.30, im Winter 17 Uhr Eucharistie
So 19 Uhr Eucharistie
Tgl. 20 Uhr Komplet

Unterkunft
- Jakob Kern Gästehaus: EZ 42–47 € inkl. Frühstück, DZ 37–42 € pro Pers. inkl. Frühstück
- Pauschalpreise mit VP bei Kursbuchung
- Kunst & Kultur Seminarhotel Geras: EZ ab 85 €, DZ ab 94 €
- Mit Frühstücksbüfett
- Ermäßigungen für Kursteilnehmer der Akademie Geras

Fortsetzung s. nächste Seite

PRÄMONSTRATENSER-CHORHERRENSTIFT GERAS

 Service

Verpflegung
- Im Gästehaus
- Stiftscafé
- Naturparkstüberl im Naturpark Geras: Tel. +43 29 12/613 95
- Öffnungszeiten: Di–So 9–18 Uhr

Einkaufsmöglichkeit
- Klosterladen: Bücher, Karten, Bioprodukte und Devotionalien, Tees, Kerzen, Bilder
- Öffnungszeiten: Apr. Di–Sa 10–15, Mai–Okt. Di–So 10–17 Uhr

Reservierung
- Jakob Kern Gästehaus: Tel: +43 676/ 581 75 81, E-Mail: gaestehaus@stiftgeras.com, www.stiftgeras.com/gästehaus
- Kunst & Kultur Seminarhotel Geras: Tel. +43 29/123 00, E-Mail: rezeption@schuettkasten-geras.at, www.schuettkasten-geras.at

Wandern sowie Kräuterführungen und Exerzitien angeboten. Dozenten der »Geras Akademie« veranstalten hochkarätige Zeichen-, Mal- und Kunstkurse, z. B. Acrylmalen, Porträt-Tuschezeichnen oder Land-Art-Installationen.

Im 10 km entfernten Kloster Pernegg werden belebende Gesundheitsseminare, Yoga und Ayurveda sowie Fastenkurse nach Buchinger und nach Kneipp abgehalten. In dem bekannten Waldviertler Fastenzentrum stehen 50 Zimmer, ein großer Saunabereich, verschiedene Meditations- und Aufenthaltsräume sowie ein Klostergarten Gästen zur Verfügung.

Schloss Ruegers

Eines der eindrucksvollsten Barockschlösser Österreichs, der ehemalige Repräsentationslandsitz des Oberst-Hofmeisters von Maria Theresia, Fürst Johann-Joseph Khevenhüller-Metsch, liegt zwischen Wien und Prag idyllisch an Teichen. Die Prunkräume mit Mobiliar aus dem 18. bis Mitte des 19. Jahrhunderts, die Herrschaftsküche sowie ein Hundefriedhof aus dem 19. Jahrhundert sind neben dem großen Schlossteich zu besichtigen.

Riegersburg 1, 2092 Riegersburg, Tel. +43 664/214 58 55, Mai, Juni, Sept., Okt. Sa/So 10–17, Juli, Aug. tgl. 10–18 Uhr, www.schlossruegers.at

Burg Hardegg

Burg Hardegg, im frühen 12. Jahrhundert bereits in Urkunden erwähnt, bildete auf einer Felsklippe über der Thaya eine starke Grenzfeste. 1187 werden die ersten Burgherren, die Grafen von Plain-Hardegg, genannt. Der äußere Umfang der Feste Hardegg misst 600 m und macht sie zur größten Burganlage Niederösterreichs. Die Schlosskapelle zeigt noch ein gotisches Fenster mit edlem Maßwerk. Anziehungspunkt für die Besucher sind das Maximilian von Mexiko-Museum und die prächtige Waffensammlung der Familie Pilati, die offene Burgküche, diverse Sonderausstellungen und der Ost-Turm.

Hardegg Stadt 38, 2082 Hardegg, Tel. +43 664/214 58 55, Apr., Okt. Sa/So 10–17, Mai, Juni, Sept. tgl. 10–17, Juli, Aug. tgl. 10–18 Uhr, www.burghardegg.at

Perlmutt Manufaktur

In dem traditionsreichen Familienbetrieb und der einzigen Perlmuttdrechslerei Österreichs wird eine alte Handwerkskunst gepflegt: Hier sieht man, wie aus Muscheln und Schneckenhäusern schimmernde Knöpfe und Schmuckstücke entstehen.

Felling 37, 2092 Felling, Tel. +43 29 16/203, Apr.–Okt., Dez. Mo–Fr 9–12, 13–17, Sa 9–13, Mai, Juni, Sept. Sa 9–16, März, Nov. Mo–Do 9–12, 13–16, Fr 9–12 Uhr, www.perlmutt.at

Zum Geraser Hausberg

Einen guten Überblick über Geras und die umliegenden Dörfer verschafft man sich vom Goggitschberg, dem knapp 500 m hohen Hausberg Geras. Ein 3,5 km langer Rundweg beginnt am Stift.

Tourist Info: Hauptstr. 16, 2093 Geras, Tel. +43 29 12/70 50, www.geras.at

Als Gast im Kloster

Geras bietet ein umfassendes Angebot an Fastenkursen und stillen Tagen im Kloster sowie einen großartigen Tier- und Naturpark. Abgerundet wird dieses Angebot durch die Kurse der Akademie Geras, sodass es schwer wird, sich zu entscheiden. Lösung: Einfach etwas länger bleiben!

Das Herz des Klosters ist der mittelalterliche Kreuzgang mit dem Brunnenhaus.

37 Zisterzienserstift Zwettl

Uralten Klöstern fehlt oft die Atmosphäre ihrer mittelalterlichen Gründung. Erneuernde und nötige Umbauten fielen meist in die Barockzeit. Besonders in Österreich, als nach der Schlacht am Kahlenberg (1683) die Bedrohung durch türkische Truppen ihr Ende fand. Ein regelrechter Bauboom setzte ein, der grandiose Barockanlagen hervorbrachte wie die Klöster Seitenstetten und Melk. Matthias Steinl (1644–1727), Jakob Prandtauer (1660–1726) und sein Neffe und Schüler Joseph Munggenast (1680–1741) taten damals in Niederösterreich als Baumeister ihr Bestes. Die Barockisierung des Stifts Zwettl begann Steinl, bevor Munggenast sie vollendete. Dennoch blieben hier etliche Details aus spätromanisch-frühgotischer Zeit erhalten, wie etwa das wunderbare Brunnenhaus. Und auch der Kreuzgang – seit jeher in Klöstern ein Ort der Besinnung, weder in Altarnähe, noch ganz im Freien: die Arkade als harmonischer Zwischenraum. Harmonisch wie das sich in eine Biegung des Kamp schmiegende Stift. Ein Fluss übrigens, der 153 km durchs Waldviertel zur Donau mäandert.

Stift Zwettl 1, 3910 Zwettl, Tel. +43 28 22/202 02 25, www.stift-zwettl.at

ZISTERZIENSERSTIFT ZWETTL

Das Kloster

Eine Klostermauer mit Rundzinnen aus dem 15. Jahrhundert umgibt das Zisterzienserstift, zu dem eine alte Steinbrücke über den Kamp den Besucher heute noch ebenso führt wie die Mönche, die einst das Kloster bauten. Seit Hadmar I. von Kuenring das Kloster 1138 im Waldviertel gründete, leben hier Mönche des Zisterzienserordens. Von 1159 an entstand die romanische Klosteranlage. Im Kern des Komplexes sind die Gebäude als Viereck angeordnet und um einen Innenhof mit Kreuzgang gruppiert. Zur Anlage gehört ein quadratischer Abteihof mit altem Springbrunnen und ein Klostergarten.

Einige bauliche Erneuerungen gehen auf das 18. Jahrhundert zurück, als etwa Sakristei und Schatzkammer im Osten des Chors von J. Munggenast barock gestaltet wurden. Große Teile der Gebäude blieben jedoch intakt und in ihrer mittelalterlichen Form erhalten, z.B. der Kreuzgang und der romanische Kapitelsaal aus dem 12. Jahrhundert mit Kreuzrippengewölbe.

Sehenswert ist das über dem Mühlbach schwebende romanische Necessarium, eine klösterliche Latrinenanlage mit Fließwasser, dem frühesten Beispiel zisterziensischer Wasserbaukunst in Mitteleuropa. Die gotische Stiftskirche aus dem 14. Jahrhundert ist mit reicher Barockeinrichtung im Inneren ausgestattet. An den Hochfenstern befinden sich noch zahlreiche gotische Glasmalereien von 1420.

Das Kloster diente früher als Armenhospital und als Musikschule, heute gibt es einen Zwettler Sängerknabenchor. Die Mönche führen vier Waldreviere, betreiben Landwirtschaft, Fischzucht und besitzen ein Weingut bei Langenlois. Die wertvollen Buchbestände in der Stiftsbibliothek mit Deckenfresken von Paul Troger reichen teilweise bis ins 11. Jahrhundert zurück. Die Bibliothek hat ein paar einzigartige Werke zu bieten, so z.B. die »Bärenhaut«, den »Liber fundatorum« aus dem 14. Jahrhundert oder die ca. 300 Jahre alte Hauschronik des Abtes Bernhard. 2003 lösten die im Stiftsarchiv gefundenen »Zwettler Fragmente« eine weitreichende Debatte darüber aus, ob es sich dabei um eine der ältesten Fassungen der Nibelungensage handelt. Mittlerweile ist geklärt, dass die Fragmente eine mitteldeutsche Fassung des Artusromans »Erec und Enide« beinhalten. Besichtigt werden können die Bibliothek und ihre Prunkstücke in Führungen oder Sonderausstellungen.

Am Abend können sich Gäste im Clubraum oder im Leseraum aufhalten. Verpflegt werden sie von der Stiftsküche mit schmackhafter und abwechslungsreicher Waldviertler Kost. In der Stiftstaverne gibt es regelmäßig Spezialitätenwochen mit Knödelgerichten oder Wild aus eigenen Revieren. Angeboten werden neben empfehlenswerten Führungen durch das Stift der Besuch der Internationalen Konzerttage, wechselnde Ausstellungen, Besinnungstage, Meditationstage, Fastenseminare, Lebensbegleitung sowie Erholungs- und Freizeitangebote.

❶ Renaissanceschloss Rosenburg

»Es steht ein Schloss in Österreich, das ist gar wohl gebaut, von Silber und von rotem Gold, mit Marmelstein gemauert …« Dieses bekannte Volkslied wurde im Dreißigjährigen Krieg auf die Rosenburg gedichtet. Die Burganlage zeigt den größten vollständig erhaltenen Turnierhof

Die Stiftskirche stellt ein Meisterstück der österreichischen Hochgotik dar.

ZISTERZIENSERSTIFT ZWETTL

Europas, in dem heute regelmäßig Konzerte und Theateraufführungen stattfinden. Bis ins 12. Jahrhundert geht die Geschichte der Wehrburg zurück, die sich seit 1681 im Besitz der Familie Hoyos befindet. Im 16. Jahrhundert wurde sie zum prächtigen Renaissanceschloss umgebaut. Sehenswert sind der Marmorsaal, die Bibliothek und die Schlosskapelle. Von der Aussichtsterrasse lassen Falkner in Gebrauchskostümen der Renaissancezeit Edelfalken und Adler fliegen (tgl. um 11 und 15 Uhr).

Rosenburg 1, 3573 Rosenburg, Tel. +43 29 82/29 11, Apr./Okt. Fr–So 9.30–17, Mai bis Sept. Mi–So 9–17 Uhr, www.rosenburg.at

❷ Klangburg Rappottenstein

Im 12. Jahrhundert auf einem gigantischen Granitfelsen gegründete Kuenringerfestung. Ein mittelalterliches Bild bieten Burgküche und Knappenhalle mit gotischem Kreuzrippengewölbe. Hoch über den Verliesen steht der Uhrturm aus dem 16. Jahrhundert. Zu ihm gelangt man durch den Rittergarten, der durch seine romantische und idyllische Lage zu den reizvollsten Plätzen der Burg zählt. Seit 1996 dient die »Klangburg« als Ort für Musik- und Literaturdarbietungen. Das Konzert der »Comedian Vocalists«, eine komödiantische Interpretation der Comedian Harmonists, sorgt für gute Laune und beschwingte Ohrwürmer.

Burg Rappottenstein 85, 3911 Rappottenstein, Tel. +43 28 28/82 50, Führungen Ostern bis Okt. 11–16 Uhr, www.burg-rappottenstein.at

❸ Kittenberger Erlebnisgärten

In der Anlage besonderer Themengärten finden sich faszinierende Ideen und viele Anregungen zur eigenen Gartengestaltung sowie ein verschlungener Pfad, der die einzelnen Gärten verbindet. Erkunden kann man auf mehr als 50 000 qm 40 Schaugärten, darunter den Garten des Regenbogens, einen Steppengarten oder den Gesundheitswassergarten. In den Kittenberger Erlebnisgärten befindet sich auch die wahrscheinlich größte Kräuterspirale der Welt – mit 40 m Durchmesser. An die Gärten angeschlossen sind ein Streichelzoo, ein Abenteuerspielplatz und das Gartencenter, das auf Wunsch den persönlichen Erlebnisgarten plant.

Laabergstr. 15, 3553 Schiltern, Tel. +43 27 34/822 80, Ende März–Okt. Mo–Sa 9–18, So 10–17 Uhr, www.kittenberger.at

---

 Service

Angebot für Gäste
- Exerzitien
- Zen-Meditation
- Massagekurs
- Ikonenmalen
- Eheseminare
- Einkehrwochenenden
- Yoga
- Gitarrenkurs
- Meditatives Malen
- Schreibwerkstatt

Unterkunft
- DZ 35,50 € pro Pers. mit Frühstück, DZ mit Dusche/WC 40,50 € pro Pers. mit Frühstück
- DZ 55,50 € pro Pers. inkl. VP, DZ mit Dusche/WC 60,50 € pro Pers. inkl. VP
- Zuschlag für Einzelzimmer: 8 € pro Nacht
- Zuschlag bei nur einer Übernachtung: 5 €

Verpflegung
- Stiftstaverne und Café: Waldviertler Küche, Spezialitäten aus der Region, Fisch- und Wildwochen, Kuchen, Mehlspeisen
- Öffnungszeiten: tgl. 10–16 Uhr, im Sommer bis 19 Uhr

Einkaufsmöglichkeit
- Klosterladen: Klosterprodukte aus eigener Herstellung wie Karpfen und Räucherfisch aus den Klosterteichen, Marmeladen, Weine, Tees, Gewürze und Kräuter, Andenken, Karten, Bücher, Weihrauch, Duftkissen
- Öffnungszeiten: Mai–Ende Okt. tgl. 9–17 Uhr

Reservierung
- Bildungshaus: Tel. +43 28 22/202 02 25, E-Mail: bildungshaus@stift-zwettl.at

---

Als Gast im Kloster

In Zwettl herrscht eine unverkrampfte Atmosphäre. Es wird Wert auf leibliches und ästhetisches Wohl gelegt. Also kein Fastenseminar während der Zwettler Knödelwochen mit original Waldviertler Erdäpfelnudeln erwarten!

Faszination ferner Osten: Im Kloster ist ein Raum als Chinesenzimmer gestaltet.

38 Benediktinerstift Altenburg

Ein Tabubruch? In einen wahren Farbenrausch aus warmen Erdtönen, leuchtendem Gelb und blau-grüner Landschaft bannte der Künstler eine exotische Welt in die Klosterhallen. Am sogenannten »Chinesenzimmer«, dem letzten von fünf das Untergeschoss des Mamortrakts einnehmenden Räumen, scheiden sich selbst gebildete Geister. Einen Sonderfall der europäischen Freskenmalerei, die viele Fragen aufwerfe, nennen Kunsthistoriker das bunte Treiben: Seltsame Gestalten schweben an der Decke, reiten auf Federvieh mit äußerst langen Hälsen. An der Wand fliegen bizarre Vögel gen Himmel, und Exoten mit fremdartigen Kopfbedeckungen haben dort ihr Reich. Seine heutige barocke Gestalt verdankt das anno 1144 gegründete Stift Abt Placidus Much, der es anno 1715 übernahm, als konfessionelle Kriege und Pestepidemien in nicht allzu ferner Vergangenheit lagen. Der kunstsinnige Abt verkaufte ein Kloster in Ungarn, investierte das Erbe adliger Mönche und sein Gehalt als niederösterreichischer Landtagsabgeordneter. Much verpflichtete nicht nur Baumeister Joseph Munggenast, sondern Künstlergrößen wie Paul Troger und Johann Jakob Zeiller. Unter ihren Händen entstanden großartige Deckenfresken, Wandmalereien und sie verhalfen der Kaiserstiege, Stiftskirche und Bibliothek zu ihrer heutigen Pracht. Erst in den letzten Jahren brachten archäologische Ausgrabungen, durchgeführt im Zuge von Restaurierungsarbeiten der gesamten Anlage, Teile eines mittelalterlichen Klosters darunter ans Licht. So können Gäste heutzutage die mehr als 850-jährige Geschichte des Stifts erleben, in seinen Gärten Ruhe finden und mit etwas Glück den Klängen der Altenburger Sängerknaben lauschen.

Abt Placidus Much Str. 1, 3591 Altenburg,
Tel. +43 29 82/34 51, www.stift-altenburg.at

BENEDIKTINERSTIFT ALTENBURG

Das Kloster

In Altenburg wurde von 1983 an ein spätmittelalterliches »Kloster unter dem Kloster« ausgegraben: Eine frühe Fußbodenheizung, der romanische Kreuzgang, das alte Refektorium, die romanische Kirchenapsis und Mönchszellen aus dem 12. Jahrhundert sind heute zu besichtigen. In spitzgewölbten Mauernischen wurden die Bücher damals im Scriptorium aufbewahrt. Die Gewölbe der Krypta sind mit Totentanzszenen aus dem 18. Jahrhundert verziert. Darüber, sozusagen im zweiten Stock, befindet sich das in hundertjähriger Arbeit entstandene »Barockjuwel des Waldviertels«, das nach dem Dreißigjährigen Krieg von Munggenast und Troger glanzvoll in Hellblau, Grün und Dunkelrot gestaltet wurde.

Ein Ausstellungsweg führt durch Schöpfungsgarten und Kreuzgang zur von Troger ikonographisch gestalteten Bibliothek, dessen prachtvoller Lesesaal als »begehbare Bibel« eingerichtet wurde. 10 000 Bände verschwinden dort in den Bücherkästen, die sich in Altäre verwandeln lassen. Am Eingang des »Schöpfungsgartens« symbolisiert ein Olivenbaum den Bezirk »Frieden«. Ein Durchgang führt zur »Chaoshecke« aus Baumstümpfen, Steinen und Metallteilen. Es folgt die »Versuchung« mit Granatapfelbaum, Naschobst und Stachelpflanzen. Der Bereich des Heiles (»Schalom«) befindet sich unter dem Nussbaum, wo das leise Glucksen des Quellsteines Ruhe und Harmonie vermittelt. Der größte Weinkeller des Weinviertels unter dem Wirtschaftstrakt des Stiftes wird zu Degustationen aufgesperrt. Unterhalb des Turms entspringt eine Quelle, die die Fässer des Grünen Veltliners und Zweigelts in den barocken Gewölben mit ausreichend Feuchtigkeit versorgt.

Gäste werden im Gästehaus des Klosters untergebracht. Angeboten werden Ikonenmalkurse, Fastenwochen und von Zeit zu Zeit auch Exerzitien. Seit mehr als 25 Jahren konzertiert das Internationale Kammermusik Festival Austria »Allegro Vivo« im August und September in der großen Bibliothek des Stiftes Altenburg. Diese ist auch Schauplatz des Festivals »Teatro Barocco«.

> ### Als Gast im Kloster
>
> Eines der vielen Highlights dieses »Two-in-one-Klosters« aus Alt und Neu ist der ökumenische »Garten der Religionen« im Stiftspark. Unbedingt das erst vor wenigen Jahrzehnten ausgegrabene alte Kloster mit Refektorium, Heizanlage und romanischer Apsis besichtigen.

Service

Angebot für Gäste
- Einzelexerzitien
- Fastenwochen
- Ikonenmalkurse
- Kloster auf Zeit

Gottesdienste

Mo/Di/Do/Fr/Sa 6, Mi 7 Uhr Vigil und Laudes, So 6.15 Uhr Laudes

Tgl. 12 Uhr Mittagshore

Do–Di 17.30 Uhr Vesper, 19 Uhr Komplet

Mi 18.30 Uhr Eucharistie mit Vesper

Juli, Aug. 18 Uhr Vesper und Komplet

Unterkunft
- EZ 49 €, DZ ab 43 € pro Pers. inkl. Frühstück
- Zuschlag bei nur einer Übernachtung: 4 €
- Auch HP und VP möglich

Verpflegung
- Im Kloster
- Stift-Restaurant: Waldviertler Biokarpfen, Klosterweine
- Öffnungszeiten: Apr.–Okt. tgl. 10–18 Uhr

Einkaufsmöglichkeit
- Klosterladen: Klosterprodukte, Bücher, CDs der Altenburger Sängerknaben
- Öffnungszeiten: Apr. tgl. 9.30–16, Mai–Ende Okt. tgl. 9.30–18, Nov. bis Mitte Dez. Do–So 9.30–16 Uhr

Reservierung
- Kloster auf Zeit: P. Clemens Hainzl, Tel. +43 29 82/34 51 48, E-Mail: p.clemens@stift-altenburg.at
- Gästehaus: Tel. +43 29 82/34 51 14, E-Mail: gaestehaus@stift-altenburg.at

Weinanbau stellt seit der Gründung des Klosters eine wichtige wirtschaftliche Grundlage dar.

39 Benediktinerstift Göttweig

Wer entlang der Donau durch die malerische Wachau reist, mag kaum glauben, dass es ein Stift und kein Schloss ist, was mit solch majestätischer Eleganz hoch über der Flusslandschaft thront. Der Eindruck verfestigt sich beim Betreten des Kaisertrakts: In barocker Pracht baut sich eines der gewaltigsten Treppenhäuser Europas auf, die dreigeschossige Kaiserstiege, gekrönt von Paul Trogers Deckenfresko Apotheose Kaiser Karls VI. – eine Art Himmelfahrt. Das riesige Fresko mit dem berühmten Blau malte der Künstler äußerst rasch und »ohne Gehülfen« von November 1738 bis Sommer 1739. Seltsam: Ein Jahr später erlag der Kaiser einer Pilzvergiftung. So gewähren die Stufen, über die auch Maria Theresia und Napoleon schritten, Eintritt zu den Fürsten- und Kaiserzimmern mit den bedeutenden Kunstsammlungen des Stifts. Nach all diesen Eindrücken lässt es sich in der Südostecke, im idyllischen Marillengarten, besonders schön sitzen.

3511 Stift Göttweig, Tel. +43 27 32/85 58 13 32, www.stiftgoettweig.at

BENEDIKTINERSTIFT GÖTTWEIG

Das Kloster

Das Stift liegt wenige Kilometer südlich von Krems am Rande der Wachau auf einer Anhöhe von 449 m. Das Kloster Göttweig, auch das »Österreichische Montecassino« genannt, wirkt mit seinen vier Ecktürmen wie eine märchenhafte Burg. Man erreicht das Benediktinerkloster über einen steilen Fußweg oder einfacher mit dem Auto. In jedem Fall hat man von den Aussichtsterrassen einen herrlichen Blick auf die Stadt Krems und die dahinter aufsteigenden Höhen und grünen Wiesen des Waldviertels.

1083 gründete der Passauer Bischof Altmann oben auf dem Göttweiger Berg das Augustiner-Chorherrenstift Göttweig. Benediktiner aus St. Blasien im Schwarzwald übernahmen das Kloster, das Anfang des 13. Jahrhunderts seine erste Blütezeit erlebte. Im 16. Jahrhundert führten schreckliche Schicksalsschläge in den Niedergang: erst die Reformation, dann Pest, Kriege und Brände. Wie viele österreichische Klöster erlebte auch Göttweig im Barock eine Glanzzeit, die noch heute an der prächtigen Architektur abzulesen ist.

Benediktinerstift Göttweig

Das heutige Stift Göttweig, erbaut im 18. Jahrhundert von Johann Lukas von Hildebrandt, ist eine der schönsten Klosteranlagen des Landes. Besucher betreten das Stift von der Nordseite und gelangen auf den großen Stiftsplatz mit der Brunnenpyramide. Die Ostseite des Platzes wird von der klassizistischen Fassade der Stiftskirche Mariä Himmelfahrt beherrscht. Eine Freitreppe führt zur Vorhalle. Zu den Sehenswürdigkeiten gehören die Kaiserstiege, eines der schönsten und größten barocken Treppenhäuser Europas ganz in Weiß mit Deckenfresken von Paul Troger, die Kaiserzimmer mit dem Napoleonzimmer, das nicht allgemein zugängliche Grafische Kabinett mit über 29 000 Grafiken und die Stiftsbibliothek, die aber nur zu Forschungszwecken nach Anmeldung besucht werden kann. Stift Göttweig wurde 2001 gemeinsam mit der Wachau, dem Stift Melk und der Altstadt von Krems als Ensemble in die prestigeträchtige Weltkulturerbeliste der Unesco aufgenommen.

Urlaubsgästen werden Spezialitäten aus der Klosterküche oder aus der Wachau im Stiftsrestaurant geboten. Abends genießt man einen Schoppen Wein aus den stiftseigenen Gütern auf den Terrassen mit überwältigendem Blick auf das Donautal. Von hier aus ist auch der eine oder andere Göttweiger Mammutbaum zu erkennen, der ausgewachsen etwa 40 m hoch wird – das dauert aber noch ein paar Jahrhunderte. Zum Schlafen zieht man sich dann in eines der stimmungsvoll beleuchteten Gewölbezimmer zurück und hört nur noch die Blätter im Wind.

Das Kloster bietet für religiös interessierte Gäste Schweige- und Einzelexerzitien, Fastenexerzitien mit Einzelbetreuung, Einkehrwochenenden, Tage der Stille und »Kloster auf Zeit«. Aber auch »Urlaub im Kloster« wird für Menschen angeboten, die Ruhe und Einkehr suchen, ohne an Kursprogrammen teilnehmen zu wollen. Weit über Niederösterreich hinaus be-

Die prächtige Kaiserstiege zeigt die Apotheose Kaiser Karls VI.

Als Gast im Kloster

Das Weltkulturerbekloster besticht sowohl durch seine bauliche Grandezza als auch durch die außerordentliche Gastfreundschaft und Geselligkeit, mit der Besucher empfangen werden. Exquisite Weine aus stiftseigenen Gütern.

kannt sind die Göttweiger Stiftskonzerte. Kammermusik- und Klavierabendkonzerte, die im Altmannsaal, aber auch in der Kaiserstiege stattfinden, und Orgelkonzerte mit Chorgesang in der Stiftskirche finden stets ein begeistertes Publikum.

❶ Österreichische Romantikstraße

Diese wunderschöne Strecke ist eine Perlenschnur von ganz besonderer Rarität: 25 historisch wie auch touristisch bedeutende Orte, zwischen Salzburg und Wien gelegen, sind einen Besuch in Etappen wert. Man erlebt Schlösser, Burgen, Klöster, Museen, Wildparks, Höhlen, Seen inmitten einer beeindruckenden Landschaft. Entlang der Route liegen u. a. St. Wolfgang, Bad Ischl mit der Kaiservilla, Hallstatt mit seinen archäologischen Ausgrabungen, Kremsmünster, die geschichtsträchtige Stadt Wels und noch viele weitere lohnende Stopps.

www.romantikstrasse.at

❷ Stadt

Krems zählt zu den ältesten Städten des Landes und wurde urkundlich erstmals im Jahre 995 erwähnt. Hier begegnet man der mehr als 1000-jährigen Geschichte auf Schritt und Tritt, auf malerischen Straßen und Plätzen, in alten Klöstern und Kirchen, altehrwürdigen Bürgerhäusern und Wehrbauten.

Tourist Info: Utzstr. 1, 3500 Krems, Tel. +43 27 32/826 76, www.krems.gv.at

ℹ Service

Angebot für Gäste
- Einzel- und Gruppenexerzitien
- Wanderexerzitien
- Schweigeexerzitien
- Einkehrwochenenden
- Spirituelle Impulse
- Bibelrunden
- Teilnahme am Chorgebet der Mönche
- Musikalische Besinnungstage
- Urlaub im Kloster »Mai–Okt.«

Unterkunft
- Exerzitienhaus: EZ 48 €, 45 € ab zwei Nächten
- DZ 81 €, 75 € ab zwei Nächten
- Appartement: ab 175 €
- Preise inkl. Frühstück

❸ Weltkulturerberegion Wachau

Was haben die Pyramiden von Gizeh, die Chinesische Mauer und die Wachau gemeinsam? Sie gehören zum exklusiven Klub der Unesco-Weltkulturerbestätten. Die Region ist seit Jahrtausenden besiedelt, davon zeugen bedeutende Funde wie die »Tanzende Venus vom Galgenberg« (um 32 000 v. Chr.) oder die »Venus von Willendorf« (ca. 20 000 v. Chr.). Heute ist die Wachau Höhepunkt einer Urlaubsreise an der Donau, ob bei einer Rad- oder Schiffstour oder bei einer Wanderung im Dunkelsteinerwald.

Tourist Info: Schlossgasse 3, 3620 Spitz, Tel. +43 2713/300 60 60, www.donau.com

Verpflegung
- Stiftsrestaurant: Spezialitäten der Wachau, stiftseigene Weine
- Öffnungszeiten: Mai–Mitte Sept. tgl. 10–19, Ende Sept.–Ende Dez. tgl. 10–18 Uhr

Einkaufsmöglichkeit
- Klosterladen: Produkte aus eigener Herstellung wie Weine, Liköre, Edelbrände, Bioprodukte, Marmelade, Bücher, CDs und Devotionalien
- Öffnungszeiten: Ende März–Ende Dez. tgl. 8–18 Uhr

Reservierung
- Exerzitienhaus: Tel.: +43 27 32/85 58 10, E-Mail: urlaub@stiftgoettweig.at

❹ Weingut & Restaurant Jamek

Eingebettet in die romantische Kulisse der Wachau liegt direkt an der Donau der Wachau-Klassiker Jamek. Das weit über die Grenzen Österreich hinaus bekannte Weingut und Restaurant, umgeben von Weinbergen und Marillenbäumen, ist prädestiniert zum Verweilen und zum Verkosten der hauseigenen Weine. Die einzigartige Atmosphäre des Restaurants erlebt man in den stilvollen Räumen: im Frühjahr und Herbst auf der sonnigen Terrasse mit Donaublick und im Sommer im schattigen Garten.

Josef Jamek Str. 45, 3610 Joching, Tel. +43 27 15/223 50, Di–Do 11.30–16, Fr 11.30–23, Sa 11.30–16 Uhr, www.weingut-jamek.at

40 Stift Melk

»Dem Ende meines sündigen Lebens nahe, ergraut wie die Welt und in der Erwartung, mich bald zu verlieren im endlosen formlosen Abgrund der stillen wüsten Gottheit, teilhabend schon am immerwährenden Licht der himmlischen Klarheit, zurückgehalten nur noch von meinem schweren und siechen Körper in dieser Zelle meines geliebten Klosters zu Melk, hebe ich nunmehr an, diesem Pergament die denkwürdigen und entsetzlichen Ereignisse anzuvertrauen, deren Zeuge zu werden mir in meiner Jugend einst widerfuhr.« – Diesen schönen, langen Satz formuliert der Benediktiner Adson von Melk im Prolog seines Berichts über einen Vorfall anno 1327. Er steht in Umberto Ecos Roman »Der Name der Rose« und führt in jene Zeit, als die Päpste in Avignon residierten, Ludwig der Bayer deutscher Kaiser war und William von Occam einer seiner Berater. Damals wird Adson in Italien zum Adlatus eines gewissen William von Baskerville, ein Franziskaner in geheimer Mission, der den messerscharfen Verstand eines Sherlock Holmes besitzt. Fortan geht es um Mord und Totschlag und um die letzte Kopie eines brisanten antiken Buches. Da die Roman-Abtei im Apennin erfunden ist (und schließlich lichterloh niederbrennt), gibt es – außer vielleicht am Grab Umberto Ecos – keinen würdigeren Ort als Stift Melk, sich genüsslich der Lektüre hinzugeben. (Auch weil zur Zeit der Handlung das Kloster noch nicht die heutige Barockanlage war.) Denn, Hand aufs Herz: mag die Verfilmung die Atmosphäre einfangen, das Buch ist unendlich gewitzter und spannender, kurzum: tausendmal besser.

Abt-Berthold-Dietmayr-Str. 1, 3390 Melk,
Tel. +43 27 52/55 54 50, www.stiftmelk.at

Glanzvoll überragt das imposante Barockgebäude die Donau.

STIFT MELK

Stift Melk

Das Kloster

Wie ein gewaltiges Schiff thront der mächtige Bau des Barockklosters am rechten Ufer hoch über der Donau. Die Burg Melk war im 10. Jahrhundert die Residenz des Babenberger Markgrafen Leopold I. 1089 wandelte es Leopold II. in ein Benediktinerkloster um und siedelte dort Mönche aus Lambach an, die seither in Melk wirken.

Ein Vorgänger des heutigen Stiftsgymnasiums wurde bereits im 12. Jahrhundert gegründet; in der Bibliothek entstanden wertvolle, bis heute archivierte Handschriften. Von Melk aus formierte sich im 15. Jahrhundert eine der wichtigsten Klosterreformen des Mittelalters. Nach mehreren Bränden errichtete Jakob Prandtauer Anfang des 18. Jahrhunderts den großartigen Barockbau, ein Zeichen der kulturellen und ökonomischen Blütezeit des Klosters Melk.

Während des Zweiten Weltkriegs waren Patres durch Verhaftungen bedroht, die Konventsgebäude sollten beschlagnahmt werden, doch Melk überstand den Nationalsozialismus unbeschadet.

Betritt man das Stift von Osten, befindet man sich in einem Klostervorhof, in dem die Figuren der Patrone des Stifts, Peter und Paul, das Prälatenhofportal flankieren. Von hier aus gelangt man in das Museum mit Gemäldegalerie, das sich im Kaisergang befindet. Der lichterfüllte, majestätische Bibliothekssaal beherbergt 100 000 Bände sowie 2000 Handschriften und Inkunabeln. Durch seine hohen Fenster blickt man auf den Kolomanihof. Eine Altane mit großartigem Blick auf das Donautal verbindet die Bibliothek mit dem Marmorsaal. In der Stiftskirche St. Peter und Paul sind Deckenfresken von J. M. Rottmayr und Altarbilder u. a. von Paul Troger zu sehen. Den nördlichen Teil der Konventsanlage nehmen Wohngebäude

Hort des Wissens: die Stiftsbibliothek mit dem Deckenfresko Paul Trogers.

und das Internatsgymnasium ein. In der ehemaligen Orangerie entstand 1980 ein Stiftsrestaurant mit Kreuzgewölbekeller und Gartenterrasse. Dort können Weine aus dem stiftseigenen Gut verkostet werden. Während der Rosenblüte ist der Nachmittagskaffee im Gartenpavillon des Stiftparks ein besonderer Genuss. Hier werden auch hörenswerte Sommerkonzerte veranstaltet. Musiker von internationalem Rang finden sich in Melk zu den »Internationalen Barocktagen« ein. Darüber hinaus ist das Kloster Schauplatz verschiedener Ausstellungen und Lesungen.

Stift Melk ist kein Gästekloster im eigentlichen Sinn. Aufenthalte sind daher mit dem Gästepater Felix im Einzelnen zu vereinbaren.

❶ Renaissanceschloss Schallaburg

5 km von Melk entfernt liegt eines der schönsten Renaissanceschlösser nördlich der Alpen. Der aus dem 16. Jahrhundert stammende terrakottengeschmückte Arkadengang, die romanische Wohnburg, die gotische Kapelle und die manieristische Gartenanlage bieten dem Besucher einen unvergesslichen Eindruck. Das aus 1600 Einzelstücken zusammengesetzte Terrakottamosaik zeigt eine lebendige Bühne von Fabelwesen, mythologischen Figuren, Göttern, Masken und arabesken Fratzen. Besonderes Interesse rufen die jährlich wechselnden kulturgeschichtlichen und archäologischen Ausstellungen hervor. In den letzten 30 Jahren entwickelte sich die Schallaburg zu einem international anerkannten Ausstellungszentrum.

STIFT MELK

Thematisch beschäftigen sich die Ausstellungen häufig mit Gegenständen der europäischen Geschichte und alten Hochkulturen, sodass die Schallaburg heute eine Begegnungsstätte für verschiedene Kulturen darstellt.

Schallaburg 1, 3382 Schallaburg, Tel. +43 27 54/631 70, Mitte März bis Anf. Nov. Mo–Fr 9–17, Sa/So 9–18 Uhr, www.schallaburg.at

2 Landtechnikmuseum im Schloss Leiben

Nördlich von Melk im südlichen Waldviertel liegt das 800 Jahre alte Schloss Leiben, das hauptsächlich wegen seiner bedeutenden Kassettendecken aus dem 17. Jahrhundert berühmt ist. Sie schmücken mit ihren mythologischen und allegorischen Darstellungen z. B. aus Ovids Metamorphosen oder mit Szenen der Figuren Flora, Bacchus, Neptun und Ceres den Bet- und den Rittersaal. Der Schlosskomplex, dessen wehrhaftes Gesamtbild von Türmen, Schießscharten und Torbögen bestimmt wird, stammt überwiegend aus der Zeit von 1617 bis 1659. Zu sehen ist hier die Spezialsammlung des Traktorensammlers Martin Trausnitz. Das Museum präsentiert historische landwirtschaftliche Maschinen von 1910 bis 1941 mit Zubehör und Fahrzeugteilen sowie eine Dokumentation über die Entwicklung der Zugmaschinen von Holzgastraktoren über Dampfmaschinen bis zu den Verbrennungsmotoren.

Schlossstr. 4, 3652 Leiben, Tel. +43 27 52/ 700 42, Ostern–Okt. So 10–17 Uhr, www.schloss-leiben.at

3 St. Pölten – Panoramaweg Kremserberg

Einen wahrhaft unvergesslichen Sonnenuntergang über St. Pölten können Spaziergänger erleben, die auf dem Panoramaweg Kremserberg (ca. 5,1 km Länge) auf der westlichen Hochterrasse im Norden der Stadt wandeln.

Tourist Info: Rathauspl. 1, 3100 St. Pölten, Tel. +43 27 42/35 33 54, www.st-poelten.gv.at

4 Fahrradmuseum Ybbs

Im »Alten Pfarrhof« in Ybbs verbringen an die 70 Drahtesel-»Veteranen« ihren Lebensabend. Die Sammlung umspannt Fahrradgeschichte aus zwei Jahrhunderten. Zu sehen sind Kinderhochräder, Niederräder aus der Jahrhundertwende sowie Volks-, Renn- und Luxusräder aus der Vorkriegszeit bis ca. 1970.

Herrengasse 12, 3370 Ybbs, Tel +43 74 12/ 526 12, Mai–Sept. Mo–Sa 10–13, 14–17 Uhr

> ### Als Gast im Kloster
>
> Gartenfreunde müssen einfach die großzügig angelegten Wege des Parks beschreiten. Am besten kommt man während der Rosenblüte und außerhalb der touristischen Hauptsaison nach Melk.

 ## Service

Angebot für Gäste
- Exerzitien
- Klostereinkehr
- Stille Tage
- Klosterführungen
- Teilnahme an den Gebeten der Mönche in der Stiftskirche

Gottesdienste
Mo–Sa 6.30, So 7 Uhr Laudes
Mo–Sa 7, So 9.30 Konventamt
Tgl. 12 Uhr Mittagshore, 18 Uhr Vesper und Komplet

Unterkunft
- Einzelpersonen in Absprache mit Gastpater Felix, nur begrenzte Aufnahme von Gästen möglich
- Hotel zur Post (direkt am Fuß des Stifts): EZ ab 65 €, DZ ab 84 €

Verpflegung
- Stiftsrestaurant Melk in der ehemaligen Orangerie und Café im Gartenpavillon
  Spezialität: Kolomanitorte mit Holundermarmelade
- Öffnungszeiten: Ende März–Okt. tgl. 9–17, Nov., Dez. tgl. 10–15.30 Uhr

Einkaufsmöglichkeit
- Klosterladen: Bücher, CDs, Weine und Liköre, Geschenke
- Öffnungszeiten: tgl. 9–17 Uhr

Reservierung
- Stift Melk: Gastpater Felix Fütterer, Tel. +43 27 52/55 54 50, E-Mail: gastpater@stiftmelk.at
- Hotel zur Post: Linzerstr. 1, 3390 Melk, Tel. +43 27 52/523 45, www.post-melk.at

Mitten in Wien und doch ein
Ort der Einkehr und Ruhe.

41 Schottenstift Wien – Benediktinerabtei Unserer Lieben Frau zu den Schotten

Ein klösterlicher Ruhepol im quirligen Herzen von Wien ist das Schottenstift. Neben der pastoralen Arbeit unterhält das älteste Kloster Wiens ein Museum und ein Gymnasium. Der Name des Stifts geht auf iro-schottische Mönche zurück, die Herzog Heinrich II. im 12. Jahrhundert nach Wien holte und die fortan Kloster und Stadtbild prägten. Doch warum haben sich nicht Namen wie »Irenstift« oder »Irentor« durchgesetzt? Denn die Mönche, die nicht nur das Evangelium, sondern auch Bildung und damit die Idee der Schule über das Meer mitbrachten, stammten aus Irland. Die Lösung liegt im Lateinischen, wonach Irland scotia maior hieß, sodass sich im Volksmund die Bezeichnung »Schotten« durchsetzte. Auch wenn unter Kaiser Franz Joseph I. das Schottentor 1860 wich und einer Prachtstraße Platz machte, als Verkehrsknotenpunkt ist es noch heute ein Begriff – ebenso wie das traditionsreiche Gymnasium als wahres Erbe der iro-schottischen Mönche.

Freyung 6, 1010 Wien, Tel. +43 1/534 98,
www.schottenstift.at

SCHOTTENSTIFT WIEN

Benediktinerabtei Unserer Lieben Frau zu den Schotten

Das Kloster

Das Wiener Schottenstift auf der Freyung zählt zu den bedeutendsten Benediktinerklöstern Österreichs. Wie eine »Insel der Stille« liegt es mitten in der Großstadt. Hofburg, Burgtheater und Rathaus sind nur wenige Gehminuten entfernt, zum Stephansdom führt ein kurzer Spaziergang durch die Wiener Innenstadt. Herzog Heinrich II. machte Wien zur Residenzstadt des Babenbergerreiches. 1155 berief er iroschottische Mönche aus Regensburg nach Wien. In der neuen Gründung sollte ein Zentrum des Wiener Geistes- und Stadtlebens entstehen.

Im 17. und 18. Jahrhundert wurde das Kloster von Grund auf neu gestaltet. Josef Kornhäusel verwandelte den »Schottenhof« in ein klassizistisches Juwel. Dort kann man sich heute im Museum anhand von Gemälden, Möbeln, Tapisserien und liturgischen Gewändern über die Stiftsgeschichte informieren. Zu besichtigen ist auch der Hochaltar des »Wiener Schottenmeisters«, angefertigt von 1469 bis 1480, ein Hauptwerk spätgotischer Malerei in Österreich. Auf ihm ist die erste topografisch korrekte Ansicht der Stadt Wien zu sehen.

Die Pension »Benediktushaus« bietet Einzelnen und kleinen Gruppen Unterkunft. Die Gäste sind zu den Gottesdiensten eingeladen, es steht ihnen aber auch eine eigene Kapelle zur Verfügung. Junge Menschen, die für einige Zeit im Rhythmus des Klosters mitleben möchten, wohnen in der »Oase«, einem speziellen Gästetrakt. In der Schottenkirche finden regelmäßig Orgelkonzerte statt.

MuseumsQuartier Wien

In den einstigen Hofstallungen verbindet sich Barock mit Moderne. Untergebracht sind einige der bedeutendsten Kunstsammlungen Österreichs: das Leopold-Museum und MUMOK mit seiner brillanten Sammlung internationaler und österreichischer Kunst des 20. Jahrhunderts.

MUMOK: Museumspl. 1, 1070 Wien, Tel. +43 1/52 50 00, Mo 14–19, Di/Mi/Fr–So 10–19, Do 10–21 Uhr, www.mumok.at, www.mqw.at

Als Gast im Kloster

Mitten in Wien ist das Schottenstift ein optisches Erlebnis und bietet die Möglichkeit, eine Auszeit zu nehmen, ohne weit weg von den »Vorzügen« Wiens, den Museen, der Hofburg und dem Burgtheater zu sein.

Service

Angebot für Gäste
- Mitleben in der Gemeinschaft
- Teilnahme an den Gottesdiensten
- Museum im Schottenstift
- Orgelkonzerte
- Stiftsführungen

Gottesdienste
Mo–Sa 6 Uhr Vigil
Mo–Sa 6.40, So 7 Uhr Laudes
So 9.30 Konventamt
So 11, 19 Uhr Eucharistie
Tgl. 12 Uhr Mittagshore
Mo–Fr 18 Vesper und Konventamt,
So 18 Uhr Choralvesper
So–Fr 20 Uhr Komplet

Unterkunft
- Kloster auf Zeit: in der »Oase« im Klostergebäude: auf Anfrage
- Benediktushaus: EZ ab 79 € inkl. Frühstück, DZ ab 103 € inkl. Frühstück
- Zimmer mit Dusche/WC

Verpflegung
- Frühstücksbüfett im Benediktus-Haus

Einkaufsmöglichkeit
- Klosterladen: Brände, Kräuterliköre, Wein, Bier, Obst, Wurst, Käse, Mohnöl, Schmalz, Marmelade, Honig, Kosmetika, Devotionalien, Kinderspielzeug, Kerzen, Kunstkarten, Souvenirs, CDs und Bücher
- Öffnungszeiten: Mo–Fr 10–18, Sa 10–17 Uhr Juli, Aug. Mo geschl.

Reservierung
- Oase: E-Mail: Tel.: +43 1/534 98, gastmeister@schottenstift.at
- Benediktushaus: Tel +43 1/53 49 89 00, E-Mail: benediktushaus@schottenstift.at

42 Stift Heiligenkreuz

Mönche als Popstars: passt das zusammen? Mit dieser Frage sah sich 2008 die Choralschola der Zisterzienser des traditionsreichen, im 12. Jahrhundert gegründeten Klosters konfrontiert. Ihre Popularität begann mit einer Videoaufnahme Gregorianischer Gesänge, die Mönche des Stifts bei YouTube ins Netz stellten. Bald klopfte die Plattenfirma Universal Music an die Klosterpforte im Wienerwald, nahm das Stift unter Vertrag und mit den Mönchen eine CD auf. Die wurde ein Riesenhit: Mit uralten lateinischen Chorälen stürmten The Cistercian Monks of Stift Heiligenkreuz europaweit die Charts, erreichten Gold- und Platinstatus. 2015 erschien bereits die fünfte CD. Indes ist den Mönchen der profane Erfolg nicht zu Kopf gestiegen. Der Klosteralltag läuft weiter wie gewohnt, beginnt um 5.15 Uhr mit den Vigilien und gestaltet sich im Rhythmus von Gebet und Arbeit. Auch Besucher sind im Stift willkommen und wählen die Art ihres Aufenthalts selbst. Als Gast im Kloster wohnen Frauen und Männer im Gästetrakt, sie können bei der Arbeit helfen, an den Chorgebeten teilnehmen – und den stimmungsvollen gregorianischen Gesängen lauschen.

Heiligenkreuz 1, 2532 Heiligenkreuz, Tel. +43 22 58/87 03, www.stift-heiligenkreuz.org

Der Kapitelsaal diente auch als Grabstätte der Babenberger, fürstliche Förderer des Klosters.

STIFT HEILIGENKREUZ

Das Kloster

Das zweitälteste Zisterzienserkloster der Welt wurde 1133 im Wienerwald vom heiligen Leopold III. aus der Familie der Babenberger gegründet und besteht seither ohne Unterbrechung. Die mittelalterliche Klosteranlage mit Brunnenanlage und Kreuzgang ist noch erhalten. Die Zisterzienser pflegen die Liturgie und den gregorianischen Choral, führen eine philosophisch-theologische Hochschule und betreuen 17 Pfarreien.

Im barocken Hornturm des Stiftes befindet sich mit 43 Glocken das zweitgrößte Glockenspiel Österreichs und das einzige, das mittels Stockklaviatur wie ein Musikinstrument zu Konzertzwecken bespielt werden kann. Das über 880 Jahre alte Stift Heiligenkreuz ist im deutschen Sprachraum einzigartig, da die Zisterziensermönche die Liturgie vollständig in lateinischer Sprache feiern. Täglich wird eine neunköpfige Schola von den Kantoren des Klosters in dieser uralten Gesangsform aus Einstimmigkeit, archaischer Melodik und freier Rhythmik geschult.

Schon 1190 entstand am Standort des heutigen Heiligenkreuzer Klostergasthofes ein Hospital mit einigen Zimmern, das 1649 als Taverne entsprechend dem Grundriss des heutigen Klostergasthofs umgebaut wurde. Im hübschen Wintergarten kann man mit Blick auf die alten Linden den Zweigelt oder Riesling des Klosterweinguts Thallern probieren, das seit mehr als 870 Jahren von den Zisterziensern bewirtschaftet wird. Im Weingut finden neben Degustationen auch Führungen und Weinseminare statt. In der Klosterbrennerei werden Früchte zu hochwertigen Quitten-, Schlehdorn- und Vogelbeerbränden verarbeitet. Im Gästetrakt des Stifts können bis zu 30 Gäste beherbergt werden, in den drei Jugendräumen gibt es zusätzliche Stockbetten.

Einzelgäste, die einige ruhige Tage in klösterlicher Atmosphäre im reizvollen Wienerwald, nur 15 km westlich von Wien, genießen wollen, sind in Heiligenkreuz willkommen. Ferner werden Exerzitienkurse, Jugendvigilien und »Ora et labora«-Aufenthalte angeboten, bei denen Gäste im Garten oder im Haus mitarbeiten. Junge Männer können beim »Kloster auf Zeit« gegen Mitarbeit eine Woche

Stift Heiligenkreuz

Als Gast im Kloster

Für Liebhaber gregorianischer Choräle ist Stift Heiligenkreuz ein wahrhaftes Eldorado, doch auch das Glockenspiel ist ein beeindruckendes Musikspektakel. Frühzeitig einen Platz im Garten des Klostergasthofs sichern und Heiligenkreuzer Burgunder bestellen!

Service

Angebot für Gäste
- Tage der Stille
- Kloster auf Zeit
- Exerzitienkurse
- Erholung vom Stress
- Ora et labora
- Neuordnung des Lebens
- Klosterführungen
- Teilnahme am Chorgebet
- Konzerte

Unterkunft
- Gästetrakt des Stifts
- Freigut Thallern: Thallern 1, 2352 Gumpoldskirchen, Tel. +43 22 36/534 77, www.freigut-thallern.at
- EZ ab 93 €, DZ ab 146 € inkl. Frühstück

Verpflegung
- Klostergasthof: österreichische Spezialitäten, Wild
- Öffnungszeiten: tgl. 9–22 Uhr

Einkaufsmöglichkeit
- Klostergasthof: klostereigene Weine, Edelbrände, Klosterbitter, Waldviertler Whisky, Bier vom Stift Schlägl, Nussschnaps aus Thallern
- Klosterladen: CD »Heiligenkreuzer Choral« mit liturgischen Gesängen der Heiligenkreuzer Mönche, Wein aus dem Klosterweingut, Souvenirs, Klosterbrände, Ansichtskarten
- Öffnungszeiten: tgl. 9–17 Uhr

Reservierung
- Gastmeister des Stiftes Heiligenkreuz: Frater Thomas Maria Margreiter, Tel. +43 22 58/870 31 01, E-Mail: gastmeister@stift-heiligenkreuz.at

STIFT HEILIGENKREUZ

kostenlos mit den Mönchen verbringen. Auf dem »Heiligenkreuzer Klostermarkt« bieten im äußeren Stiftshof 40 Klöster aus Österreich und den Nachbarländern ihre Klosterweine, exklusive Spezialitäten und Bioprodukte an.

❶ Naturpark Sparbach

Der älteste Naturpark Österreichs lädt zu Entspannung und Erholung ein. Am besten erwandert man sich die Vielfalt dieser in der Biedermeierzeit gestalteten Wienerwaldlandschaft: Es geht vorbei am Lenauteich mit Mühle, Schaugehegen, einem Kinderspielplatz, romantischen Ruinen aus dem 12. Jahrhundert und dem Dianatempel. Im Naturpark genießt man die Fernsicht bis hin zum Schneeberg- und Raxgebiet und kann freilaufende Wildschweine samt Frischlinge beobachten oder einfach auf den bequemen Baumliegen entspannen.

Sparbach 6, 2393 Sparbach, Tel. +43 22 37/762, Apr.–Okt. tgl. 9–18 Uhr, www.naturpark-sparbach.at

❷ Seegrotte Hinterbrühl

Im 19. Jahrhundert wurde hier Gips abgebaut, doch damit war Schluss, als man bei Bergbauarbeiten 1912 einen unterirdischen Wassersack ansprengte und daraufhin gigantische Wassermassen – bis zu 20 Millionen Liter – die Gänge und Stollen fluteten. Es entstand ein riesiger See, der bald zum Publikumsmagneten des 1932 eröffneten Schaubergwerks wurde. Im Zweiten Weltkrieg besetzte dann die deutsche Wehrmacht das Gelände, ließ den See trockenlegen und richtete unter Tage eine geheime Flugzeugfabrik ein – die Heinkel HE162, einer der ersten Düsenflieger, wurde hier hergestellt. Heute erfährt man in einer Führung viel über die Geschichte des restaurierten Bergwerks, man besichtigt die Barbarakapelle, 1864 von den Bergleuten für ihre verunglückten Kameraden errichtet, sieht altes Werkzeug und ein Verlies aus den 1990er-Jahren, das als Filmkulisse für Szenen aus den drei Musketieren diente. Vorbei an Grubenlampen läuft man durch die grob behauenen Gänge, durch den großen Festsaal und eine Treppe hinab, bis man vor dem gewaltigen, 6200 qm großen Unterwassersee steht, dem größten Europas. Blau-grün schimmert er in der Beleuchtung; Highlight einer jeden Führung ist eine Bootsfahrt über das stille Wasser. Der See wird von sieben Quellen gespeist, besitzt aber keinen Abfluss, daher müssen täglich bis zu 50 000 l abgepumpt werden, um den Wasserstand zu halten.

Grutschgasse 2 a, 2371 Hinterbrühl, Tel. +43 22 36/263 64, Apr.–Okt. tgl. 9–17, Nov.–März Mo–Fr 9–15, Sa/So 9–15.30 Uhr, www.seegrotte.at

❸ Baden bei Wien

Die Biedermeierstadt, 12 km von Heiligenkreuz entfernt, ist eine beliebte Kurstadt in der Nähe von Wien. Bereits die Römer badeten in den schwefelhaltigen Quellen, in der Kaiserzeit kam regelmäßig die Ös-

Gesungenes Gebet: Damit der gregorianischen Choral seine Stimmgewalt und meditative Kraft entfalten kann, muss erst viel geübt werden.

terreicher Hautevolee zur Sommerfrische, darunter Kaiser Franz I. höchstpersönlich, der die Stadt kurzum zu seiner Sommerresidenz erklärte. Auch Ludwig van Beethoven war oft gesehener Gast: Er logierte im Haus eines Kupferschmieds in der Rathausgasse und soll hier große Teile seiner Neunten Symphonie verfasst haben. Heute befindet sich im Beethovenhaus ein Museum, das dem Komponisten und seinem Werk gewidmet ist. Die Stadt selber wartet mit einem gepflegten Kurpark sowie der Römertherme mit Schwefelheilwasser, Wellnessbereich und Sauna auf.

Tourist Info: Brusattipl. 3, 2500 Baden, Tel. +43 22 52/86 80 06 00, www.baden.at;
Beethovenhaus: Rathausgasse 10, 2500 Baden, Tel. +43 22 52/86 80 06 30, Di–So 10–18 Uhr, www.beethovenhaus-baden.at;
Römerquelle: Brusattipl. 4, 2500 Baden, Tel. +43 22 52/450 30, tgl. 10–22 Uhr, www.roemertherme.at

❹ Burg Liechtenstein

Die Burg am Rande des südlichen Wienerwaldes ist die Stammburg der Fürsten von Liechtenstein. Sie wurde im 12. Jahrhundert errichtet, über die Jahrhunderte verlor das Stammgeschlecht den Besitz an der Burg, bis die Familie sie im Jahr 1808 zurückkaufte und im Stil der Neoromanik wiederherstellen ließ. In der Schauburg sind heute alte Waffen, Mobiliar und Einrichtungsgegenstände ausgestellt; man kann die Ahnengalerie der Liechtensteiner besichtigen und die St. Pankratius-Kapelle, eine der ältesten Burgkapellen Österreichs. An einer Wand der schlichten

Thermalbaden mit Tradition: Die Ersten waren die Römer, die Baden bei Wien wegen seiner heißen Schwefelquellen aufsuchten, heute kann man in die Römertherme gehen.

Kapelle befindet sich eine Rötelzeichnung aus der Mitte des 13. Jahrhunderts mit einer Darstellung der Kreuzigung Jesu.

Am Hausberg 2, 2344 Maria Enzersdorf, Tel. +43 650/680 39 01, März–Juni, Sept., Okt. tgl. 10–16, Juli, Aug. 10–17, Nov. tägl. Führung zur vollen Std. 11–14, Dez. Sa/So Führung zur vollen Std. 12–14 Uhr, www.burgliechtenstein.eu

❺ Von Heiligenkreuz zum Karmel Mayerling

Rund 3 km vom Stift Heiligenkreuz entfernt liegt der Karmel Mayerling, das ehemalige Jagdschloss des Kronprinzen Rudolf. Hier wurde er am 30. Januar 1889 tot in seinem Schlafzimmer aufgefunden, neben ihm die 17-jährige Baronesse Mary Vetsera, seine Geliebte. Um die »Tragödie von Mayerling« kursierten verschiedene Theorien: Handelte es sich um Selbstmord oder Mord, da Rudolf am Hofe nicht akzeptierte politische Ansichten vertrat? Nach dem Tod seines Sohnes ließ der Kaiser Franz Joseph I. das Schloss in ein Karmelitenkloster umwandeln – an der Stelle der heutigen prächtigen Kapelle befand sich das Schlafzimmer mit den Toten. Ein Besuch des Karmel lässt sich gut mit einer Wanderung beginnend am Stift Heiligenkreuz verbinden. Man läuft entlang des gut markierten Wiener Wallfahrerwegs.

Mayerling 3, 2534 Alland, Tel. +43 22 58/22 75, Apr.–Okt. tgl. 9–17.30, Nov.–März Di/Fr 10–13, Sa/So 9–17 Uhr, www.karmel-mayerling.org

Immer leuchtend gelb, egal ob bei Sonnenschein oder Regenwetter – die Fassade des Klosters.

43 Benediktinerstift Seitenstetten

Satt leuchtet in der Abendsonne die Westfassade des Stifts. Der helle Ockerton hat es zu einem eigenen Namen gebracht: Seitenstetter Gelb. Es ist der farbliche Beitrag des Klosters zum Mostviertel: dieser abwechslungsreichen Landschaft, die so prächtig zwischen der Donau und den nördlichen Kalkalpen liegt. Und prächtig ist auch das Stift Seitenstetten selbst, das sich samt seinem Park in opulentester Barockgestalt zeigt. Über und über mit Malerei und Deckenfresken ausgestattet, erinnert es an ein palastartiges Museum. Der Reichtum an Architektur und Kunst verdankte sich den Einkünften aus dem Kupferbergwerk Radmer in der Steiermark, das eines der ergiebigsten in Europa war. Auch eine klostereigene Messinghütte, unweit in Reichraming an der Enns, war sehr einträglich. Beide Pfründe brachten genug ein, um Mitte des 18. Jahrhunderts den barocken Hofgarten anzulegen. Ein heute denkmalgeschütztes Prachtstück von einem Park. Am östlichen Horizont sieht man die Hügel jenseits der Donau. Näher am Stift liegt die beeindruckende Natur der oberösterreichischen Voralpen. Ideal zum Wandern ist etwa der Almkogel (1513 m), der weit blicken lässt. Er grenzt ans Reichraminger Hintergebirge: In diese waldreiche, nahezu unbewohnte Bergwildnis grub der Reichramingbach eine tiefe Schlucht. In Reichraming, wo einst die Seitenstetter Messinghütte stand, mündet der Bach in die Enns. Nicht minder eindrucksvoll sind die nahen Ybbstaler Voralpen. Mitten darin befindet sich das lauschige Lunz am See. Mit dem seltenen Qualitätssiegel »Bergsteigerdorf« versehen, steht es für nachhaltigen Tourismus.

Am Klosterberg 1, 3353 Seitenstetten, Tel. +43 74 77/423 00, www.stift-seitenstetten.at

BENEDIKTINERSTIFT SEITENSTETTEN

Das Kloster

In Anlehnung an die übliche Bauernhofform des niederösterreichischen Mostviertels wird Stift Seitenstetten auch »Vierkanter Gottes« genannt. Betritt man die Anlage durch das große Portal, blickt man im Zentrum der vier Höfe auf die frühgotische Pfeilerbasilika mit einer Ritterkapelle aus dem 12. Jahrhundert. Gegründet wurde das Stift 1112, das im Inneren mit bedeutenden Altomonte- und Troger-Fresken geschmückt ist. Um 1700 wurde es von Munggenast und Hayberger barockisiert. Den größten Teil des Konventgebäudes nimmt heute das Stiftsgymnasium ein.

Durch ein schmiedeeisernes Tor betritt man die barocke Gartenanlage mit Springbrunnen, Blumenwiesen, vielen Obstbäumen, Kräuter- und Gemüsegarten. Im märchenhaften Rosarium des historischen Hofgartens wachsen über 120 verschiedene Rosensorten.

Im Südflügel dieses prunkvollen Barockklosters befindet sich eine zweigeschossige Galeriebibliothek mit eindrucksvollen Deckenfresken von Paul Troger. Hier sind wertvolle Handschriften und Inkunabeln gesammelt. Die Stiftsgalerie beherbergt über 1000 Gemälde von der Spätgotik über den Barock bis zu moderner Malerei und Grafik.

Durch den rustikalen Holzboden wirken die Zimmer des Gästehauses Gennesaret anheimelnd. Für einen rundum entspannenden Klosteraufenthalt für Einzelgäste ist das Programm »Urlaub im Kloster« konzipiert. Eingebettet in den Tagesrhythmus der Mönche entdeckt man die Sehenswürdigkeiten des Stifts und seiner Umgebung und macht Ausflüge ins umliegende Mostviertel. Gäste sind zum Chorgebet der Benediktinermönche eingeladen. Das Bildungszentrum St. Benedikt bietet ein vielfältiges Kursprogramm.

Der barocke Garten des Stiftes ist eine wahre Oase der Ruhe und Erholung.

❶ Kulturstadt Haag

Die Stadt Haag ist als Kulturstadt mit vielen Einrichtungen, wie z. B. dem Haager Theaterkeller, dem Jugendblasorchester, der Stadtkapelle, zahlreichen ausgezeichneten Chören, vielen Musikgruppen und Künstlern, dem Niederösterreichischen Freilichtmuseum im Weißpark, dem Mostviertelmuseum, der Mostviertelhalle oder dem Haus der Musik weit über die Landesgrenzen hinaus bekannt. Seit 2000 wird der Haager Theatersommer veranstaltet, der bereits im ersten Jahr für Furore in der österreichischen Theaterszene sorgte. Im selben Jahr wurde im Stadtzentrum ein Arkadengang als Verbindung zwischen Wienerstraße und Sparkassenstraße in Richtung Hauptplatz geschaffen. Hier liegt nun die avantgardistische »Kunstmeile« mit Kunstwerken Haager Künstlerinnen und Künstler.

Tourist Info: Hauptpl. 4, 3350 Haag,
Tel. +43 74 34/424 23, www.stadthaag.at

❷ Niederösterreichische Safari

Um exotische Tiere zu erleben, braucht man Österreich nicht zu verlassen: Auf dem Rücken eines Isländers kann man im flotten Tölt durch das Gelände des Pferdehofs Weistrach streifen oder die erste Lama-Ranch Österreichs in St. Leonhard besuchen. Im Zoo Haag/Schloss Salaberg steht man Aug in Aug Straußen, Emus und Krokodilen gegenüber.

Zoo: Salaberg 34, 3350 Haag, Tel. +43 74 34/454 08, April–Sept. tgl. 8.30–17.30.

BENEDIKTINERSTIFT SEITENSTETTEN

Okt., Feb., März 9–16, Nov.–Jan. 9–15 Uhr, www.tierparkstadthaag.at;
Islandpferdehof Gut Pöllndorf: Voralpenstr. 2, 3351 Weistrach, Tel. +43 74 77/436 14, www.poelIndorf.at;
Lamaranch St. Leonhard: Listberg 4, 3281 Oberndorf, Tel. +43 650/870 65 97, www.lamawanderland.at

❸ Seppelbauers Mostothek

Ebenso wie das Stift Seitenstetten liegt Seppelbauers urige Mostothek in Amstetten am Moststraßenradweg. Bis zu 15 verschiedene reinsortige Moste jeden Jahrganges können während einer Mostdegustation verkostet werden. Interessierte erfahren bei einer Führung durch den Betrieb mehr über den Herstellungsprozess. Im Verkaufsraum kann man neben Säften und Likören auch Dörrobst und Speiseöle erstehen. Nach der Degustation das Fahrrad schieben!

Pittersberg 12, 3300 Amstetten, Tel. +43 74 72/646 60, Mo–Fr 8–12, 13–18, Sa 8–12 Uhr, www.seppelbauer.at

Als Gast im Kloster

Seitenstetten ist ein Urlaubskloster mit hohem Wohlfühl- und Kulturfaktor: Die kultivierte Lebensart beginnt hinter den Mauern mit Theatersaal, Konzerten, Empfängen und der Stiftsgalerie. Versäumen sollte man nicht die Rosenblüte im historischen Hofgarten – eine Augenweide!

Service

Angebot für Gäste
- »Urlaub im Kloster«
- Tage der Stille mit geistlicher Begleitung
- Exerzitien
- Pilgern für einen Tag
- Seitenstettener Gartentage
- Seminare und Kurse im Bildungszentrum St. Benedikt zu verschiedenen Themen

Gottesdienste
Mo–Fr 6, Sa 7, So 6.30 Uhr Laudes
Mo–Fr 6.25, Sa 7.30, So 7 Uhr Konventamt
Tgl. 12 Uhr Mittagshore, 17 Uhr Vesper, 18.45 Uhr Vigil und Komplet

Unterkunft
- Urlaub im Kloster: EZ 32,50 €, DZ 29,50 € pro Pers. inkl. Frühstück
- Zuschlag bei nur zwei Übernachtungen: 5 € pro Nacht
- Mittag (3-Gänge-Menü): 11,50 €
- Abendessen: 7,50 €
- Bildungszentrum St. Benedikt: EZ 31,50 €, DZ 26,30 € pro Pers. inkl. Frühstück
- EZ 51,50 €, DZ 46,50 € pro Pers. inkl. VP
- Zuschlag bei nur zwei Übernachtungen: 5 € pro Nacht
- Haus Gennesaret: Übernachtung 29,50 € inkl. Frühstück (Mittagessen 11,50 €, Abendessen 7,50 €)
- Zuschlag bei nur einer Übernachtung: 5 €

Verpflegung
- Stiftsmeierhof: Landgasthaus
- Öffnungszeiten: Mi–Sa 10–22, So 9–22 Uhr

Einkaufsmöglichkeit
- Klosterladen: Tee, Bücher und Souvenirs aus der Region, Spezialitäten aus dem Klostergarten, Edelbrände und Liköre, Geschenkartikel
- Öffnungszeiten: Apr.–Okt. tgl. 9–12, 13–17 Uhr, Nov.–März auf Anfrage

Reservierung
- Gastmeister Fr. Andreas Tüchler, Tel. +43 74 77/42 30 00, E-Mail: andreas@stift-seitenstetten.at
- Bildungszentrum: Tel. +43 74 77/42 88 50, E-Mail: bildungszentrum@st-benedikt.at, www.st-benedikt.at
- Haus Gennesaret: P. Laurentius Resch, Tel. +43 676/826 63 54 00, E-Mail: laurentius@stift-seitenstetten.at

❹ Mostviertler Bauernmuseum

»Diese Häuser hat der Most gebaut«, sagt ein alter Spruch über die prächtigen Vierkanthöfe des Mostviertels. Im 19. Jahrhundert hat das florierende Geschäft mit dem Apfel- und Birnenmost die Mostviertler Bauern reich gemacht. Viele Gegenstände im Museum erzählen von alten Zeiten, wie etwa die Mostkrüge oder die alte Greißlerei (Gemischtwarenhandlung). Im »lebendigen Vierkanthof« des Mostviertels treten Besucher in eine längst vergangene Welt aus traditionellem Handwerk, Glaube und Aberglaube. Es besteht die Möglichkeit zur Verkostung von Mostviertler Obstprodukten oder einer zünftigen Jause im eigenen Mostheurigen.

Gigerreith 39, 3300 Amstetten, Tel. +43 74 79/733 41, Führung nach Vereinbarung, www.distelberger.at

Barockfresken und üppige Stuckatur-Ranken prägen den Schlierbacher Kreuzgang.

44 Stift Schlierbach

Normalerweise wachsen und reifen die Mönche in klösterlichen Gemeinschaften im Rhythmus von Arbeit und Gebet. Doch hinter den Mauern des Zisterzienserstifts reift noch etwas anders: Dort werden unter dem Motto „Qualität ist uns heilig" seit Jahrzehnten Käsespezialitäten erzeugt. Ein Bruder brachte Anfang der 1920er-Jahre das Wissen um die Käseherstellung mit nach Schlierbach und gründete den Käsereibetrieb. 1995 folgte dann die erste Schaukäserei Österreichs und mittlerweile produziert der Biobetrieb mehr als 20 Käsesorten als größte Klosterkäserei Europas. Also alles Käse in Schlierbach? Weit gefehlt. Neben der Pfarrseelsorge führt das Stift ein Gymnasium, eine Glasmalerei, einen Forstbetrieb und betreibt Kunst- und Kulturpflege. Als barockes Kleinod präsentiert sich die ab 1680 renovierte Stiftskirche. Aufs Feinste mit Fresken bemalt und nahezu überbordender Stuckdekoration, ist sie ein Meisterwerk der italienischen Künstlerfamilie Carlone und anderer, teils heimischer Handwerker, die so im 17. Jahrhundert ein barockes Gesamtkunstwerk schufen.

Klosterstr. 1, 4553 Schlierbach, Tel. +43 75 82/83 01 30, www.stift-schlierbach.at

STIFT SCHLIERBACH

Das Kloster

Durch eine moderne Glas-Stahlkonstruktion betreten Besucher den Empfangsbereich des alten Zisterzienserstifts, das 1355 südlich von Linz als Frauenkloster gegründet und 1620 von Mönchen neu besiedelt wurde. Hier erinnert noch nichts an die barocken Arbeiten der italienischen Künstlerfamilie Carlone im 17. Jahrhundert, die als Baumeister, Stuckateure und Freskomaler maßgeblich für das heutige Aussehen der Gebäude verantwortlich ist. Reiches Goldrankenwerk, üppige Stuckaturen und Bleifenster schmücken die pompöse Klosterkirche. Im Kreuzgang finden sich Darstellungen bedeutender Maria-Gnadenbilder bekannter Wallfahrtsorte und, in einer Nische verborgen, eine gotische Madonna aus dem 14. Jahrhundert. Barocke Juwele sind auch die Bibliothek und der Bernardisaal.

Religiösen Angeboten ebenso wie der Förderung der Kreativität und allem, was der Gesundheit dient, widmet sich das klösterliche Bildungszentrum. Geboten wird ein reichhaltiges Kursprogramm, das alphabetisch von der Acrylmalerei bis zum »Zwirnknöpfe nähen« reicht. Die Gästezimmer und Seminarräume des Bildungszentrums befinden sich im ehemaligen Meierhof des Stiftes.

Seit 1884 betreibt das Stift eine kunsthandwerkliche Glasmal-Werkstatt, die heute als moderne Manufaktur weltberühmt ist. Scheibe für Scheibe wird mundgeblasenes Glas geschnitten und zu Mosaiken zusammengefügt, bis ein buntes Kirchenfenster oder ein Lampenschirm entstanden ist. Beispiele sind ausgestellt.

In der Schaukäserei können Gäste bei der Käseherstellung zusehen und das eine oder andere Stück Bio-Almseer oder Limburger probieren. Die Stiftskäserei wurde im Jahr 1924 von Bruder Leonhard Kitzler gegründet, der die barocken Kellergewölbe als idealen Reifungsort erkannte. Das besondere Schlierbacher Schmankerl ist der »Rote Mönch mit Birne«, eine würzige, mit edelstem Birnenbrand verfeinerte Käsespezialität.

Glaswaren und Käse aus eigener Produktion gibt es natürlich im Klosterladen. Darüber hinaus bietet das »Genusszentrum« auch vielfältige weitere Köstlichkeiten aus der Region zum Kauf und Verzehr.

Als Gast im Kloster

Schlierbach ist in jeder Hinsicht opulent: Barockkirche, Klosterkäse, Seminarangebot und Farbenpracht der Glasgemälde versprechen einen Schlemmer-Aufenthalt für alle Sinne. Wanderschuhe für alpine Verdauungsspaziergänge nicht vergessen!

 ## Service

Angebot für Gäste
- »Auftanken im Kloster« (Gestaltung des Gastaufenthalts nach Vereinb.: Einzelexerzitien, geistliche Einkehr, Erholung von Stress, Neuordnung des Lebens, Tage der Stille)
- Tages-, Wochenend- und längerfristige Seminare zu religiös-sakralen und spirituellen Themen, Gesundheits- und Schönheitsaspekten, zu vielfätigen kreativen, musikalischen und handwerklichen Aktivitäten sowie Kulinarischem.

Gottesdienste
Mo–Sa 7.30, So 9.30 und 19.30 Uhr

Unterkunft
- Bildungszentrum: EZ 31 €, DZ 28 € pro Pers. mit Dusche/WC
- Zuschlag bei nur 1 Übernachtung: 5 €
- z. T. Unterbringung in Quartieren im Ort

Verpflegung
- Panorama-Café im Genusszentrum
- Öffnungszeiten: Apr.–Okt. Mo–Sa 8.30–17, Nov.–März Di–Fr 8.30–17, Sa 8.30–12 Uhr
- Gasthaus Schröcker (gleich unterhalb des Stifts)

Einkaufsmöglichkeit
- Klosterladen: Bio-Klosterkäse, Glas-Accessoires, regionale Schmankerl, Kräutertees, Weine, Schnäpse.

Reservierung
- Gastmeister P. Burghard Zanzerl, Tel. +43 75 82/83 01 31 71
- Bildungszentrum, Tel. +43 75 82/83 01 31 55, E-Mail: bildungszentrum@stift-schlierbach.at

45 Benediktinerstift St. Blasius

Eingebettet in die Ennstaler Alpenlandschaft liegt Admont als westliches Tor zum Gesäuse, wo sich das wilde Wasser der Enns den Weg durch die größte Felsschlucht Europas bahnt. Vor solch monumentaler Kulisse sollte das Stift laut Gründungslegende auf der Nordseite der Enns erbaut werden. Doch als der Erzbischof Gerhard von Salzburg dort den Grundstein legen wollte, richtete ein von Geburt an Taubstummer das Wort an ihn und riet ihm, das Kloster südlich der Enns zu bauen. Nach dieser Verlautbarung fiel er der Legende nach wieder in seinen taubstummen Zustand zurück. Der Erzbischof kam der Aufforderung nach und ließ das Stift anno 1074 auf der hochwassersicheren Admonter Seite bauen. Dort beherbergt das Benediktinerstift heutzutage sagenhafte Schätze, die mit Geld kaum aufzuwiegen sind: diejenigen zwischen zwei Buchdeckeln. Der Wissensspeicher aus Jahrhunderten ist in einem 70 m langen, 14 m breiten und 11 m hohen Kuppelbau, der als der weltgrößte klösterliche Bibliothekssaal gilt, würdig untergebracht – auch in künstlerischer Hinsicht mit Fresken des Barockmalers Bartolomeo Altomonte (1694–1783) und den Skulpturen von Josef Thaddäus Stammel (1695–1765). Die Bibliothek beherbergt 70 000 von insgesamt 200 000 Büchern des klösterlichen Bestands, darunter mehr als 1400 wertvolle Handschriften. Mit einem sensationellen Fund wartete das Stift 2017 auf: Entdeckt wurden Fragmente eines lateinisch-deutschen Wörterbuchs, eines sogenannten Abrogans, von dem weltweit nur drei Abschriften überliefert sind. Die Fragmente sollen um 800 entstanden sein und sind möglicherweise die ältesten deutschsprachigen Schriftstücke, die jemals gefunden wurden.

Admont 1, 8911 Admont, Tel. +43 36 13/231 20, www.stiftadmont.at

Wissensspeicher und Gesamtkunstwerk – die spätbarocke Stiftsbibliothek.

BENEDIKTINERSTIFT ST. BLASIUS

Benediktinerstift St. Blasius

Das Kloster

Das älteste Kloster der Steiermark liegt kurz vor der Enge des »Gesäuses«, eines Durchbruchtals der Enns, »am Berg« (ad monte). Dem anreisenden Besucher bieten sich eingangs zwei anmutige Eindrücke: Erst spiegelt sich das helle, majestätische Gebäude in dem ihm zu Füßen liegenden großen Stiftsteich, dann umrundet im Klostergarten ein duftendes Rosarium den Springbrunnen. Im geometrisch gegliederten Kräutergarten am Teich betört der Duft des dunkelvioletten Lavendels.

Die Geschichte des Stifts reicht bis in das 11. Jahrhundert zurück, als es der Erzbischof von Salzburg als Stützpunkt seiner kirchlichen Erneuerung gründete. Ein verheerender Brand zerstörte 1865 die gesamte Anlage bis auf die spätbarocke Bibliothek, die bis heute der bedeutendste Anziehungspunkt des Stiftes ist. Der majestätische Saal in Hellblau und Weiß ist zweigeschossig aufgebaut und gilt als größter klösterlicher Büchersaal der Welt. Der Schatz der über 200 000 Bände umfassenden Universalbibliothek sind die wertvollen Pergamenthandschriften, die überwiegend dem klösterlichen Skriptorium entstammen. Die neugotische Stiftskirche mit ihren 70 m hohen Türmen ist ein weithin sichtbares Wahrzeichen der Region – ebenso bekannt wie die steinernen Wasserspeier, die an der Nordseite des Langhauses als karikierte Köpfe Kaiser Wilhelms II. und Otto von Bismarcks angebracht sind.

Heute betreuen die Mönche 26 Pfarreien, die Wallfahrtskirche und ein Seniorenheim, unterrichten am stiftseigenen Gymnasium, leiten land- und forstwirtschaftliche Betriebe, die Stiftsgärtnerei, dazu mehrere Industrieunternehmungen (u. a. ein abteieigenes Elektrizitätswerk). Das Stift Admont ist somit einer der wichtigsten Arbeitgeber der Gegend.

Der traditionsreiche Stiftskeller bietet zahlreichen Gästen Platz und wird mit seiner steirischen Küche und monastischen Spezialitäten wie dem »Benediktinerteller«, der »Admonter Klostersuppe« oder den »Stiftskeller-Medaillons« hohen kulinarischen Ansprüchen gerecht.

Untergebracht sind Gäste in ansprechenden, hellen Zimmern mit eigenem Bad. Dort können diese zur Ruhe kommen, ihr Leben neu ordnen und mit Unterstützung der Patres sogar die ein oder andere Lebenskrise in den Griff bekommen. Die Wanderexerzitien durch die herrliche Gegend sind ebenfalls eine Wohltat für die Seele.

In der »Museumswerkstatt« werden mit der Feder selbst Urkunden gestaltet, Papier geschöpft, Initialen entworfen und verschiedene Schriftarten ausprobiert. Im

Stillleben mit blauem Teich, Bergen und weißen Mauern: Der See vor dem Kloster wurde vor allem als Löschteich angelegt, zum Panoramabild trägt er trotzdem bei.

BENEDIKTINERSTIFT ST. BLASIUS

Museum werden zahlreiche Kunstschätze Admonts gezeigt, darunter barocke Gemälde, Skulpturen und mittelalterliche Handschriften. Zu den Kostbarkeiten gehören der Admonter Tragaltar von 1375 und die »Gebhard-Mitra« (spätes 14. Jahrhundert). Das naturhistorische Museum beherbergt die umfangreiche Insektensammlung (252 000 Exemplare) des Admonter Biologen P. Gabriel Strobl.

Das Gesäuse

Das Gesäuse erhielt seinen Namen vom Fluss Enns, der im Norden der Steiermark durch eine 16 km lange Felsschlucht fließt und dabei ein Sausen, ein »Gesäuse«, erzeugt. Dieser außergewöhnliche Naturraum mit seinen bizarren Felsformationen ist eine Attraktion zu jeder Jahreszeit. Glücklicherweise hat man in dieser Region den Massentourismus nie angestrebt, weshalb das Gesäuse auch heute noch ein Ort für Individualisten und Erholungssuchende geblieben ist. Es bietet außerdem eine spektakuläre Kulisse für unvergessliche Wanderungen.

www.nationalpark.co.at; www.gesaeuse.at

> **Als Gast im Kloster**
>
> Admont ist kein eigentliches »Urlaubskloster«, bietet aber tiefgründige Seminare und Workshops an. Um möglichst viel von der beeindruckenden Klosteranlage zu sehen, sollte man ein »Besichtigungspaket« buchen!

Service

Angebot für Gäste
- Exerzitien
- Auszeit im Kloster
- Kloster auf Zeit (Männer bis 40 Jahren)
- Verschiedene Besichtigungspakete

Unterkunft
- Im Kloster: beschränkte Anzahl Zimmer mit Dusche/WC
- Spirodom Hotel Admont: Eichenweg 616, 8911 Admont, Tel. +43 36 13/366 00, www.spirodom.at
- EZ ab 109 €, DZ ab 160 €

Schloss Trautenfels

Markant überragt der imposante Bau von Schloss Trautenfels aus dem 13. Jahrhundert den Talboden. Darin stellen zwölf Räume Themen aus der Natur- und Kulturgeschichte der Region vor: »Wald und Holz« präsentiert die Vielfalt der vom Menschen erzeugten Holzgegenstände. »Zwischen Berg und Tal« beschäftigt sich mit den naturräumlichen Gegebenheiten des Ennstals. »Von Arbeit und Brauch« stellt verschiedene Aspekte des bäuerlichen Lebens und der damit verbundenen Bräuche dar. Im Bereich »Von den Behausungen« erfährt man mehr über die unterschiedlichen Möglichkeiten des Wohnens und »Vom Leben auf der Alm« widmet sich jenseits gängiger Klischees von der Alm als »paradiesischen Ort« der Almwirtschaft.

Trautenfels 1, 8951 Stainach-Pürgg, Tel. +43 36 82/222 33, Anf. Apr.–Okt. tgl. 10–17 Uhr, www.museum-joanneum.at

Verpflegung
- Stiftskeller Admont: Tel. +43/36 13 33 54

Einkaufsmöglichkeit
- Klosterladen und Blumenhaus: Produkte aus stiftseigenen Betrieben, Gemüsepflanzen, Kräuter, Blumen aus der Gärtnerei, Stiftsweine
- Öffnungszeiten: Mo–Fr 8–12, 14–18 Uhr

Reservierung
- Kloster auf Zeit, Auszeit im Kloster: Gastpater P. Ulrich Diel, E-Mail: gastpater@stiftadmont.at

❸ Hüttenwandern und Bergsteigen

Wer gerne Bergsteigen geht, kann zum Grabneralmhaus in 1395 m Höhe aufsteigen. Die Hütte ist von Mai bis Oktober durchgehend bewirtschaftet, im Frühjahr und Spätherbst nur an Wochenenden und Feiertagen. Der Zugang vom Buchauersattel dauert ca. 1,5 Std. Beim Übergang zum Admonterhaus muss mit etwa 1 Std. direkt oder über den Blumenberg Grabnerstein mit Klettersteig (nur für Geübte!) mit etwa 2 Std. gerechnet werden. Touren zu weiteren Gipfeln mit Ausblick über das Gesäuse sind: Grabnerstein (Blumenberg) in 1847 m Höhe (Gehzeit ungefähr 1,5 Std.), Natterriegel 2065 m (Gehzeit ca. 2 Std.), Hexenturm (Bärenkarmauer nur für Geübte) 2172 m (Gehzeit 3 Std.).

Grabneralmhaus: Buchau 34, 8913 Weng, Tel. +43 660/492 25 66, ca. Mai–Okt., www.grabneralmhaus.at

46 Benediktinerstift St. Lambrecht

Von jeher beflügelten Klöster als Orte der Ruhe und Einkehr die Fantasie von künstlerischen Gemütern. Dichter, Komponisten und Maler fühlten sich von der spirituellen Umgebung angezogen, schöpfen Kraft für neue Kreativität – bis heute. Das hat auch Florian Henckel von Donnersmarck erfahren, der das Drehbuch für seinen Film »Das Leben der Anderen« in einem Kloster schrieb – und dafür 2007 mit einem Oskar bedacht wurde. Zwar hat sich von Donnersmarck nicht in St. Lambrecht aufgehalten. Doch das klösterliche Umfeld inmitten sattgrüner Wiesen und umringt von steirisch-kärntnerischen Grenzbergen dürfte Künstler unabhängig von ihren Ambitionen inspirieren. Deshalb gibt es eine »Schule des Daseins«, die sich in eine Geistliche, eine Management- und eine Kreativschule unterteilt. Teilnehmer können aus einer Vielzahl von Kursen wählen, besuchen Gesangs- und Malkurse oder beschäftigen sich mit Chormusik. Und wer sich fragt, was Manager im Kloster lernen können, sei an die Anfänge des Klosters erinnert: Anno 1076 rodeten die Mönche den Wald, verwalten noch heute land- und forstwirtschaftlichen Besitz, schulen ihre Selbstdisziplin. Und davon können andere lernen.

Hauptstr. 1, 8813 St. Lambrecht, Tel. +43 35 85/230 50, www.stift-stlambrecht.at

Zentrum des nach den vier Elementen gestalteten Klostergartens ist der barocke Pavillon

BENEDIKTINERSTIFT ST. LAMBRECHT

Das Kloster

Die ersten Mönche berief Graf Marquard von Eppenstein 1076 nach St. Lambrecht in der Steiermark, wo 1066 erstmals eine »Kirche des hl. Lambert im Walde« erwähnt ist. Während der 900-jährigen Klostergeschichte mussten die Mönche zwei Mal fliehen: um 1800 aufgrund der Auflösung des Stifts durch Kaiser Joseph II. und von 1938 bis 1946, als das Stift vom nationalsozialistischen Regime beschlagnahmt wurde.

Viele Kunstschätze aus der Blütezeit der ersten Jahrhunderte sind noch erhalten: die gotische Stiftskirche und die Peterskirche von 1424 mit drei Flügelaltären, der romanische Karner, der barocke Kaisersaal, Statuen und Heiligenbilder. Im festlich stuckierten Prälatensaal sind Bilder aller St. Lambrechter Äbte ausgestellt. Die Kunsthistorische und Volkskundliche Sammlung mit Krippenfiguren und Gegenständen aus dem bäuerlichen Leben sowie die 600 Exponate des Vogelmuseums bezeugen die Aktivitäten der Lambrechter Mönche. Heute widmen sie sich der Pflege von Kunst und Kultur durch Festgottesdienste, Konzerte, und dem Theatercamp »Wandelbühne«. Land- und forstwirtschaftliche Betriebe dienen als ökonomische Grundlage ihres Wirkens.

Das Informationsbüro des Verbandes »Naturpark Zirbitzkogel-Grebenzen«, der sich für den Erhalt des Landschaftsschutzgebiets einsetzt, ist an der Klosterpforte untergebracht. Im sozialen Arbeitsprojekt »domenico« wurde der Stiftsgarten in Anlehnung an seine ursprüngliche, den vier Elementen Wasser, Erde, Feuer und Luft gewidmete Gestalt wiederhergestellt. Es entstanden Gemüse-, Obst- und Kräutergärten, Schau- und Erlebnisgärten, der barocke Pavillon im Zentrum wurde saniert.

Zusammen mit Hans Hoffer entwarf der Konvent die »Schule des Daseins«, ein Umgestaltungskonzept, infolgedessen St. Lambrecht seine kulturellen, touristischen und räumlichen Möglichkeiten optimiert: Durch Erlebnis- und Kreativbereiche, die Neuerschließung des Schlossareals und den Aufbau eines Begegnungszentrums öffnet sich das Stift der modernen Gesellschaft noch ausdrücklicher. Im »Kloster auf Zeit« können Gäste einige Zeit in der Klostergemeinschaft verbringen, um das Mönchsleben kennen-

Als Gast im Kloster

Das Benediktinerstift ist ein weltoffenes, sympathisches Kloster mit hohem sozialem Engagement. Berühmt für seine Ikonenmalkurse, beliebt u. a. wegen der fulminanten Lage im Naturpark Grebenzen.

Service

Angebot für Gäste
- Ikonenmalkurse
- Exerzitien
- Benediktinische Exerzitien
- Tage des Schweigens
- Einkehrtage
- Fastenwoche
- Psalmenkurse
- Alpha-Laufen
- Lebensglück und -freude
- Malen und Meditation
- Meditative Wanderwochen
- Manangement und Achtsamkeit
- Exerzitien für Führungskräfte
- Choralgesänge
- Ausführliches Programm im Internet unter www.schuledesdaseins.at

Gottesdienste
Mo–Fr 6, So 6.30 Uhr Vigil und Laudes,
Sa 6.30 Uhr Laudes
So 10.15 Uhr Gottesdienst
Tgl. 12 Uhr Mittagshore, 18 Uhr Vesper
Mo–Sa 19.50, So 19 Uhr Komplet

Unterkunft
- Kloster auf Zeit: nach Absprache
- Im Kloster: EZ 39 € inkl. VP, Dusche/WC auf dem Gang, nur für Männer
- EZ mit Dusche/WC 50 € inkl. VP
- DZ mit Dusche/WC 44 € pro Pers. inkl. VP
- Unterkunft in Betrieb in Klosternähe: EZ ab 50 € inkl. VP
  DZ ab 44 € pro Pers. inkl. VP

Verpflegung
- Gemeinsame Mahlzeiten im Kloster

Fortsetzung s. nächste Seite

BENEDIKTINERSTIFT ST. LAMBRECHT

Service

Einkaufsmöglichkeit
- Kloster- und Naturparkladen: Wildspezialitäten, Produkte aus dem Stiftsgarten, Kräutertees, Kräutersalz, Gewürze, Johanniskrautöl, Edelbrände, Salben, christl. Literatur, handgemalte Ikonen, Weihrauch, Wein aus dem südsteirischen Stiftsweingut
- Öffnungszeiten: Mo–Fr 9–12.30, 14–17, Juli–Sept. auch Sa/So 9–12.30 Uhr

Reservierung
- Kloster auf Zeit: Br. Raimund von der Thannen, Tel. +43 35 85/230 57 12, E-Mail: gastmeister@stift-stlambrecht.at
- Schule des Daseins: Tel. +43 35 85/23 05 10, E-Mail: kanzlei@schuledesdaseins.at, www.schuledesdaseins.at

in Murauer Kirchen und Kapellen entdecken, u. a. die bemalte Kassettendecke der Pfarrkirche St. Oswald oder den »Steirischen Herrgott« in Krakauschatten. Infocenter und Ausgangspunkt der Holzwelt ist das zugehörige Holzmuseum in St. Ruprecht. Es präsentiert den Roh- und Werkstoff in seiner ganzen Vielfalt. Alte Arbeitsgeräte, moderne Möbelstücke, Fassbinderwerkstätten, ein Arboretum mit seltenen heimischen Baumarten und Skulpturen heimischer Bildhauer sind zu entdecken. Besucher haben die Möglichkeit, Holz zu verarbeiten, zu zersägen oder damit zu kegeln.

Holzmuseum: Hans Edler Pl. 1, 8862 St. Ruprecht-Falkendorf, Tel. +43 35 34/22 02, Apr., Mai, Okt. 10–16, Juni–Sept. 9–17 Uhr, www.holzmuseum.at

② Fahrt mit der Murtalbahn

65 km lang ist die Strecke, die die Dampfbahn von Murau bis Tamsweg durch das Tal des Flusses Mur zurücklegt. Die bunten Waggons sind noch dieselben, in denen schon Kaiser Franz Joseph saß, um zur Gamsjagd nach Murau anzureisen. Wen unterwegs der Hunger und Durst packt, der findet in den beiden Büfettwagen, der grünen »Steirerbar« und der roten »Murtalbar« – ursprünglich ein Salonwagen des Kaisers – ausreichend Verpflegung. Zurück geht es dann entweder wieder mit der Bummelbahn oder man fährt von Tamsweg auf einer Teilstrecke des Murradwegs zurück, der besonders schöne Abschnitte und eine abwechslungsreiche Landschaft aufweist. Die Fahrradmitnahme ist im Zug je nach vorhandenem Platz

zulernen. Angeboten werden auch Einkehrtage, Exerzitien und Fastenwochen. Ein besonderes Glanzlicht des Kursangebots sind die berühmten St. Lambrechter Ikonenmalkurse, in denen Malen mit kreativer Meditation verbunden wird.

① Steirische Holzstraße

Die Steirische Holzstraße verbindet viele historische und moderne Holzobjekte, Bildhauerwerkstätten und sakrale Holzbaukunst aus der Region. Neun kurzweilige Touren wurden zusammengestellt, die zu den insgesamt 90 Stationen der Holzwelt führen. Da gibt es z. B. die Tour Nr. 2 »Himmel & Holz«. Auf dieser lassen sich Holzkunstwerke und -kleinode

1471 zerstörte ein Brand die gotische Hallenkirche und den Spitalbau. Auf deren Fundamenten wurde im 17. Jahrhundert ein frühbarocker Neubau errichtet.

BENEDIKTINERSTIFT ST. LAMBRECHT

kostenlos möglich. Nicht nur Eisenbahnnostalgiker kommen bei einer Fahrt mit dem Dampfzug auf ihre Kosten, sie bietet eine entspannte Gelegenheit, einen Teil der Steiermark zu entdecken.

Bahnhof Murau, Tel. +43 35 32/22 33, Juli–Anf. Sept. Di 12.50, Ende Juni–Ende Sept. Do 10.15, Fr Ende Juli–Ende Aug. 10.15 Uhr, frühzeitige Ticketreservierung empfohlen, www.stlb.at/nostalgiefreizeit/dampfzugfahrten

 Brauerei-Museum Murau

Im schönen alten Gewölbekeller mit Ziegeldecke erfährt man alles über die hohe Kunst des Bierbrauens und über die mehr als 500-jährige Geschichte der Murauer Brauerei. Bis zu 100 Jahre alte Braugeräte, Holzfässer, in denen früher das Bier gelagert wurde, kupferne Sudpfannen, Fotos und Filme erläutern den Herstellungsprozess damals und heute. April 2017 wurde das Museum komplett modernisiert und um die »Brauerei der Sinne« erweitert. In der zweistündigen Erlebnisführung lassen sich in Geruchs-, Gehör- und audiovisuellen Stationen alle Aspekte rund um den goldgelben Gerstensaft erkunden. Ein 18 m tiefer Schaubrunnen verdeutlicht die Bedeutung des Wassers. Herzstück des Museum ist eine Miniatur-Brauerei, in der gezeigt wird, wie Bierspezialitäten wie das Pale Ale oder Stout entstehen. Selbstverständlich endet jede Erlebnistour mit einer Verkostung der Muraurer Biere.

Raffaltpl. 19, 8850 Murau, Tel. +43 35 32/ 326 69, Mo/Di/Fr/Sa 14–18 Uhr, www.murauerbier.at

 Ruine Steinschloss

Auch wenn nur noch die Mauern stehen, ist das »Steinschloss«, einst eine fünfstöckige Burg, immer noch eine imposante Anlage. 1200 m über dem Meeresspiegel thront die Ruine auf dem Kreuzeck und ist damit die höchstgelegene Burg in der Steiermark. Von hier hat man einen weiten Blick in das Murtal und auf die umliegenden Dörfer. Seit 2000 wird die Ruine in ihrem jetzigen Zustand konserviert. Unter dem Felsensporn mit der Burg befindet sich eine bewirtschaftete Hütte, in der sich gut eine Pause bei Kuchen oder einer zünftigen Brotzeit einlegen lässt. Die Burg ist öffentlich zugänglich, es werden auch Führungen vom Burgverein angeboten. Erzählt wird in diesen die wechselvolle Geschichte des Steinschlosses: von seiner Erbauung im 10. oder 11. Jahrhundert, vom Zwangsverkauf an das Stift St. Lambrecht im 16. Jahrhundert und von der Brandzerstörung im 17. Jahrhundert.

Steinschlosshütte: Mai–Nov. tgl. 10–18 Uhr; Führungen: Tel. +43 664/ 948 01 34 o. +43 664/392 29 53, steinschloss.region-murtal.at

 Naturpark Zirbitzkogel-Grebenzen

Im Herzen der Steiermark zwischen den beiden Berggipfeln Zirbitzkogel und Grebenzen liegt der vielseitige Naturpark. Hier wachsen seltene Pflanzen wie Feuerlilien oder Orchideen, seltene Vogelarten wie der Mornellregenpfeifer, der Neuntöter und Auerhähne können hier beobachtet werden. Moore und Teiche, Schluchten mit Wasserfällen und Höhlen machen den landschaftlichen Reiz des Parks aus. Mehr als 150 Wanderwege durchziehen das Gebiet: Vom Gennusswandern oder gemütlichen Spazierengehen bis hin zu ausgedehnten Wanderungen ist alles möglich. In St. Lambrecht beginnt der sonnige Lois Steiner Weg, der zum ca. 5 km entfernten Ort St. Blasen führt. Der Weg ist seinem Namensgeber, Professor Alois Steiner, gewidmet, der den reichen Liederschatz der Steiermark sammelte und zugänglich machte. Auf einer weiteren sehr schönen Strecke läuft man beginnend in Mühldorf durch die malerische Graggerschlucht zum Kaskadenwasserfall. Ein Zwischenstopp ist die europaweit erste Bioniksinsel, die faszinierende, von der Natur inspirierte, technische Errungenschaften zeigt. Der Weg endet nach der Schlucht in Zeutschach bei den Grasluppteichen, in denen man auch baden kann.

Tourismusverband Naturpark: Hauptpl. 4, 8820 Neumarkt in Steiermark, Tel. +43 35 84/20 05, www.natura.at

 Höhlenburg Puxerloch

Österreichs einzige Höhlenburg liegt am Römerweg nahe dem Ort Teufenbach. In 900 m Höhe befinden sich die Überreste zweier Höhlenburgen: Luegg und Schallaun. Einst soll hier ein gefürchtetes Raubrittergeschlecht gewohnt haben, im 19. Jahrhundert dann eine Räuberbande. Der ca. 20-minütige Anstieg vom Schlossweg in Frojach zur Höhle ist teilweise recht steil, daher empfiehlt sich ein gutes Schuhwerk.

> »Jeder Augenblick des Lebens will uns etwas sagen.«
>
> Friedrich Nietzsche
> (deutscher Philosoph)

47 Benediktinerkloster Mariastein

Für gewöhnlich zieht es Besucher erst einmal in die Tiefe, und das, obwohl die prächtige Klosteranlage landschaftlich reizvoll auf dem Höhenzug des Blauen, über einem schluchtartigen Tal in der Nordwestschweiz liegt. Ganze 59 in Felsen gehauene Treppenstufen steigen Pilger hinab. Vorbei an vielen Dankestafeln, die glauben machen, dass die Gottesmutter für manch einen noch heute Wunder wirkt, geht es zum Herzstück der Mariasteiner Wallfahrt: der 1434 erstmals bezeugten Felshöhle, die im Laufe der Jahrhunderte zur Gnadenkapelle ausgebaut wurde. Eine Legende war es, die Mariastein neben dem Kloster Einsiedeln zur zweitwichtigsten Wallfahrtsstätte der Schweiz gemacht hat. Danach soll ein Hirtenjunge die Klippen hinabgestürzt und von der Gottesmutter vor dem sicheren Tod bewahrt worden sein. Zum Dank ließ der Vater des Kindes an gleicher Stelle die Kapelle bauen, das Kloster kam später dazu. Vom Stellenwert des Fallwunders zeugt die Deckenfreske in der Mitte der Basilika. Auch die Benediktinermönche von Mariastein durchlebten einige Tiefen, denn das Kloster wurde zweimal säkularisiert, zuletzt im Zug des Kulturkampfs 1874. Nach Zufluchtsorten in Delle in Frankreich und Bregenz kehrten die Mönche zurück – fast 100 Jahre nach der Auflösung konnte der Klosterbetrieb wieder aufgenommen werden. Heutzutage befindet sich das Kloster nach Restaurierungsarbeiten in hervorragendem Zustand, heißt weltliche Gäste willkommen und lässt sie am Klosterbetrieb teilhaben. Historische Gaststätten in der Umgebung verpflegen Pilger und Wanderer wie eh und je, und letztere dürften in der sanft-hügeligen Landschaft des Leimetals so manches Kleinod finden.

Klosterpl. 2, 4115 Mariastein, Tel. +41 61/735 11 11, www.kloster-mariastein.ch

Eine Auszeit inmitten blühender Obstbäume und in der malerischen Landschaft des Schweizer Jura kann man sich in Mariastein nehmen.

BENEDIKTINERKLOSTER MARIASTEIN

Das Kloster

Der Wallfahrtsort Mariastein liegt auf einem malerischen Hochplateau des Schweizer Jura zwischen Basel und dem Elsass. Seine Gründungssage geht auf die Rettung eines Kindes nach einem Felssturz durch die Muttergottes zurück, welches danach in einer Einsiedlerklause in der Nähe gelebt haben soll. 1648 zogen Mönche von Beinwil in den Wallfahrtsort »im Stein« und eröffneten eine Schule. Bis 1655 hatten sie ein Kloster und eine gotische Kirche errichtet, die um 1900 im neubarocken Stil mit drei Toren umgebildet wurde. Die Turmfassade und der weite Klosterplatz davor behielten ihr klassizistisches Aussehen. Durch einen unterirdischen Gang erreicht man die Gnadenka-

Benediktinerkloster Mariastein

pelle in einer natürlichen Felshöhle. Dort befindet sich auch das Bild der wundertätigen Madonna.

Zum Haus der Stille St. Gertrud aus dem 17./18. Jahrhundert mit eigenem Eingang gehört ein Gästespeisesaal, ein kleiner Garten, eine Teeküche sowie ein Aufenthaltsraum mit kleiner Handbibliothek. Ein Klavier und ein Cembalo können genutzt werden. Weitere Unterkunftsmöglichkeiten gibt es in den sonnigen Gästezimmern des »Kurhauses Kreuz« in Mariastein, in dessen hübschem Gärtchen Heilpflanzen und Gewürze angepflanzt werden. Exerzitien, Einkehrtage und Gesundheitsveranstaltungen stehen auf dem Programm des Kurhaus Kreuz.

Im Haus der Stille St. Gertrud können Gäste Tage und Wochen verbringen und am Stundengebet der Mönchsgemeinschaft teilnehmen. Zusätzlich gibt es für Männer die Möglichkeit, das Klosterleben eine Zeit lang zu erproben. Einzel- und Gruppenexerzitien können mit dem Gastpater vereinbart werden. Darüber hinaus sind die wechselnden Ausstellungen im Kreuzgang des Klosters sehenswert.

Auch in der Abteikirche ist der Felssturz zentrales Motiv zweier Deckengemälde.

① Laufen

Laufen liegt mitten in einem der schönsten Erholungsräume der Nordwestschweiz, umgeben von schattigen Wäldern, romantischen Burgruinen und weitem Ackerland. Ein »Planetenweg« mit maßstabsgetreuen Modellen beginnt in Laufen und führt dem Spaziergänger die Größenverhältnisse des Sonnensystems vor Augen. Die Route soll aber auch zu einer ca. vierstündigen Wanderung durch einen ausnehmend schönen Teil des Jura verleiten. Im Kulturzentrum »Alts Schlachthuus« finden Ausstellungen, Theater, Kabarett, Kino und Musikdarbietungen des Kulturforum Laufens statt, zum Zentrum gehört auch ein Bistro. Festliche Konzerte gibt es in der barocken Katharinenkirche. Schließlich ist das Markttreiben jeden ersten Dienstag im Monat beliebt, an dem sich die Bauern der Umgebung mit Städtern und Marktfahrern zu einem nostalgischen Gewimmel mischen.

Tourist Info: Vorstadtpl. 2, 4242 Laufen, Tel. +41 61/766 33 33, www.laufen-bl.ch; Kulturzentrum »Alts Schlachthuus«: Seidenweg 55, 4242 Laufen, Tel. +41 61/761 85 66 www.kulturzentrumlaufen.ch, www.kfl.ch

Als Gast im Kloster

Das bekannte Wallfahrtskloster mit der Gnadenkapelle in der Nordschweiz ist auch Veranstaltungsort hörenswerter Konzerte. Als Gast kann man die Ruhe und Beschaulichkeit Mariasteins auf sich wirken lassen.

BENEDIKTINERKLOSTER MARIASTEIN

 Service

Angebot für Gäste
- Stille Wochenenden
- Einzel- und Gruppenexerzitien
- Kontemplationstage
- Meditation
- Yoga
- Nordic Walking
- Pflanzenheilkunde
- Traditionelle Chinesische Medizin
- Kräutergartenführungen
- Detox-Woche
- Ayurveda
- Chorwochen
- Malreisen
- Kalligraphie
- Persönlichkeitsentwicklung

Gottesdienste
Tgl. 6.30 Uhr Laudes
Di–Sa 9, 11, So 8, 9.30, 11.15 Uhr Eucharistie
Di–Sa 12, So 12.20 Uhr Sext
Mi–Sa 15 Uhr Non
Di–Sa 18, So 15 Uhr Vesper
Di–So 20 Uhr Komplet

Unterkunft
- Haus der Stille St. Gertrud: Einzelgäste auf Anfrage, Gruppen 85 SFr inkl. VP
- Zimmer mit Dusche/WC
- Kurhaus Kreuz: EZ ab 90 SFr, DZ ab 180 SFr
- EZ ab 133 SFr inkl. VP, DZ ab 266 SFr inkl. VP
- Kurtaxe: 1 SFr pro Tag

Einkaufsmöglichkeit
- Pilgerlaube: Musik-CD mit dem Mariasteiner Chorgebet, Keramik, Vasen, Bücher, Lebensmittel, Kerzen, Weihrauch, Devotionalien
- Öffnungszeiten: Ostern–Okt. Di–Do 9–12, 12.30–17.30, Fr 9–12, 12.30–18, Sa/So 9–18, Nov–Ostern Di–Fr 9–12, 12.30–17, Sa/So 9–17 Uhr, www.klosterladen-mariastein.ch

Reservierung
- Haus der Stille: Tel. +41 61/735 11 80, E-Mail: gaestepater@kloster-mariastein.ch
- Kurhaus Kreuz: Paradiesweg 1, 4115 Mariastein, Tel. +41 61/735 12 12, E-Mail: info@kurhauskreuz.ch

❷ Saint Ursanne

Saint Ursanne ist eine der wenigen Städte der Schweiz, die man nur durch ein Stadttor betreten kann. Das mittelalterliche Städtchen ist sehr gut erhalten und eine absolute Augenweide für seine Besucher. Neben der Stiftskirche ist die steinerne Bogenbrücke von 1729 sein Wahrzeichen. Alle zwei Jahre findet in der zweiten Juliwoche in Saint Ursanne ein mittelalterliches Fest mit über 600 Maskierten statt, bei dem alte Handwerksberufe ausgeübt werden. Auch außerhalb der »närrischen Zeit« ist dieses unbekannte Schweizer Mittelalterjuwel einen Besuch wert.

Tourist Info: Place Roger Schaffter, 2882 St-Ursanne, Tel. +41 32/432 41 90, www.juratourisme.ch

In der Gnadenkapelle weist eine Marienstatue auf die Gründungslegende des Klosters hin. Der Altar links wurde 1645 von dem Solothurner Bildhauer Hans Heinrich Scharpf geschaffen.

Ensemble aus Kloster und Schloss – beide prägten die Stadt am Zürichsee über die Jahrhunderte.

48 Kapuzinerkloster Rapperswil

Mal wälzen sich rot-violette Wolken dem Horizont entgegen, mal versinkt die Sonne strahlend gelb hinter der Lützelau und schickt einen letzten Farbstreifen über den See – solch malerische Szenarien sieht man direkt am Zürichsee, vom Kloster Rapperswil aus. Dass die Kapuziner an diesem traumhaften Platz am Fuße des Schlosshügels, am Rande der Stadt leben, hat mehrere Gründe: Die Reformation und das Bedürfnis der Züricher, den katholischen Brückenkopf Rapperswil einzunehmen oder zu neutralisieren, rief die umliegenden katholischen Kantone auf den Plan. Schließlich wies man den Kapuzinern den Platz am Endingerhorn zu, damals ein mit Gestrüpp überwuchertes, abfallendes, wertloses Fleckchen vor den Toren der Stadt. Ein Jahr lang wurde gesprengt und gespitzt, um den Baugrund herzurichten, fertig wurde das Kloster 1606. Ohnehin ist das Bauen am Rande der Siedlungen typisch für Kapuziner und trägt ihrem Bedürfnis nach Distanz und Nähe, nach Ruhen in der Meditation und aktivem Miteinander Rechnung. Letzteres bieten die gastfreundlichen Brüder und Schwestern in Rapperswil seit 1992 und führen ein offenes Kloster zum Mitleben.

Endingerstr. 9, 8640 Rapperswil,
Tel. +41/55/220 53 10,
www.klosterrapperswil.ch

KAPUZINERKLOSTER RAPPERSWIL

Kapuzinerkloster Rapperswil

Das Kloster

In Rapperswil, an der Riviera des oberen Zürichsees, wirken seit mehr als 400 Jahren Kapuzinermönche. Heute gehört das weltoffene Kloster den Ortsbürgern von Rapperswil, das Zusammenleben orientiert sich am Evangelium Jesu Christi und am Leben und Wirken franziskanischer Heiliger. Den Gästen des »Klosters zum Mitleben« wird neben der Begegnung mit den modernen, lebensnahen Ordensleuten auch Raum für Stille, Innerlichkeit und Spiritualität geboten. Kurzzeitgäste verbringen beim ersten Mal bis zu zwei Wochen im Kloster, wer wiederkommen will, kann hier zwischen einer und vier Wochen verbringen. Langzeitgäste haben die Möglichkeit zwischen einem Monat und einem halben Jahr das Kloster kennenzulernen und die Mönche mit täglich vier bis fünf Stunden zu unterstützen. Im Garten kann man den herrlichen Blick über den Zürichsee genießen. Die Mönche berichten sogar von Gästen, die frühmorgens oder spätabends hinausschwimmen, um Sonnenauf- und -untergänge aus nächster Nähe zu erleben.

Als Gast im Kloster

Seit 25 Jahren bietet das Kloster die Möglichkeit zum Mitleben an. Besucher erfreuen sich an den weithin berühmten duftenden Rosengärten neben dem Kloster, besuchen das Schloss Rapperswil mit dem Hirschpark sowie die Zürichsee-Inseln Ufnau und Lützelau.

❶ Polenmuseum Rapperswil

1870 wurde das Polenmuseum Rapperswil, das erste polnische Nationalmuseum überhaupt, eröffnet. Federführend war Graf Ladislaus Plater, der nach dem Novemberaufstand von 1830/1831 gegen das Russische Zarenreich im Exil lebte. Anliegen des Museums war und ist es, heimatliche Erinnerungsstücke und Kunstwerke zu sammeln und zu bewahren. Auch soll auf die besondere Verbindung zwischen der Schweiz und Polen und deren beidseitiges Streben nach Freiheit hingewiesen werden – unter diesem Motto steht auch die Freiheitssäule vor dem Gebäude. Das Museum ist im Schloss Rapperswil untergebracht. Vom Schlossberg hat man einen tollen Ausblick auf die Stadt und den See.

Schloss Rapperswil, 8640 Rapperswil, Tel. +41 55/210 18 62, März, Nov., Dez. Sa/So 13–17, Apr.–Okt tgl. 13–17 Uhr, www.muzeum-polskie.org

Service

Angebot für Gäste
- Exerzitien
- Mitleben im Kloster für Lang- und Kurzzeitgäste mit wöchentlicher Mitarbeit
- Meditationstage und -wochen
- Einkehr- und Wüstentage
- Kontemplation
- Liturgische Tänze und Tanzgottesdienste
- Spirituelles Wandern
- Bibelgespräche
- Offener Klostergarten

Unterkunft
- Kurzzeitaufenthalt: EZ inkl. VP pro Woche 500–750 SFr, je nach finanziellen Möglichkeiten
- Langzeitaufenthalt: EZ inkl. VP pro Monat 500 SFr, je nach finanziellen Möglichkeiten
- Zimmer mit Waschbecken, Dusche/WC auf dem Gang

Verpflegung
- Im Kloster
- Kapuzinertisch: Kaffee und Kuchen, Getränke

Einkaufsmöglichkeit
- Klosterladen: Bücher, Musik-CDs, Kerzen, Post-, Kondolenz-, Weihnachtskarten
- Öffnungszeiten: tgl. 14–17, Mo/Mi–Sa zus. 9–11.30, Di zus. 9.45–11.30, So zus. 11–11.30 Uhr

Reservierung
- Mitleben im Kloster: Br. Paul Meier, Tel. +41 55/220 53 12, E-Mail: paul.meier@kapuziner.org

49 Lassalle-Haus Bad Schönbrunn

Zwischen Zürich-, Zuger- und Ägerisee liegt Bad Schönbrunn in einer voralpinen Hochmoor-Landschaft. Das viele Wasser in der näheren Umgebung und im Namen des heutigen Bildungszentrums lässt erahnen, welch wichtige Rolle das gesunde Nass spielte: Unter dem Namen »Bad Schönbrunn« entstand bereits Mitte des 19. Jahrhunderts ein Haus, in dem der Menzinger Arzt Peter Josef Hegglin Bad- und Trinkkuren anbot. Der Erste Weltkrieg stoppte solch erquickende Genüsse und das Hotel musste schließen. Den Bau übernahmen um 1930 die jesuitischen Patres und boten geistliche Exerzitien an. Die steigende Nachfrage nach Kursen bedurfte neuer Gebäude, daher musste, außer dem Gäste- und Jugendhaus »Alte Villa«, die Belle-Époque-Kuranlage weichen. Seit 1970 steht an ihrer Stelle ein weißer Gebäudekomplex in kubistisch anmutendem Design. Der Architekt André M. Studer (1926–2007), der mit Le Corbusier, Frank Lloyd Wright und dem Musiktheoretiker Hans Kayser bekannt war, schuf diese »harmonikale« Bauweise. Sie ist der Versuch, mathematische Strukturen in Architektur, Religion und Musik harmonisch in Einklang zu bringen. Studers Grab befindet sich in dem von Landschaftsarchitekt Josef Seleger gestalteten Lasalle-Park. Das Bildungshaus selbst setzt mit Kursprogrammen auf interreligiösen Dialog und Begegnung. So treffen sich Jesuiten und Gäste mittags zur kurzen Meditation, essen gemeinsam und pflegen ein lebendiges Miteinander. Bestes Trinkwasser gibt es wie eh und je in Bad Schönbrunn. Von den 17 Quellen ist eine exklusiv der Einrichtung vorbehalten.

Bad Schönbrunn, 6313 Edlibach,
Tel. +41 41/757 14 14, www.lassalle-haus.org

»Zum schönen Brunnen«
hieß der stille Ort im Hoch-
moor schon seit jeher.

LASSALLE-HAUS BAD SCHÖNBRUNN

Lassalle-Haus
Bad Schönbrunn

Das Kloster

Oberhalb der kleinen Wirtschaftsmetropole Zug liegt, eingebettet in die Hügel der Voralpen, die Bildungsstätte der Schweizer Jesuiten, das Lassalle-Haus. Das 1858 hier als Bad Schönbrunn eröffnete Kneipp-Kurhaus war 1929 von den Jesuiten übernommen und seitdem als Exerzitienhaus betrieben worden. Seinen Namen verdankt es dem deutschen Jesuiten und Zen-Lehrer Hugo Enomiya-Lassalle. Der war ebenfalls 1929 als junger Missionar nach Japan geschickt und zum Brückenbauer zwischen östlicher und westlicher Spiritualität geworden.

Die einstige Belle-Époque-Anlage inmitten eines weitläufigen Parks ist von 1968 bis 70 weitgehend durch einen ambitionierten Neubau ersetzt worden. Der Zürcher Architekt André M. Studer »komponierte« das Gebäude fächerförmig in die Quelllandschaft, indem er Musikintervalle auf die Hausproportionen übertrug. Seit 2013 steht das Haus unter Denkmalschutz und wurde bis 2016 umfassend renoviert, einschließlich der aus Kurhauszeiten verbliebenen und heute als Gäste- und Jugendhaus fungierenden »Alten Villa«.

Dort ist ein Stockwerk für Langzeitgäste reserviert (drei bis sechs Monate), die während ihrer Auszeit in der jesuitischen Hausgemeinschaft mitleben. Der Tagesablauf sieht die Mitarbeit im Garten, Hotellerie oder Administration sowie die Teilnahme an den Gebets- und Meditationszeiten vor. Kürzer weilenden Besuchern bietet das Lassalle-Haus ganzjährig Kurse, Seminare, Tagungen und entschleunigte Aufenthalte als Gegenpole zu einer leistungsorientierten Welt sowie zur Förderung interreligiöser Kompetenz: Zen-Einführungskurse vermitteln Tiefenentspannung, Versenkungsmeditationen, oder die »Schönbrunner Fastenwochen« wecken neue Kräfte, Malen, Yoga, Eutonie oder Seminare zur Traumarbeit tragen dazu bei, die Gedanken zu ordnen. Nicht zuletzt sind es natürlich die klassisch-jesuitischen »Ignatianischen Exerzitien«, die helfen, komplizierte Entscheidungssituationen zu bewältigen. Das Übungsprogramm von Zen- und Kontemplationskursen beinhaltet täglich eine Stunde Mitarbeit im Haus.

Die 75 Gästezimmer des Haupthauses (heute die meisten mit Bad) sind schlicht und freundlich eingerichtet, aus den Fenstern blickt man weit in die Hügellandschaft. Es gibt eine Kapelle, ein großes Zendo (Raum für Zen-Meditation), diverse Rückzugsorte, lichte Wandelhallen mit Sitzgruppen, vier Speisesäle und eine Cafeteria. Küchenchef Heiko Vergien serviert genussvolle Gerichte, die er im Sinne der Nachhaltigkeit weitgehend aus biologischen, regionalen und Fair-Trade-Produkten zaubert. Basis ist die vegetarische Küche (Fleisch/Fisch gibt es dreimal pro Woche) mit Rezepten aus der Alpenküche, zur Abwechslung auch mit mediterranem oder asiatischem Einschlag.

Klarheit und Harmonie werden im Lassalle-Haus nicht nur architektonisch angestrebt.

❶ Höllgrotten, Baar

Inmitten des wild-romantischen Lorzentobels befinden sich Höhlen, die vielfältige Tropfsteinformationen schmücken. Kleine Seen, Stalagmiten und Stalaktiten in den unterschiedlichsten Farbnuancen geben jeder Höhle ihren eigenen Charakter. Im Laufe der Jahrtausende von kalkhaltigen Quellen gebildet, wurden die

LASALLE-HAUS BAD SCHÖNBRUNN

Höllgrotten bei Baar Ende des 19. Jh. beim Abbau von Tuffstein entdeckt. Das unterirdische Zauberreich ist heute elektrisch beleuchtet und gute Weganlagen verbinden die Höhlen untereinander. Besichtigungen dauern etwa 45 Min. Zu Fuß sind die Höhlen ab Bahnhof Baar in ca. einer Stunde und ab Bushaltestelle Tobelbrücke-Höllgrotten (Linie 2 Zug–Menzingen) in ca. 25 Min. zu erreichen. Autofahrer erreichen die Höllgrotten von Baar aus über den Lorzendamm; Parkplätze vorhanden.

Höllgrotten: Tel. +41 41/761 83 70, Apr. bis Okt. 9–17 Uhr, www.hoellgrotten.ch

2 Johanna-Spyri-Museum in Hirzel

Die unvergessliche Heidi-Geschichte wird am Geburtsort von Johanna Spyri lebendig. Die berühmteste Schweizer Jugendbuch-Schriftstellerin verbrachte den größten Teil ihrer Jugend hier, und die einzigartige Landschaft beeinflusste ihr Schreiben nachhaltig. Im »Alten Schulhaus« von Hirzel, wo heute das Spyri-Museum untergebracht ist, drückte die Autorin selbst und sogar schon ihre Mutter die Schulbank. Das Geburtshaus Spyris befindet sich in unmittelbarer Nähe und kann von außen besichtigt werden. In 50 Sprachen übersetzt und in ebenso vielen Millionen Exemplaren gedruckt, visuell umgesetzt in Dokumentar-, Spiel- oder Trickfilmen, ist die Geschichte von Heidi inzwischen ein Klassiker der Kinderliteratur. Die unsterblichen Figuren Heidi, Alm-Öhi und Geißenpeter erobern auch heute noch Kinderherzen.

Dorfstr. 48, 8816 Hirzel; Tel. +41 44/729 95 66; So 14–16 Uhr, sonst Führungen auf tel. Voranm., www.johanna-spyri-museum.ch

3 Ausflug durch die Moränenlandschaft

Eine recht unbekannte und umso schönere Autoroute verläuft über Menzingen–Hütten–Schönenberg–Hirzel–Sihlbrugg durch eine ausgeprägte, einmalige Moränenlandschaft mit den typischen Hügelzügen, die der Linthgletscher während der letzten Eiszeit hinterlassen hat – und auf denen häufig eine Linde steht. Viele Aussichtspunkte eröffnen herrliche Ausblicke auf Zürich- und Zugersee, auf die Alpenkette, unberührte Hochmoore und das wildromantische Tal der Sihl.

Reine Fahrtzeit ca. 30. Minuten für Rundtour

4 Genießen in Menzingen

Die feine, gepflegte Schweizer Küche im Ochsen, Pasta beim Italiener oder ein feines Dessert beim Dorfbäcker: Im kleinen, schmucken Dorf Menzingen, zu dessen Gemeinde das Lassalle-Haus gehört, werden verschiedenste kulinarische Wünsche aufs Feinste erfüllt.

6313 Menzingen: Hotel-Restaurant Ochsen, Tel. +41 41/755 13 88; Ristorante Pizzeria Il Poeta, Tel. +41 41/525 54 50, Mo geschl.; Café-Konditorei zum Schlüssel, Tel. +41 41/755 25 52, Mo geschl.

 Service

Angebot für Gäste
- Zen-Meditation
- Kontemplation
- Yogakurse
- Exerzitien
- Schönbrunner Fastenwochen
- Gartenwochen
- »Seelige« Ferienwochen
- Auszeit zur rechten Zeit

Gottesdienste
Mo–Fr 17.40 Uhr, So 8.30 Uhr Eucharistiefeier

Unterkunft
- EZ 115 SFr ohne Bad inkl. VP, DZ 110 SFr, EZ 145 SFr mit Bad inkl. VP, DZ 140 SFr
- Jugendhaus »Alte Villa«: Schlafsackunterkunft ohne Verpflegung 24 SFr

Verpflegung
- Im Bildungszentrum
- Cafeteria

Reservierung
- Lassalle Haus Bad Schönbrunn: Tel. +41 41/757 14 14, E-Mail: info@lassalle-haus.org

---

Als Gast im Kloster

Dieses Begegnungszentrum der Kulturen und Andersdenkenden ist ein Ort der meditativen Toleranz im Geiste westlicher und östlicher Spiritualität. »Der Weg beginnt jetzt« gibt eine Stele bei der Kloster-Ausfahrt mit auf den Weg.

Biologisch angebautes Gemüse und frische Salate aus dem eigenen Garten kommen im Kloster auf den Tisch.

50 Benediktinerinnenpriorat Müstair

Hohe, zackige Berge, bis in den Sommer hinein oft schneebezuckert, die steilen Ausläufer bewaldet, in der Ebene sattgrüne Wiesen und ein schmuckes Dorf unweit der Südtiroler Grenze – vor solch filmreifer Kulisse soll sich im 8. Jahrhundert eine Legende abgespielt haben: Der Erzählung nach geriet ein Reisender bei der Überquerung des Umbrailpasses in einen heftigen Schneesturm. Er kam heil davon und stiftete 775 zum Dank ein Kloster. Noch heute schließen die Benediktinerinnen ihren Gründer, der auf Stuckfüßen lebensgroß in der Klosterkirche steht, in ihre Gesänge ein: Es ist kein Geringerer als Karl der Große. Doch war es reine Dankbarkeit, die Karl, just zum König der Lombarden aufgestiegen, dort ein Kloster bauen ließ? Strategisch geschickt lag die Anlage zwischen besiegten Lombarden und Bajuwaren, denen Karls nächster Feldzug galt. Weitere kirchliche und weltliche Herrscher, Blütezeiten, aber auch Pest, Kriege und Plünderungen prägten die Klostergeschichte im umkämpften Bündnerland. So graben und kratzen sich Kunsthistoriker noch heute durch die Jahrhunderte – mit erstaunlichem Ergebnis: Die Lärchen der Dachkonstruktion stammen von 775 und stützen damit nicht nur den gewaltigen Kirchendachstuhl, sondern auch die Legende. Der Raum zwischen gotischem Gewölbe und karolingischem Dachstuhl war an dieser Stelle nicht nach gotischer Sitte übermalt und deshalb gut für einen zweiten Sensationsfund: die Freske von Davids Sohn. Was über dem Gewölbe mit dem Davidzyklus beginnt, setzt sich darunter mit der Geschichte Christi als einzigartiges Fresken-Bilderbuch fort. Seit 1969 kümmert sich eine Stiftung um den Erhalt der Anlage, dank Wandmalereien nun Unesco-Weltkulturerbestätte. Und auch die Landschaft Müstairs hat sich im Juni 2017 als Biosphärenreservat das Unesco-Label gesichert.

Kloster St. Johann, 7537 Müstair, Tel. +41 81/851 62 22, www.muestair.ch

BENEDIKTINERINNENPRIORAT MÜSTAIR

Das Kloster

Um 1900 entdeckten Kunsthistoriker hinter Heiligenbildern und weißgrauem Putz einer Kirche im Graubündner Münstertal einen Freskenzyklus aus karolingischer Zeit. Was Archäologen jetzt bestätigen, erzählen die Menschen im Münstertal schon seit Langem: Karl der Große war der Gründer des Klosters im Südost-Zipfel der Schweiz. Für den Bischof von Chur und das Fränkische Reich bildete das Kloster einen wichtigen politischen, wirtschaftlichen und kirchlichen Stützpunkt.

Im Planta-Turm, einem über tausendjährigen Wohn- und Fluchtturm und »Kloster im Kloster«, befindet sich das Museum des Klosters. Errichtet wurde der Turm auf den Fundamenten eines Wohn-

Benediktinerinnenpriorat Müstair

Im Val Müstair genießt man frische Bergluft und ein atemberaubendes Panorama.

und Wehrturms aus dem Jahre 958. Die Klosteranlage ist einem riesigen Baukasten vergleichbar, bestehend aus verschiedenen Gebäudeteilen aus über 1200 Jahren. Jedes Zeitalter hat mit Malereien, Stuckaturen, Gewölben und Gegenständen des Alltags und des religiösen Lebens seine Spuren hinterlassen. Das Kloster Müstair wurde 1983 in die Welterbeliste der Unesco aufgenommen.

Als weltoffene »Frauen aus einem anderen Jahrhundert« beherbergen die Benediktinerinnen Gäste, arbeiten im Dorfkindergarten, in der Klosterbibliothek, im ökologisch gepflegten Klostergarten und sind kunsthandwerklich tätig. In der Klausur befinden sich die Produktionsstätten für den täglichen Bedarf: Klosterküche, Vorratsräume und Arbeitsräume der Schwestern. In benediktinischer Gastfreundschaft werden im Gästehaus Besucher aufgenommen, die sich aus der Hektik des Alltags zurückziehen und sich ein paar Tage der Einkehr gönnen möchten. Im Gästehaus gibt es zehn Zimmer für Einzelpersonen und Ehepaare. Die Mahlzeiten aus frischen biologischen Zutaten aus dem Klostergarten werden im Hermaninzimmer aus dem 18. Jahrhundert zusammen mit den anderen Gästen eingenommen. Auch Aufenthalte im zum Kloster gehörigen Bergchalet auf der Alm über dem Kloster sind möglich. Im Frühjahr und Herbst bieten die Benediktinerinnen professionell geleitete Fastenwochen mit Meditations- und Yogaübungen an. Die Klosterkirche und die Gnadenkapelle stehen Besuchern für das individuelle Gebet offen. Gäste und Touristen dürfen im hauseigenen Museum im Planta-Turm einen Blick hinter die Klostermauern werfen. Dort tritt man eine Zeitreise durch 1200 Jahre Kloster- und Baugeschichte an.

❶ Schweizer Nationalpark

Die Gründung des Schweizerischen Nationalparks 1914 war ein Meilenstein in der Naturschutzgeschichte. Er war der erste Nationalpark der Alpen und Mitteleuropas und umfasst ein Stück alpiner Landschaft mit reicher Flora und Fauna. Im Nationalpark werden keine Tiere gejagt, keine Bäume geschlagen, keine Wiesen gemäht. Im Nationalpark herrschen Zustände, wie

Als Gast im Kloster

Umwerfend schönes mittelalterliches Kloster in atemberaubender hochalpiner Lage. Für die Wanderschuhe ein Extra-Paar Socken einpacken, das Val Müstair und der Schweizer Nationalpark sind einfach zu attraktiv, um die Füße hochzulegen!

BENEDIKTINERINNENPRIORAT MÜSTAIR

sie vor dem Eintreffen des Menschen vor 5000 Jahren überall geherrscht haben. Damit in diesem »Urwald« niemand verloren geht, wurde der digitale Wanderführer WebParkSNP entwickelt (verfügbar für Android und iOS). Sein Bestimmungsschlüssel hilft, Pflanzen, Vögel, Schmetterlinge und Heuschrecken richtig zu identifizieren. Außerdem wird man von dem Audiobotschaften der Parkwächter sekundenschnell erreicht, falls sich doch einmal ein Bär in den Park verirren sollte. Geräte mit der Anwendung können auch telefonisch oder per E-Mail reserviert werden (Tel. +41 81/851 41 41, E-Mail: webpark@nationalpark.ch).

Nationalparkhaus, 7530 Zernez; Tel. +41 81/851 41 41, Ende Mai–Okt. tgl. 8.30–18, Nov.–Dez. Mo–Sa 9–12, 14–17, Jan.–Anf. März Mo–Sa 9–17, Mitte März–Mitte Mai Mo–Fr 9–12, 14–17 Uhr, www.nationalpark.ch

 Handweberei Tessanda, Sta. Maria

Fantasie, Kampf für soziale Verbesserungen und Verantwortungsgefühl führten vor 70 Jahren zur Gründung der Handweberei »Tessanda«: Die Stifter wollten jungen Frauen im entlegenen Bergtal zu einer Berufsausbildung und einer Verdienstmöglichkeit verhelfen, dabei das Kunsthandwerk fördern und zur Erhaltung traditioneller Stoffmuster ermuntern. Die »Tessanda« arbeitet heute ohne Profit. Ihr Ziel ist es, das kunsthandwerkliche Handweben in der Industriegesellschaft als kulturelles Gut zu bewahren. Im Verkaufsgeschäft in Sta. Maria finden Besucher eine große Auswahl handgewobener Gebrauchs- und Geschenkartikel. Modernes Design kombiniert mit traditioneller Handwebkunst bringt originelle Textilien hervor. In Kontrast dazu stehen die bäuerlichen Webmuster, die als »Bündner Ethno-Stil« neue Aktualität gewinnen. Interessierte können sich in eintägigen oder einwöchigen Kursen an der Kunst des Handwebens versuchen. Webmaterial wird im Kurs gestellt. In den Sommermonaten findet immer Mittwoch nachmittags eine 45-minütige Führung durch das Atelier statt, bei der man den Weberinnen über die Schulter schauen kann.

Ladengeschäft: Via Maistra 14, 7536 Sta. Maria, Tel. +41 81/858 51 26, Mo–Fr 8–12, 13.30–18, Juni–Okt. zus. Sa 9–12 Uhr, www.tessanda.ch

 Service

Angebot für Gäste
- Teilnahme am Chorgebet
- Exerzitien(-wochen)
- Stille Tage im Kloster
- Fastenwochen mit Meditation und Yoga
- Kloster- und Kirchenführungen

Unterkunft
- Im Gästehaus: EZ/DZ auf Anfrage inkl. VP
- Berghütte »Maiensäss«: für Selbstversorger
- Fasten- und Exerzitienwochen: Pauschalpreise für Unterkunft und Verpflegung

Verpflegung
- Hermaninzimmer: Speisesaal des Gästehauses

Einkaufsmöglichkeit
- Klosterladen: Karten, Bücher, regionale Spezialitäten, Tee, Klosterlikör, Klosterweine, Kohlsalbe, Anisplätzchen, Stickereien, Devotionalien, Kunsthandwerk, Repliken, Gebrauchs- und Zierobjekte
- Öffnungszeiten: Mai–Okt. Mo–Sa 9–18, So 13.30–18, Nov.–Apr. Mo–Sa 10–12, 13.30–16.30, So 13.30–16.30 Uhr

Reservierung
- Gästehaus: Sr. Pia Willi, Tel. +41 81/851 62 23, E-Mail: gaestehaus@kloster-muestair.ch
- Maiensäss: Tel. +41 81/851 62 20, E-Mail: verwaltung@kloster-muestair.ch

 Valchava

Das schöne Bergdorf mit seinem barocken Kirchturm aus dem 15. Jahrhundert ist sehr charmant gelegen. Sein »magischer Ort« ist das Talmuseum »Chasa Jaura«, eines der schönsten Häuser im Val Müstair. In den behutsam restaurierten Räumen wird Besuchern die einstige bäuerliche und handwerkliche Lebensweise der »Jauer« (Münstertaler) mit Originalmöbeln und Geräten demonstriert. Im Keller ist eine vollständig erhaltene Hammerschmiede zu sehen. Im Museum finden auch regelmäßig Ausstellungen, Konzerte und Lesungen statt. Der aus der Frühzeit des Tales stammende und mit großem Aufwand restaurierte Kalkbrennofen ist eine weitere Sehenswürdigkeit Valchavas. Das imposante Gemeindegebiet erstreckt

BENEDIKTINERINNENPRIORAT MÜSTAIR

sich im Norden über den Valpaschun und die Alp Tabladatsch bis zum Gipfel des Piz Terza und eignet sich hervorragend als Ausgangspunkt für Wanderungen.

Chasa Jaura: Bauorcha 17, 7535 Valchava, Tel. +41 81/858 53 17, Anf. Juni–Mitte Okt. Di–Fr 10–12, 15–18, Sa/So 15–18 Uhr, www.chasajaura.ch

 Glorenza/Glurns (Italien)

In Glurns, der kleinen Stadt mit großer Vergangenheit, scheint die Zeit stillzustehen. Da spazieren schon einmal Steinböcke auf Erkundungstour neben den Touristen über das Kopfsteinpflaster. Zum ersten Mal wird die Stadt Glurns im Vinschgau 1304 erwähnt. Heute ist sie mit 850 Einwohnern die kleinste Stadt Südtirols und ein verträumtes architektonisches Juwel. Die komplett erhaltene Ringmauer mit drei massigen Türmen und einer Reihe von Wehrtürmen umschließt anmutige Gassen, Bürgerhäuser aus dem 16. Jahrhundert und verwinkelte Kolonnaden. Während des Krieges war Glurns ein obligatorischer Durchgangsort für den Handel von gesalzenen Mandeln zwischen Deutschland, Österreich und der Lombardei. Bekanntester Sohn der Stadt ist Paul Flora, Zeichner, Karikaturist und Grafiker. Ihm ist in der Stadt ein eigenes Museum gewidmet, das einige seiner markantesten Werke ausstellt und über Leben und Wirken des Künstlers informiert. Glurns ist auch ein guter Ausgangspunkt zu Wanderungen in die umliegende Bergwelt. Von einfachen Ausflügen bis zu hochalpinen Touren ist alles dabei. Der Hausberg der Stadt, das Glurnser Köpfl (2349 m), ist in 3 Std. zu erreichen und bietet eine herrliche Aussicht.

Tourist Info: Rathauspl. 1, I-39020 Glurns, Tel. +43 04 73/83 12 88, www.glurns.eu; Paul Flora Museum im Kirchtorturm: Tel. +39 04 73/83 10 97, Mai, Juni, Okt. Di–So 11–16, Juli, Aug. tgl. 10–17, Sept. Di–So 11–17 Uhr

 Bormio Thermalbäder (Italien)

Das Wasser der Bäder und Thermen von Bormio enthält gelöste Salze und hat einen hohen Eisengehalt. Gegen diverse Unpässlichkeiten wird das Thermalwasser in Form von Fangobädern, Saunaaufgüssen, Dampfmassagen und Trinkkuren eingesetzt. In Bormio selbst können Gäste Thermalbäder besuchen, die an die Kurhäuser und Warmwasserbäder angeschlossen sind. Die natürliche Grotte mit Thermalwässern zwischen 37 und 43 °C wird aus Quellen gespeist, die bereits von Cassiodor im 6. Jahrhundert erwähnt werden. Das Wohlfühlprogramm wird von einem erfrischenden Spaziergang im Park von Bormio abgerundet.

Via Stelvio 14, 23032 Bormio, Tel. +39 03 42/90 13 25, www.bormioterme.it

 Livigno (Italien)

Besucher tauchen bereits bei der Anreise tief in die berückende Atmosphäre der grünen Berge ein, die den Ort umgeben, die kristallklaren Wasser und die erfrischende Luft, aber auch in die unvergleichbare Schönheit des Tales. Zu entdecken gibt es allerhand: charakteristische Kirchen, alte Traditionen und Sitten der Region, die typische Küche, Livignos Legenden und den einzigartigen Dialekt der Einwohner. Speziell in Sprichwörtern wurden über Jahrhunderte »Weisheiten« des täglichen Lebens von Generation zu Generation weitergegeben. Für Besucher sind vor allem die Hinweise zur Wettervorhersage bedeutsam: »Se la végn de Valècia, l'e una brùta acquècia«, so eine alte Bauernregel, die erläutert, dass Regen aus südlicher Richtung heftig und andauernd ausfällt. Jedes Jahr im Juli findet die internationale Landart-Ausstellung »Pietrarte« statt. Zahlreiche Künstler arbeiten unter freiem Himmel an ihren Skulpturen, die dann den ganzen Sommer über im fantastischen Rahmen des »Valle dello Spol« betrachtet werden können.

 Sommerskifahren Stelvio (Italien)

Abwechslung bringt auch das Sommerskifahren auf dem Stelvio – ein attraktives Skigebiet mit Liftanlagen und Schwebebahnen. Nebst dem Skifahren kann man hier oben auch andere Attraktionen miterleben, wie Schneebrettfahren, Flüge mit dem Hängegleiter usw. Das Stilfserjoch (Stelvio) ist auch ein beliebtes Ausflugsziel für Wanderer und solche, die gerne die Berggegend genießen möchten, mit Blick auf die umliegenden Alpen und den Ortler. Hier lassen sich der Sonnenschein und die vielen Verpflegungsmöglichkeiten bestaunen.

Inmitten einer von Hektik getriebenen Welt ist unser Kloster ein
Ort der Ruhe, an dem Leib und Seele neue Kraft schöpfen dürfen.

Urlaub in klösterlicher Atmosphäre. Erholen Sie sich in unserem
Vitalzentrum (Massagen, Sauna, Schwimmbad, Fitness und Entspannung).
Genießen Sie die herrliche Natur im weitläufigen Klosterpark oder
lassen Sie sich von unseren spirituellen Impulsen anregen.

Kloster Arenberg
Cherubine-Willimann-Weg 1
D-56077 Koblenz

Tel. +49 (0) 261 - 6401- 0
Fax +49 (0) 261 - 6401- 3454

info@kloster-arenberg.de
www.kloster-arenberg.de

REGISTER

A
Abtei Himmerod   58 ff.
Admont, Stift   146 ff.
Allensbach
   - Kloster Hegne   93 ff.
   - Wild- und Freizeitpark   94 f.
Allgäuer Volkssternwarte   98
Altenburg, Stift   124 ff.
Altenstadt, Kloster Engelthal   53 ff.
Ammersee-Bahn   102
aquasol Rottweil   80
Archäologischer Park Herrsching   103
Arenberg, Kloster   46 ff.
Arp Museum   41
Ausflug durch die Moränenlandschaft   165

B
Bad Camberg   52
Bad Lauterberg, Einhornhöhle   25
Bad Schönbrunn, Lassalle-Haus   162 ff.
Bad Wörishofen, Therme   99
Baden bei Wien   139 f.
Barsinghausen, Kloster   10 f.
Bautzen, Deutsch-Sorbisches Volkstheater   30
Bedaium, Römermuseum   115
Befreiungshalle Kelheim   71
Belchen   89
Benediktbeuern, Kloster   108 ff.
Benediktenwand-Tour   111
Benediktinerabtei
   - Beuron   84 f.
   - Gerleve   12 ff.
   - Königsmünster   18 ff.
   - Maria Laach   42 ff.
   - Münsterschwarzach   65 ff.
   - Niederaltaich   75 ff.
   - Ottobeuren   96 ff.
   - St. Mauritius   62 ff.
   - Unserer Lieben Frau zu den Schotten, Schottenstift Wien   134 f.
   - Weltenburg   68 ff.
   - zum Heiligen Kreuz Scheyern   72 ff.
Benediktinerinnenabtei
   - Engelthal   53 ff.
   - Frauenwörth   112 ff.
   - Unserer Lieben Frau zu Varensell   15 ff.
   - vom Hl. Kreuz Herstelle   22 f.
Benediktinerinnenpriorat Müstair   166 ff.
Benediktinerkloster
   - Mariastein   156 ff.
   - Nütschau   6 ff.
   - Wechselburg   27 f.
Benediktinerstift
   - Altenburg   124 ff.
   - Göttweig   127 ff.
   - Seitenstetten   140 ff.
   - St. Blasius   146 ff.
   - St. Lambrecht   150 ff.
Bergwerk Silberberg   76 f.
Berkelquelle   14
Berneuchener Haus Kloster Kirchberg   78 ff.
Bernried, Kloster   104 ff.
Beuron, Erzabtei   84 f.
Beverungen, Abtei Herstelle   22 f.
Billerbeck
   - Abtei Gerleve   12 ff.
   - Theatermeile   14
Bilsteinhöhle Warstein   21
Blaubeuren, Blautopf   83
Blomberg Sommerrodelbahn   107
Bormio Thermalbäder   170
Brauerei-Museum Murau   153
Brenner Moor   9
Buchheim-Museum   106
Büdingen   54 f.
Burg
   - Eltz   61
   - Hardegg   120
   - Hohenzollern   79
   - Liechtenstein   139
   - Rappottenstein   123

C
Chiemsee
   - Naturerlebnistouren   115
   - Radtour   115
Communität Christusbruderschaft Selbitz   56 f.
Crescentia-Pilgerweg   99

D
Dampferfahrt Starnberger See   105
Deggendorfer Knödelsage   77
Deutsch-Sorbisches Volkstheater Bautzen   30
Donaudampfschifffahrt   76
Dormagen, Kloster Knechtsteden   36 f.
Drachenfels   41

E
Edlibach, Lassalle-Haus   162 ff.
Eifelgeysir »Wallender Born«   61
Einhornhöhle Bad Lauterberg   25
Engelthal, Kloster   53 ff.
Erzabtei St. Ottilien   100 ff.
Evangelische Kommunität Kloster Barsinghausen   10 f.

F
Fahrradmuseum Ybbs   133
Festung Ehrenbreitstein   49
Festung Wilhelmstein   11
Floßfahrt Isar   106
Forsthaus Ilkahöhe   106
Fränkischer Gebirgsweg   57
Frauenchiemsee, Abtei Frauenwörth   112 ff.
Fraunhofer Glashütte   110
Freilichtmuseum Glentleiten   111
50er-Jahre-Museum   55

G
Gabriele Münter Haus   107
Gartenkulturpfad Kamenz   31
Geras, Stift   118 ff.
Geraser Hausberg   120
Gerleve, Abtei   12 ff.
Gerode, Kloster   24 ff.
Gesäuse   149
Glauberg, Keltenwelt   55
Glentleiten, Freilichtmuseum   111
Glorenza   170
Glurns   170
Gnadenthal, Kloster   50 ff.
Görlitz   35
Göttweig, Stift   127 ff.
Grabneralmhaus   149
Großlittgen, Abtei Himmerod   58 ff.

H
Haag   142
Handweberei Tessanda, Sta. Maria   169
Hängegarten Schloss Neufra   82 f.
Hegne, Kloster   93 ff.
Heiligenkreuz, Stift   136 ff.
Heimatmuseum Hüsli   92
Heimbach, Trappistenabtei Mariawald   38 f.
Herrenchiemsee   114
Herrsching, Archäologischer Park   103
Herstelle, Abtei   22 f.
Herzogstand   107
Heuneburg   82
Himmerod, Wandern   60 f.
Hinterbrühl, Seegrotte   138
Hirzel, Johanna-Spyri-Museum   165
Hohenschwangau, Schloss   103
Hohes Venn, Naturpark   39
Höhlenburg Puxerloch   153
Höllgrotten, Baar   164 f.
Holzmuseum   152
Holzwelt   152
Hopfenmuseum Wolnzach   74
Hünfelden, Kloster Gnadenthal   50 ff.

I
Ilkahöhe, Forsthaus   106
Isar, Floßfahrt   106

J
Jamek, Weingut & Restaurant   129
Johann-Adams-Mühle   63
Johanna-Spyri-Museum Hirzel   165

K
Kamenz
   - Gartenkulturpfad   31
   - Lessingmuseum   31
Kanufahren
   - auf dem Neckar   80
   - auf der Trave   9

REGISTER

Kapuzinerkloster
- Rapperswil — 160 f.
- Stühlingen — 90 ff.

Karmel Mayerling — 139
Kelchstein, Klettern — 35
Keldorado — 70 f.
Kelheim
- Befreiungshalle — 71
- Kloster Weltenburg — 68 ff.

Keltenwelt am Glauberg — 55
Keltisches Freilichtmuseum Heuneburg — 82
Kirchberg, Kloster — 78 ff.
Kirchenburgmuseum Mönchsondheim — 66
Kittenberger Erlebnisgärten — 123
Kitzingen, Weinlandkreis — 66
Klangburg Rappottenstein — 123
Klettern auf dem Kelchstein/Zittauer Gebirge — 35
Kloster
- Arenberg — 46 ff.
- Benediktbeuern — 108 ff.
- Bernried — 104 ff.
- Gnadenthal — 50 ff.
- Hegne — 93 ff.
- Kirchberg — 78 ff.
- Knechtsteden der Spiritaner — 36 f.
- Scheyern — 72 ff.
- St. Clemens der Franziskanerinnen von Nonnenwerth — 40 f.
- St. Marienstern — 29 ff.
- St. Trudpert — 86 ff.
- St. Marienthal — 32 ff.
- Untermarchtal — 81 ff.

Knechtsteden, Kloster — 36 f.
Kneipp-Heilbad Bad Camberg — 52
Koblenz
- Kloster Arenberg — 46 ff.
- Nachtführung — 49

Kochel am See — 110 f.
Kolvenburg — 13
Königsmünster, Abtei — 18 ff.
Krems — 129
Kremserberg, Panoramaweg — 133

L

Lahn, Schifffahrt — 51 f.
Lamaranch St. Leonhard — 142 f.
Landsberg am Lech — 102 f.
Landtechnikmuseum Schloss Leiben — 133
Lassalle-Haus Bad Schönbrunn — 162 ff.
Laufen — 158
Lava-Dome Mendig — 45
Lessingmuseum Kamenz — 31
Limburg an der Lahn — 51
Livigno — 170
Lutherweg Sachsen — 28

M

Maarmuseum Manderscheid — 61
Mainau — 94

Manderscheid, Maarmuseum — 61
Maria Laach, Abtei — 42 ff.
Mariastein, Kloster — 156 ff.
Mariawald, Abtei — 38 f.
Marktbreit
- Malerwinkelhaus — 67
- Römerrundweg — 67

Melk, Stift — 130 ff.
Mennokate — 9
Menzingen — 165
Meschede
- Abtei Königsmünster — 18 ff.
- Himmelstreppe — 21

Mönchsondheim, Kirchenburgmuseum — 66
Mostviertler Bauernmuseum — 143
Münsterschwarzach, Abtei — 65 ff.
Münstertal, Kloster St. Trudpert — 86 ff.
Murau, Brauerei-Museum — 153
Murnauer Meditationsweg — 107
Murtalbahn — 152 f.
Museum
- Malerwinkelhaus Marktbreit — 67
- Manderscheid — 61
- 50er-Jahre — 55

Museumsbahn Wutachtal — 91
Museumsmühle im Weiler — 91
MuseumsQuartier Wien — 135
Müstair, Kloster — 166 ff.

N

Nationalpark Harz — 26
Naturerlebnistouren Chiemsee — 115
Naturpark
- Hohes Venn — 39
- Sparbach — 138
- Zirbitzkogel-Grebenzen — 153

Naturpark-Express — 85
Neckar, Kanufahren — 80
Neuschwanstein, Schloss — 107
Niederaltaich, Abtei — 75 ff.
Niederösterreichische Safari — 142 f.
Nonnenwerth, Kloster — 40 f.
Nordic Walking in Sulz am Neckar — 80
Nütschau, Kloster — 6 ff.

O

Oberammergau — 107
Österreichische Romantikstraße — 129
Ostritz, Kloster St. Marienthal — 32 ff.
Ostseeheilbad Travemünde — 8
Ottobeuren, Kloster — 96 ff.

P

Panschwitz-Kuckau, Kloster St. Marienstern — 29 ff.
Perlmutt Manufaktur — 120
Pfaffenhofen an der Ilm — 74
Pferdehof Weistrach — 142 f.
Polenmuseum Rapperswil — 161
Prämonstratenser-Chorherrenstift Geras — 118 ff.

Provinzhaus Hegne der Barmherzigen Schwestern — 93 ff.
Puxerloch — 153

R

Radtour Chiemsee — 115
Rapperswil
- Kloster — 160 f.
- Polenmuseum — 161

Remagen, Kloster Nonnenwerth — 40 f.
Rheda-Wiedenbrück — 16 f.
Rheinfall bei Schaffhausen — 91 f.
Rietberg
- Abtei Varensell — 15 ff.
- Stadt — 16 f.

Römerbergwerk Meurin — 44 f.
Römermuseum »Bedaium« — 115
Römerrundweg Marktbreit — 67
Roseninsel — 106
Rottweil, aquasol — 80

S

Saint Ursanne — 159
Schaffhausen, Rheinfall — 91 f.
Schaumbergbad — 64
Scheyern
- Kloster — 72 ff.
- Wandern — 74

Schifffahrt
- auf der Lahn — 51 f.
- auf der Weser — 23

Schlierbach, Stift — 144 f.
Schloss
- Braunfels — 52
- Glatt — 80
- Herzberg — 26
- Hohenschwangau — 103
- Leiben, Landtechnikmuseum — 133
- Neufra, Hängegarten — 82 f.
- Neuschwanstein — 107
- Rheda — 17
- Rochlitz — 28
- Rosenburg — 122 f.
- Ruegers — 120
- Salaberg, Zoo Haag — 142 f.
- Schallaburg — 132 f.
- Stolzenfels — 48
- Trautenfels — 149

Schluchsee, Seerundfahrt — 92
Schmalspurbahn, Zittauer Gebirge — 35
Schottenstift Wien — 134 f.
Schrobenhausen, Spargelmuseum — 74
Schulerloch — 71
Schwäbisches Bauernhofmuseum — 99
Schweizer Nationalpark — 168 f.
Seegrotte Hinterbrühl — 138
Seitenstetten, Stift — 140 ff.
Selbitz, Communität — 56 f.
Seppelbauers Mostothek — 143
Siebengebirgsmuseum — 41

173

REGISTER

Silberberg	77	- Nordic Walking	80	Wasserschloss Glatt	80
Sommerskifahren Stelvio	170	Süntelbuchenallee	11	Wechselburg, Kloster	27 f.
Sorbisches Museum	30			Weingut & Restaurant Jamek	129
Sparbach, Naturpark	138	**T**		Weingut Thomas Mend	67
Spargelmuseum Schrobenhausen	74	Tessanda, Handweberei Sta. Maria	169	Weltenburg, Kloster	68 ff.
St. Lambrecht, Stift	152	Theatermeile Billerbeck	14	Weser, Schifffahrt	23
St. Marienstern, Kloster	29 ff.	Thermalbäder, Bormio	170	Weser-Skywalk	23
St. Marienthal, Kloster	32 ff.	Therme Bad Wörishofen	99	Wien, Schottenstift	134 f.
St. Ottilien, Erzabtei	100 ff.	Tholey, Abtei Tholey St. Mauritius	62 ff.	Wieskirche	103
St. Pölten, Panoramaweg Kremserberg	133	Trappistenabtei Mariawald	38 f.	Wilhelmstein, Festung	11
St. Trudpert, Kloster	86 ff.	Trave	9	Wolnzach, Hopfenmuseum	74
Sta. Maria, Handweberei Tessanda	169	Travemünde	8	Wutachtal, Museumsbahn	91
Starnberger See, Dampferfahrt	105	Travenbrück, Kloster Nütschau	6 ff.		
Staufen	89			**Y**	
Steinen, Vogelpark	92	**U**		Ybbs, Fahrradmuseum	133
Steirische Holzstraße	152	Untermarchtal, Kloster	81 ff.		
Stelvio	170			**Z**	
Stift		**V**		Zirbitzkogel-Grebenzen, Naturpark	153
- Admont	146 ff.	Valchava	169 f.	Zisterzienserabtei Himmerod	58 ff.
- Altenburg	124 ff.	Varensell, Abtei	15 ff.	Zisterzienserstift Zwettl	121 ff.
- Geras	118 ff.	Villa KünstlerBunt	21	Zittauer Gebirge	
- Göttweig	127 ff.	Vogelpark Steinen	92	- Klettern	35
- Heiligenkreuz	136 ff.	Völklinger Hütte	64	- Schmalspurbahn	35
- Melk	130 ff.			Zons am Rhein	37
- Schlierbach	144 f.	**W**		Zoo	
- Zwettl	121 ff.	Wachau	129	- Haag	142 f.
Stilserjoch	170	Wallender Born	61	- Safaripark Stukenbrock	17
Straße der Skulpturen	64	Wandern		Zugspitze	107
Stühlingen, Kloster	90 ff.	entlang des Fränkischen Gebirgsweges	57	Zwettl, Stift	121 ff.
Sulz am Neckar		rund um Himmerod	60 f.		
- Kloster Kirchberg	78 ff.	rund um Scheyern	74		

Bildnachweis:

Cover (o.) Weg der Mitte gem. e.V.; Cover (u.v.l.) Shutterstock.com: Jenny Sturm, Weltenburger Klosterbetriebe GmbH, Lookphotos: F. Werner;
U2 (v.o.l. im Uhrzeigersinn) Alamy: S. Hammer, laif: Matthias Jung, Glow Images, stock.adobe.com: Jürgen Wackenhut; S. 2 (v.o.) imago, Weg der Mitte gem. e.V., Bildagentur Huber: Eiben, Shutterstock.com: Funny Solution Studio; S. 3 (v.o.) Hotel Haus St. Elisabeth, stock.adobe.com: traveldia, Bildagentur Huber: R. Schmid, GlowImages; S. 5 (v.o.l. im Uhrzeigersinn) Bildagentur Huber: R. Schmid, Bildagentur Huber/H.P. Huber, Lookphotos: H. & D. Zielske, laif: Martin/Le Figaro Magazine; S. 6–7 Your Photo Today: M. Staudt; S. 10 imago; S. 12 imago; S. 15 dpa Picture-Alliance: B. Thissen; S. 16; S. 18–19 laif: Matthias Jung; S. 20 laif: Matthias Jung; S. 22 Abtei Herstelle/ Bertram Solcher, Hamburg; S. 24 Weg der Mitte gem. e.V.; S. 25 Weg der Mitte gem. e.V.; S. 26 Weg der Mitte gem. e.V.; S. 27 stock.adobe.com: animaflora; S. 29 laif: Peter Hirth; S. 32–33 GlowImages; S. 35 stock.adobe.com: Buesi; S. 36 stock.adobe.com: hanseat; S. 38 Alamy: S. Hammer; S. 40 dpa: G. Launer/euroluftbild.de; S. 42–43 Lookphotos: H. & D. Zielske; S. 45 Lookphotos: Brigitte Merz; S. 46–47 Aue Lik GbR - Lufthelden; S. 50 dpa Picture-Alliance: S. Maurer; S. 53 Your Photo Today: B. Gierth; S. 54 dpa Picture-Alliance: F. Rumpenhorst; S. 56 imago; S. 58–59 Bildagentur Huber: Eiben; S. 60 laif: Andreas Hub; S. 62 Bildagentur Huber: R. Schmid; S. 63 dpa Picture-Alliance: G. Knoll; S. 65 Lookphotos: Holger Leue; S. 68–69 Bildagentur Huber/H.P. Huber; S. 70 Weltenburger Klosterbetriebe GmbH; S. 72 Glow Images; S. 75 Lookphotos: Ernst Wrba; S. 76 Glow Images; S. 78 stock.adobe.com: Jürgen Wackenhut; S. 80 stock.adobe.com: Jürgen Wackenhut; S. 81 dpa Picture-Alliance:euroluftbild.de/ Gerhard Launer; S. 84 laif: Martin/Le Figaro Magazine; S. 86–87 Shutterstock.com: Funny Solution Studio; S. 88 Lookphotos: D. Schoenen; S. 90 laif: J. Modrow; S. 92 Shutterstock.com: gevision; S. 93 Hotel Haus St. Elisabeth; S. 94 Hotel St. Elisabeth; S. 95 Shutterstock.com: LaMiaFotografia; S. 96–97 GlowImages; S. 100 stock.adobe.com: traveldia; S. 102 Erzabtei St. Ottilien; S. 103 Erzabtei St. Ottilien; S. 104 Bildagentur Huber: H.P. Huber; S. 106 Bildagentur Huber: Bäck; S. 108–109 Bildagentur Huber: R. Schmid; S. 112–113 Lookphotos: F. Werner; S. 114 Bildagentur Huber: R. Schmid; S. 117 (v.o.l. im Uhrzeigersinn) imago, mauritius images: A. Schauhuber/ imageBROKER, laif: L. Hapsis/IML, Alamy: J. Winter; S. 118 Alamy: V. Preusser; S. 119 Alamy: V. Preusser; S. 121 GlowImages; S. 122 GlowImages; S. 124–125 GlowImages; S. 127 laif: Le Figaro Magazine; S. 128 mauritius images: Rainer Hackenberg; S. 130–131 Bildagentur Huber: Gräfenhain; S. 132 laif: L. Hapsis/IML; S. 134 Bildagentur Huber: Mirau; S. 136 mauritius images: A. Schauhuber/ imageBROKER; S. 138 www.stift-heiligenkreuz.org; S. 139 Römertherme Baden; S. 140–141 mauritius images: V. Preusser; S. 142 Alamy: J. Winter; S. 144 mauritius images: Martin Siepmann; S. 146–147 imago; S. 148 imago; S. 150 GlowImages; S. 152 GlowImages; S. 155 (v.o.l. im Uhrzeigersinn) Lassalle Haus: Stefan Kubli, Sebastian Wase, GlowImages, Lookphotos: T. Stankiewicz; S. 156–157 Bildagentur Huber: Sebastian Wase; S. 158 Bildagentur Huber: Sebastian Wase; S. 159 Bildagentur Huber: Sebastian Wase; S. 160 GlowImages; S. 162–163 Lassalle Haus: Stefan Kubli; S. 164 Lassalle Haus: Stefan Kubli; S. 166–167 mauritius images: U. Bernhart; S. 168 Lookphotos: T. Stankiewicz; U4 (v.l.) Shutterstock.com: My Good Images, Lassalle Haus: Stefan Kubli, Bildagentur Huber: Bäck, Shutterstock.com: Funny Solution Studio, Shutterstock.com: Martins Vanags

Urlaub im Kloster

12 Meditationen zum Entspannen

Plus: nützliche Adressen, Kloster-Abc und Kloster-Knigge

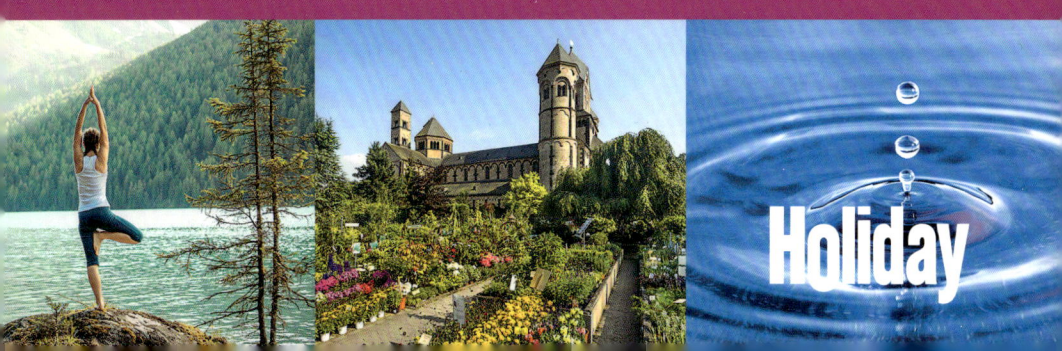

INHALT

Zur Einstimmung   4
Auf das Wesentliche besinnen   4

Die Mitte finden   5
    Praxisübung: Dem Lärm entfliehen   5
    Praxisübung: Den eigenen Rythmus finden   6
    Meditation: Eine Reise in mein Inneres   7
    Meditation: Meinem Atem lauschen   8

In der Stille   11
    Meditation: Die Gedanken ruhen   11
    Meditation: Geräusche der Natur   12
    Meditation: Gipfelerlebnisse   13
    Praxisübung: Was beflügelt mich?   14

Den Alltag verändern   16
    Meditation: Die Tage angehen mit offenem Herzen   17
    Praxisübung: Die Zeit hat mich im Griff   18
    Praxisübung: Auf zu anderen Ufern   19
    Praxisübung: Mit einem Partner die Stille teilen   20

Nützliche Adressen und Webseiten   22
Kloster-Abc   23
Kloster-Knigge   26

Impressum/Bildnachweis   27

# Zur Einstimmung

Auf das Wesentliche besinnen
In der Stille und im Schweigen

Ständig erreichbar sein, Dauerberieselung mit den unterschiedlichsten Informationen und ein hektischer Alltag – wo findet man noch Ruheräume, in denen man bei sich selbst sein kann? Die folgendenden Meditationen und Übungene sollen helfen, den Blick auf das Wesentliche zu konzentrieren.

Zwei Wörter sind von Bedeutung: Stille und Schweigen. Stille ist uns vorgegeben. Eine Kirche ist still. Und indem wir uns in die stille Kirche setzen, werden wir von ihrer Stille eingehüllt. Sie umgibt uns. Ein Wald ist still. Beim Spaziergang durch den Wald können wir die heilsame Stille spüren. Das Rauschen des Waldes, das Plätschern des Baches, das Singen der Vögel stört diese Stille nicht. Die Geräusche der Natur machen vielmehr die Stille erst hörbar. Die Stille, die uns umgibt, lädt uns ein, selbst still zu werden.

Schweigen ist etwas Aktives. Ich halte den Mund. Ich rede einfach nicht. Aber es genügt nicht, nur äußerlich zu schweigen. Ich muss auch meine Gedanken zum Schweigen bringen. Und das ist wesentlich schwieriger. Denn sobald wir versuchen, äußerlich zu schweigen, melden sich viele Gedanken in uns. Ich begegne mir selbst mit all meiner inneren Unruhe und Zerrissenheit. Der erste Schritt des Schweigens ist dann das Annehmen dessen, was in mir ist. Wenn ich all diese Gedanken loswerden möchte, kommen sie immer wieder zurück. Ich muss sie erst in aller Ruhe anschauen und annehmen und mir sagen: Das bin ich auch. Ich bin der Mensch, der so viele Gedanken hat, der so zerrissen und unruhig ist. Wenn ich das annehme, kann ich die Gedanken auch loslassen.

Lassen Sie sich auf die Stille ein: Obwohl wir um die heilende Wirkung der Stille wissen, gönnen wir sie uns nur selten. So möchten die folgenden Meditationen und Übungen Sie daran erinnern, sich auf die Stille einzulassen und das Schweigen einzuüben – egal, ob bei einem Kloster-Retreat oder im Alltag. Die Texte wollen nicht belehren, sondern anstoßen, damit Sie die Weisheit erkennen, die schon in Ihrer Seele ist. In jedem von uns ist die Weisheit, die darum weiß, was für uns und unsere Seele gut ist. Und in uns ist schon der innere Raum der Stille. Lassen Sie sich Zeit für alles, denn in den Momenten der Stille herrscht kein Druck.

Die Mitte finden

 *Praxisübung*

Dem Lärm entfliehen
Oasen im Alltag

Ruhepole zu finden, ist auch im Alltag möglich. Sie sind wie kleine Oasen, die uns die Gelegenheit bieten, für kurze Zeit zu entspannen und uns dann erfrischt wieder an die Arbeit zu machen.

Ein wenig kann man sich auch am Rhythmus der Mönche orientieren, deren Tagesablauf aus dem »ora et labora« – dem Wechsel von Gebet und Arbeit – besteht. Wenn die Glocke zum Chorgebet ruft, lassen sie die Arbeit ruhen, egal, womit sie im Moment beschäftigt sind.

So kann jeder von uns auch kleine Ruhephasen in den Tag einbauen. Dies kann ein Moment der Besinnung am Morgen sein, ein kleiner Spaziergang nach dem Mittagessen oder eine Meditation am Abend, mit der wir uns auf die Nacht einstimmen. Seien Sie kreativ!

Alles, was Sie dafür brauchen, ist ein Ort, an den Sie sich für kurze Zeit zurückziehen können. Das kann eine Ecke in der Wohnung sein, eine Parkbank in der Nähe des Büros, ein ruhiger Weg, den Sie entlangschlendern. Stellen Sie den Computer aus und das Handy ab und bewegen Sie sich fort von Ihrem Arbeitsplatz.

Wichtig ist es, sich unbedingt einen festen Termin für die tägliche Auszeit zu reservieren und diesen auch einzuhalten. Stellen Sie sich vielleicht einfach einen Wecker, der Sie – wie die Klosterglocke – daran erinnert, dass jetzt Ihre Zeit des »ora« angebrochen ist. Kalkulieren Sie eine realistische Zeitspanne. Zweimal fünf Minuten täglich sind schon sehr wertvoll, je zehn Minuten natürlich noch besser. Sie werden allmählich merken, wie sehr Sie von diesen kurzen Auszeitphasen profitieren.

Mitten im Trubel des Alltags können Sie sich so Ihren Raum der Stille vorstellen: Dort hat der Lärm des Alltags keinen Zutritt. Dort können Sie aufatmen, allein sein mit sich, eins sein mit Ihrem innersten Selbst. Die Menschen mit ihren Erwartungen und Ansprüchen und Meinungen haben dort keinen Zutritt. Auch die eigenen Selbstzweifel und Selbstbeschuldigungen können dort nicht eindringen. Und genauso wenig können verletzende Worte oder Blicke in diesen inneren Raum der Stille gelangen. Er ist ein heiliger Raum, der der Macht der Welt entzogen ist.

DIE MITTE FINDEN

Den eigenen Rhythmus finden
Auf seine Seele hören

Jeder Mensch hat in sich einen Rhythmus. Wir sprechen vom Biorhythmus. Wenn ich nach meinem inneren Rhythmus lebe, dann werde ich nicht erschöpft. Dann gehe ich behutsam mit mir um.

Ich weiß, wann es Zeit ist, Hand anzulegen und zu arbeiten. Und ich weiß, wann es Zeit ist zum Ausruhen. Wer im Rhythmus arbeitet, der kann effektiver und nachhaltiger arbeiten – wusste schon C. G. Jung. Ich lasse mich nicht von den äußeren Aufgaben bestimmen. Ich höre gut in mich hinein und frage mich: Was ist jetzt dran? Wenn ich spüre, dass in mir der Impuls ist, einen Artikel zu schreiben, dann fließt es einfach. Aber ich weiß auch, was meine kreativen Stunden sind: In den ersten Stunden des Tages ist der Geist noch frisch. Da kann er schwierige Aufgaben gut erledigen. So horche ich immer auf meine Seele. Sie sagt mir, was in diesem Moment am sinnvollsten für mich ist. Dann werde ich nie kraftlos. Ich lebe im Rhythmus meiner Seele. Das hält mich lebendig und frisch, so wie die Natur immer wieder neu im Rhythmus aufblüht und loslässt. Der biblische Lehrer Kohelet, der die Weisheit Israels mit der griechischen Weisheit verbindet, hat die schönen Worte geformt: Alles hat seine Stunde. Für jedes Geschehen unter dem Himmel gibt es eine bestimmte Zeit: eine Zeit zum Gebären und eine Zeit zum Sterben, eine Zeit zum Pflanzen und eine Zeit zum Abernten der Pflanzen ... (Altes Testament, Buch Kohelet 3,1f.).

Um im Rythmus der Seele leben zu können, ist es aber auch wichtig, Nein sagen zu lernen. Noch niemand hat es geschafft, »Everybody's darling« zu sein. Wer es jedem Menschen recht machen will, ist zum Scheitern verurteilt. Er wird sich selbst zerreißen und damit weder sich noch anderen hilfreich sein. Aber es gibt Menschen, die einfach nicht »Nein« sagen können. Es sind meist Helfernaturen, die den Mitmenschen Gutes tun wollen. Sie fühlen sich in ihrer Haut oft unwohl, weil sie zwar jeden unterstützen möchten, aber feststellen, dass sie diesem Anspruch nicht genügen können. Und diese Menschen laufen Gefahr, ausgenutzt zu werden.

Wie aber kann man aus dieser Spirale ausbrechen? Zunächst ist auch hier der erste Schritt, sich in die »innere Wüste« zurückzuziehen. Einkehr bei sich zu halten und zu überlegen, an welcher Stelle der persönliche Einsatz am wichtigsten ist. Zu durchdenken, wer wirklich Unterstützung braucht und wer seinen eigenen Weg gehen kann. Setzen Sie Schwerpunkte, und achten Sie darauf, andere Menschen rechtzeitig in die Unabhängigkeit zu entlassen. Und machen Sie Ihre Grenzen deutlich. Auch wenn es nicht einfach ist – die anderen werden lernen, dies zu akzeptieren.

Eine Reise in mein Inneres
Wie sieht es in mir aus?

Mit einer kleinen Meditation können wir in unserem Inneren ein wenig auf Schatzsuche gehen und entdecken, wie es in uns aussieht.

Begeben Sie sich an einen ruhigen Ort, an dem Sie ungestört sind. Setzen Sie sich bequem hin, schließen Sie die Augen und atmen Sie tief ein. Mit Ihrem Atem wandern Sie gedanklich in Ihr Inneres, zu Ihrem Herzen. Stellen Sie sich Ihr Herz als kleinen Raum vor, dessen Tür Sie öffnen. Dieser Herzensraum ist möbliert. Es befinden sich dort sehr schöne Dinge wie Liebe, Glück, erfüllende Erlebnisse, Menschen, die Ihnen etwas bedeuten. Dann gibt es dort Gegenstände, die den Blick auf die schönen Dinge versperren. Beispielsweise ungeliebte Verpflichtungen, kleine Ärgernisse des Alltags. Eigentlich sind sie unbedeutend und sollten das Schöne nicht verdrängen, deshalb werfen Sie diese Dinge einfach, bildlich gesprochen, aus Ihrem Herzensraum hinaus. Sie werden darüber hinaus vermutlich aber auch sperriges Gerümpel finden, wie Ärger, Probleme, Verletzungen, Traurigkeit. Nehmen Sie dieses Gerümpel genau unter die Lupe. Vielleicht können Sie auf das ein oder andere Stück verzichten. Vielleicht auch einzelne Stücke bearbeiten, damit sie Ihnen kein Dorn mehr im Auge sind. Gerümpel bedeutet ursprünglich: Gepolter, Lärm. Der Hausrat, der sich ohne Ordnung angesammelt hat, macht Lärm und lenkt vom Wesentlichen ab.

Entrümpeln Sie beherzt, dann wird es Ihnen leichter ums Herz. Oder Sie lassen ein hässliches Möbelstück gedanklich einfach stehen. Beim nächsten Mal haben Sie möglicherweise eine Idee, was Sie damit machen können. Besuche in Ihrem Herzensraum lohnen sich immer. Denn so wissen Sie, wie es in Ihnen aussieht. Innere Turbulenzen können zum Stehen gebracht und trübe Emotionen gereinigt werden.

Meinem Atem lauschen
Bewusst atmen in unruhigen Zeiten

Fast jeder besitzt neben seiner Uhr am Handgelenk noch eine zweite: die innere Uhr. Beide sind unsere Antreiber. Manchmal werden wir dadurch unruhig und hektisch. Spätestens dann ist es Zeit, auf den Atem zu achten.

Es gibt eine kleine Übung, die uns ermöglicht, profund zu atmen und damit zugleich wieder ruhig zu werden.

- Setzen Sie sich dazu mit geradem Rücken auf einen Stuhl, schließen Sie die Augen. Atmen Sie ganz tief ein und doppelt so lange wieder aus.

- Folgen Sie gedanklich Ihrem Atem, der tief bis in den unteren Bauchraum gehen soll.

Wenn Sie dies mehrere Male wiederholen, merken Sie, wie sich mit dem Atem allmählich Entspannung in Ihrem Körper breitmacht und Sie immer ruhiger werden.

- Nun legen Sie den Zeigefinger Ihrer rechten Hand an den linken Nasenflügel und den rechten Daumen an den rechten Nasenflügel.

- Drücken Sie das linke Nasenloch zu und atmen Sie durch das rechte Nasenloch tief ein.

- Schließen Sie das rechte Nasenloch und atmen Sie links doppelt so lange wieder aus.

- Nun atmen Sie links ein, halten dabei das rechte Nasenloch geschlossen.

- Beim Ausatmen schließen Sie das linke Nasenloch und lassen den Atem rechts herausströmen.

- Dies machen Sie im Wechsel zehn bis fünfzehn Mal.

Verfolgen Sie Ihren Atem gedanklich und finden Sie so wieder zu innerer Balance.

»Wenn du dich selbst erkennen willst, dann kehre bei dir selbst ein und suche dich nicht außerhalb deiner selbst.«

Isaak von Stella

In der Stille

Meditation

Die Gedanken ruhen
Zum inneren Schweigen finden

In der Stille kann der Mensch seine innere Stimme hören. Sie meldet sich zuweilen genauso laut wie die Außengeräusche. Man kann lernen, auch innerlich zu schweigen.

Die innere Stimme ist nicht immer angenehm, denn sie spricht von Ängsten, Zwängen, Ärgernissen, starken Emotionen. Dinge, die oft tief in unserem Unterbewusstsein eingelagert waren, weil wir sie durch den Außenlärm nicht mehr hörten. Man sollte diese Gefühle annehmen, sie aber nicht bewerten. Damit sie nicht in Vergessenheit geraten oder im Alltag wieder übertönt werden, kann man sie sich aufschreiben. Eine Meditation hilft uns, das innere Schweigen zu lernen. Setzen Sie sich dazu entspannt hin, schließen Sie die Augen und atmen Sie tief ein und lange aus. Suchen Sie sich ein positiv besetztes Wort aus, das Sie innerlich langsam wiederholen. Dies kann ein Begriff sein wie »Sonne«, »Meer«, für gläubige Menschen auch »Gott«. **Sagen Sie sich nun innerlich den Begriff** immer wieder vor, stellen Sie ihn sich geschrieben vor und betrachten Sie mit geschlossenen Augen diese Buchstaben. Alles, was Ihnen sonst in den Sinn kommt, schieben Sie gedanklich einfach beiseite. Meditieren Sie nur über das eine Wort. Nöte, Ängste, Probleme haben jetzt keinen Platz in Ihren Gedanken, auch wenn sie noch so dominant nach vorn drängen. Sie bleiben bei Ihrem Begriff.

Die Übung können Sie täglich wiederholen. Zehn Minuten sollten Sie sich mindestens Zeit nehmen. Und mit häufiger Wiederholung wird es Ihnen aus dem Stand gelingen, sich mit dieser Meditation einen Raum der Stille im Alltag zu schaffen.

IN DER STILLE

 *Meditation*

Geräusche der Natur
Die Stille »hören«

Es bedarf keines großen Aufwands, um zu meditieren. Draußen in der Natur können wir innehalten, uns der Betrachtung hingeben und uns in die Geräusche der Umgebung versenken.

Wir spüren es selbst: Wenn wir nach einem langen Tag einen Spaziergang in einer stillen Landschaft machen oder wenn wir uns auf eine Bank setzen und die Stille genießen, die uns umgibt, dann ist das wie ein heilendes Bad.
Gehen Sie öfter einmal hinaus auf eine blühende Wiese, streifen Sie Ihre Schuhe ab und legen Sie sich ins Gras. Betrachten Sie den blauen Himmel über Ihnen und die weißen Wolken, die vorbeiziehen. Unter Ihnen der weiche Boden, ringsherum die Gräser, Kräuter und Blüten, die sich leicht im Wind bewegen. Dies hat etwas Beschwingtes. Und Sie sind mittendrin.
Beobachten Sie die Insekten, die sich auf den Blüten niederlassen und wieder fortfliegen mit leichtem Gesurre. Atmen Sie den Duft von Wiese, Wald, Blumen ein. Nehmen Sie alle Gerüche und Geräusche in sich auf. Spüren Sie die Sonne auf Ihrem Gesicht, lassen Sie die Wärme in Ihren Körper strömen und merken Sie, wie gut es Ihnen geht dabei. Wie wohl Sie sich fühlen.
Alles ist still um Sie herum, nur die Natur macht ihre Geräusche. Vogelgezwitscher, das Pochen des Spechts, der Ruf des Käuzchens, das Gesumme der Bienen, das Gleiten des Winds.
Hier geht es Ihnen gut. Die Erfahrungen, die Sie machen, sind ganz schlichter Art. Aber sie sind deswegen nicht von geringer Bedeutung. Im Gegenteil. Es gibt nichts, was jetzt anders sein müsste. Nichts zu tun, nichts zu sagen, nichts zu denken. Nichts zu planen und zu erfüllen. Nichts zu erledigen und abzuhaken. Hier haben Sie alles, was Sie in diesem Moment brauchen. Wirklich alles. Hier sind Sie ganz bei sich.

IN DER STILLE

Gipfelerlebnisse
Die Welt von oben betrachten

Stellen Sie sich einmal vor, Sie seien ein Vogel. Sie breiten Ihre Flügel aus, wann immer Sie möchten, und erheben sich in die Lüfte. Sie nähern sich der Sonne und lassen sich von ihr erst wärmen, bevor Sie sich auf einem hohen Gipfel niederlassen.

Von dort oben sieht die Welt ganz anders aus. Aus dieser Perspektive wirkt Ihr Lebensmittelpunkt auf einmal ganz klein. Er ist nur ein winziger Teil der Welt und nicht ihr Zentrum, wie Sie manchmal vielleicht glauben.
Von Ihrem Gipfel können Sie auch die Menschen aus der Ferne beobachten. Kleine Punkte sind es. Sehr rasch sind manche von ihnen unterwegs, fast gehetzt wirken sie. Andere gehen zielgerichtet, aber gemächlich, und eine dritte Gruppe schlendert, als ob sie nicht wüsste, wohin des Wegs. Winzig wirken sie alle von oben, egal wie wichtig sie sich unten nehmen.
Denken Sie oben auf Ihrem einsamen Berggipfel auch einmal an die Dinge, die Sie so bewegen und Ihnen manchmal wie ein Stein auf der Seele lasten. Aus dieser Entfernung sind sie nur noch kleine Mosaiksteine, völlig unbedeutend eigentlich. Sie müssen sie nur an die richtige Stelle setzen, damit sich das Mosaik Ihres Lebens vervollständigt.
Rings um Sie ist Stille. Hier können Sie sein, wie Sie möchten. Vogelfrei. Sie können zwitschern, singen, jauchzen. Ganz egal, ob Sie den richtigen Ton treffen, Sie sind jetzt bei sich selbst. Innerlich sind wir frei. Nur wissen wir das manchmal gar nicht. Wenn wir es uns bewusst machen, im Kleinen zuerst, dann können sich uns weite Räume erschließen. Genießen Sie diese innere Freiheit.
Leicht und beschwingt kehren Sie nach einer Weile zu Ihrem Platz auf der Erde zurück. Aus Ihrer Vogelperspektive haben Sie gelernt, dass es mehr gibt als Ihre kleine Welt.

IN DER STILLE

Was beflügelt mich?
Innere Kraftquellen entdecken

 *Praxisübung*

Oft drängen wir nach draußen, auf der Suche nach Menschen, Beschäftigungen, Orten, um Kraft und Ruhe und Sinn zu finden. Dabei vergessen wir, dass die Quellen all dessen in uns selbst sind. Wir müssen sie in unserem Herzen suchen.

Eine schöne Geschichte erzählt von einem chinesischen Bauern, der jeden Tag in eine Schlucht zu einer Quelle hinabstieg, um Wasser zu holen. Mit den gefüllten Gefäßen kletterte er mühsam wieder hinauf und bewässerte dann sein Feld. Tag für Tag. Als er einmal darauf angesprochen wurde, warum er sich nicht modernerer Mittel bediene, schüttelte er den Kopf und sagte: »Wenn ich kein Wasser mehr trage, fehlt mir die Zeit zum Nachdenken.«

Geht es uns nicht häufig so, dass uns die Zeit zum Nachdenken fehlt, obwohl wir so viele Mittel zur Verfügung haben, die uns das Leben erleichtern und uns dabei helfen, Zeit zu sparen? Setzen Sie sich doch einmal in Ruhe hin und gehen Sie sich – bildlich gesprochen – auf den Grund.

Machen Sie sich Notizen, und Sie werden feststellen, dass Raster deutlich werden. Es sind vermutlich oft vergleichbare Situationen, in denen Sie immer wieder Eigenschaften wie Mut, Stärke, Coolness und Durchhaltevermögen bewiesen haben. Diese Erkenntnis gibt Ihnen die Gewissheit, dass Sie sich immer auf Ihre inneren Kraftquellen verlassen können, wenn es darauf ankommt.

IN DER STILLE

- In welchen Situationen haben Sie Kraft bewiesen?

  ....
  ....
  ....
  ....
  ....
  ....

- Wann ist es Ihnen gelungen, eine schwierige Lage zum Guten zu wenden?

  ....
  ....
  ....
  ....
  ....
  ....

- Welche Stärken haben Sie dabei entwickelt?

  ....
  ....
  ....
  ....
  ....
  ....

» Blicke in dein Inneres!
Da drinnen ist die Quelle alles Guten.«

Marc Aurel

Den Alltag verändern

Meditation

Die Tage angehen mit offenem Herzen
Das Bild der offenen Hände

Um dem Leben unvoreingenommen zu begegnen und es in seiner Fülle annehmen zu können, müssen wir unbehelligt von Lasten und Belastungen sein. Mit einer Meditation können wir beginnen, uns davon zu befreien.

Im Laufe der Jahre sammelt sich vieles bei uns an. Vielleicht haben wir wie ein Jäger und Sammler alles aufgegriffen, was uns unterwegs begegnete. Wir haben es gehortet, weil wir dachten, wir könnten es brauchen. Wenn nicht jetzt, dann vielleicht später irgendwann. Hauptsache, man besitzt es erst einmal. So haben wir ein großes Lager an Gegenständen, die das Leben angenehm machen, aber auch gepflegt werden müssen und uns gelegentlich im Wege stehen. Auch Immaterielles, wie Gedanken, Überzeugungen, Meinungen, Vorurteile, Vorbehalte. Sie sind im Laufe des Lebens gewachsen, manchmal auch zu Ballast geworden. Dann haben wir noch Beziehungen. Sehr intensive und bereichernde. Andere, die uns vielleicht nicht so viel geben. Und wieder andere, die uns Kraft kosten. In diese Beziehungen haben wir viel investiert: Zeit, Gefühle und oft auch Auseinandersetzungen.
Alles haben wir gesammelt. Vieles erleichtert unser Leben, anderes belastet uns. Aber wir haben die Tendenz, alles behalten zu wollen, auch wenn wir uns noch so damit abschleppen.
Stellen Sie sich vor, Sie öffnen Ihre Hände, mit denen Sie über Jahre alles krampfhaft festgehalten haben. Sie lassen einfach alles fallen, und Ihre Hände sind auf einmal leer. Mit offenen Händen können Sie den Tag angehen und den anderen mit weitem Herzen begegnen. Dadurch lässt sich Gelassenheit im Umgang mit Menschen und Dingen pflegen.
Gelassenheit ist eine Lebenshaltung, ein Resultat aus innerer Ausgeglichenheit und Ruhe. Gelassene Menschen sind für ihre Umgebung eine Wohltat. Sie halten sich mit vorschnellen Äußerungen und Handlungen zurück, gehen erst einmal in sich, bevor sie aktiv werden. Gelassenheit ist eine Tugend, die nicht angeboren und auch nicht von heute auf morgen zu erwerben, aber durchaus zu erlernen ist. Sie trägt wesentlich zu einem gelingenden Leben bei, indem sie hilft, Herausforderungen zu meistern.

Die Zeit hat mich im Griff
Die größten Zeitfresser entdecken

In seinem Roman »Die Zeit, die Zeit« beschreibt Martin Suter einen alten Witwer, der versucht, die Zeit zurückzudrehen. Alles soll genauso aussehen wie zwanzig Jahre zuvor an dem Tag, an dem seine Frau starb.

Der alte Mann unternimmt ungeheure Anstrengungen, um sein Haus, seinen Garten, seine ganze Umgebung wieder so herzurichten, wie es damals war. Als er es geschafft hat, erschießt er sich, denn er hat sein Lebensziel erreicht. Eine tragische Geschichte, die zeigt, dass es keinen Sinn macht, die Uhr zurückzudrehen.
Zeit ist ein wertvolles Geschenk, mit dem man sorgfältig umgehen muss. So kann man es nicht zuletzt mit den Erfahrungen der Vergangenheit in der Zukunft besser machen.
Wer ständig der Zeit hinterherrennt, sollte sich wenigstens eine Woche lang einmal die Mühe machen und aufschreiben, wie viel Zeit er am Tag für welche Aufgaben aufwendet. So haben Sie schwarz auf weiß, womit Sie sich beschäftigen. Schauen Sie sich Ihre Aufzeichnungen an und machen Sie sich eine Tabelle. In eine Spalte schreiben Sie die Dinge, die wichtig sind und für die Sie die angemessene Zeit aufwenden. In einer zweiten Spalte notieren Sie die Aufgaben, die Sie zwar erledigen müssen und möchten, für die Sie aber momentan zu viel Zeit aufwenden. Wo können Sie Zeit einsparen? Was können Sie delegieren? Die dritte Spalte ist reserviert für überflüssige Aktivitäten, die Sie streichen sollten. Wo können Sie beginnen? Gehen Sie Schritt für Schritt vor. Sie können nicht alles auf einmal ändern, aber eines nach dem anderen.

Auf zu anderen Ufern
Neues wagen zur rechten Zeit

Wir können lernen, im richtigen Moment das Entscheidende zu tun und die Gunst der Stunde zu nutzen – die Griechen nannten diese Fähigkeit im Umgang mit der Zeit »kairos«, im Unterschied zu »chronos«, der mit einer Uhr messbaren Zeit.

Diese Fähigkeit ist eine hohe Kunst. Die man aber erlernen kann. Nehmen Sie sich viel Zeit für den ersten Schritt und ziehen Sie sich an einen stillen Platz zurück, an dem Sie nachdenken können. Stellen Sie nun fünf Plastikbecher vor sich auf. Jeden Becher bekleben Sie mit einem Zettel. Auf dem ersten steht »Neues wagen«, auf dem nächsten »1 Woche«, auf dem dritten »1 Monat«, auf dem vierten »1/2 Jahr« und auf dem letzten »1 Jahr«. Nun nehmen Sie weitere Zettel zur Hand. Notieren Sie darauf, welche neuen Impulse und Wendungen Sie Ihrem Leben geben möchten. Schreiben Sie alles auf, auch die vermeintlich absurden Sachen. Alle Zettel kommen zunächst in den Becher »Neues wagen«. Dann werden sie verteilt in die Becher mit den Zeitangaben. Denken Sie darüber nach, in welchen realistischen Zeitspannen Sie die Änderungen tatsächlich angehen und umsetzen können. Wünsche und Potenziale zu verwirklichen verlangt von mir, mich mit meiner Persönlichkeit, meiner Lebenssituation, meinen Aufgaben, meinen Wertvorstellungen und natürlich auch meinen Möglichkeiten auseinanderzusetzen. Lassen Sie sich daher Zeit für diesen Schritt.

Nun fangen Sie an mit den Neuerungen für die erste Woche. Es sind vielleicht Kleinigkeiten, aber wichtige Schritte auf dem Weg zu größeren Änderungen. Nach jeder Änderung, die Sie vollzogen haben, können Sie einen Zettel zerreißen. Nehmen Sie sich am Ende der Woche den Becher vor. Enthält er schon weniger Zettel oder ist gar leer geworden? Dann haben Sie viel erreicht. So gehen Sie Schritt für Schritt mit allen Bechern vor. Wenn am Ende des Jahres alle Becher leer sind, haben Sie bahnbrechend Neues gewagt.

Mit einem Partner die Stille teilen
Verbundenheit im Schweigen

Praxisübung

Mit einem anderen Menschen schweigen zu können, ist Ausdruck von Vertrautheit und stärkt zugleich das Band mit ihm. Es ist etwas ganz Besonderes.

Mutter Teresa fasste das, was Stille ist und was sie bewirkt, einmal in folgende Worte:

> Die Frucht der Stille ist Gebet.
> Die Frucht des Gebets ist Glaube.
> Die Frucht des Glaubens ist Liebe.
> Die Frucht der Liebe ist Dienst.
> Die Frucht des Dienstes ist Friede.

Der Ursprung von allem, so meint sie damit, ist die Stille. Sie schafft die Liebe und den Frieden. Wenn ich mit einem Menschen Konflikte habe, so kann ich nicht in Stille mit ihm ausharren. Der Zwist bewegt mich, ich kann mich nicht ruhig halten. Konflikte fordern Auseinandersetzungen, Streit, auch wenn es meist besser wäre zu schweigen. Mit Menschen, mit denen ich die Stille teilen kann, bin ich versöhnt. Es gibt nichts zwischen uns, keine Steine liegen im Weg, keine Lasten auf der Seele. Mit diesen Menschen bin ich vereint und so stark verbunden, dass wir keine Worte brauchen. Es herrscht ein großes Vertrauen zwischen uns. Ich kann so sein, wie ich bin, und muss nichts mit der Stimme übertönen. Schweigen herrscht zwischen uns, aber kein eisiges Schweigen. Es ist ein Schweigen, durch das wir spüren, wir sind füreinander da, wir brauchen es uns nicht zu sagen.

Mit einem geliebten Menschen schweigt man oft unbewusst. Man muss dafür keine Schweigezeiten einrichten. Mit wem können Sie schweigen?

Für die Verbundenheit mit einem Menschen ist nicht die Anzahl der Stunden ausschlaggebend, die wir mit ihm verbringen. Es ist vielmehr die innere Verbindung, die zählt. Ich kann an einen geliebten Menschen denken, vielleicht aus heiterem Himmel, und ihm im Stillen Grüße senden. Natürlich wird er diese nicht wie eine Mail oder Postkarte erhalten, aber er wird es spüren. Ich kann mir einen Menschen, dem ich mich sehr verbunden fühle, ganz bewusst vor Augen führen. Ich kann mich in Stille hinsetzen, mir diesen Menschen vorstellen und ihn innerlich meiner Zuneigung versichern. Ich kann einem geliebten Menschen, der in der Ferne lebt, meine Inspiration schenken, ihm Glück wünschen und im Stillen mein Leben für Augenblicke mit ihm teilen.

Wie oft passiert es doch, dass sich jemand ganz plötzlich meldet, an den man eben erst gedacht hat! Es gibt eine innere Verbundenheit, die alle Entfernungen und Grenzen überwindet. In der Stille spürt man sie.

»Aus Liebe leben, das heißt, unaufhörlich weiterfahren, den Frieden, die Freude in alle Herzen säend.«

Thérése von Lisieux

Nützliche Adressen und Webseiten

Verzeichnis gastfreundlicher Klöster in Deutschland
Interessierte können die Broschüre »ATEM HOLEN« gegen die Voreinsendung von Briefmarken im Wert von ca. 1,80 € schriftlich bestellen bei:
Haus der Orden
Postfach 1601, 53006 Bonn
E-Mail: info@orden.de
www.orden.de/ordensleben/atem-holen/

Verband gastfreundlicher Klöster Österreichs
Der illustrierte Prospekt »Kultur – Begegnung – Glaube« ist kostenlos erhältlich; Interessierte können ihn bestellen bei:
Klösterreich
c/o ITA Hermann Paschinger
Straßfeld 333, A-3491 Straß im Straßertale
Tel. +43 27 35/553 50
E-Mail: info@kloesterreich.at
www.kloesterreich.at

Infos zu gastfreundlichen Klöstern in der Schweiz
www.kath.ch/orden

Infos zu gastfreundlichen evangelischen Kommunitäten in Deutschland
www.evangelische-kommunitaeten.de

Klosterprodukte
Erhältlich unter:
www.manufactum.de
(Rubrik »Gutes aus Klöstern«)

Infos zu Kursen und Exerzitienangeboten in Klöstern
Arbeitsgemeinschaft deutscher Diözesen für Exerzitien und Spiritualität (ADDES)
www.exerzitien.info

ARGE Arbeitsgemeinschaft Österreichischer Diözesan-Exerzitien-Referate
www.exerzitien.at

Exerzitien-Forum Schweiz
www.exerzitien.ch

Klosterreisen
SKR Reisen
Stadtgarten Karree, Venloer Str. 47–53, 50672 Köln
Tel. +49 221/93 37 20
www.skr.de

Bayerisches Pilgerbüro Studienreisen GmbH
Dachauer Str. 9, 80335 München
Tel. +49 89/545 81 10
E-Mail: info@pilgerreisen.de
www.pilgerreisen.de

Tobit – Reisen zwischen Himmel und Erde GmbH
Wiesbadener Str. 1, 65549 Limburg
Tel. +49 64 31/94 19 40,
E-Mail: info@tobit-reisen.de
www.tobit-reisen.de

Klostermedizin
www.klostermedizin.de

Kloster-Abc

Abt
von aramäisch »aba« (Vater); Klostervorsteher

Abtei
selbstständiges Kloster

Altar
eigentlich erhöhte Opferstätte; Ort der Nähe Gottes, an dem der Priester die Messe feiert

Apsis
halbkreisförmiger Abschluss des Mittelschiffs mit dem Hauptaltar, Nebenapsiden mit Seitenaltären möglich

Arkaden
Reihe von Bögen auf Säulen oder Pfeilern

Askese
Weg zur christlichen Vollkommenheit durch bewussten Verzicht und strenge Enthaltsamkeit

Augustiner
eine der ältesten Ordensgemeinschaften, die nach der Augustinerregel aus dem 4. Jahrhundert leben

Barmherzige Brüder/Schwestern
Gruppe von Orden, die sich der Pflege von Alten und Kranken widmen

Basilica minor
liturgisch privilegierte Kirche; päpstliche Basilika

Basilika
drei- bis fünfschiffige Kirche mit erhöhtem Mittelschiff und meist durch Arkaden abgetrennte Seitenschiffe

Benediktiner
ältester Mönchsorden des Abendlandes – Wahlspruch: »Ora et labora« (Bete und arbeite)

Bettelorden
Orden ohne feste Einkünfte; leben von Almosen

Brüder
nichtpriesterliche Mönche

Cellerar
Klosterverwalter, der für das Finanz- und Rechnungswesen im Kloster zuständig ist

Chor
Kirchenraum für die Sänger; Ort des Chorgebets

Dominikaner
Predigerorden; der Theologie verpflichtet

Dormitorium
Schlafraum der Mönche bzw. Klostertrakt, in dem die Zellen liegen

Eremit
einsam lebender Mensch, der sein Leben Gott geweiht hat

Eucharistie
Danksagung; Sakrament des Abendmahls

Evangelische Räte
Keuschheit, Armut, Gehorsam (Ordensgelübde)

Exerzitien
geistliche Übungen; Reduktion der Sinneseindrücke, Konzentration auf Gebet und Betrachtungen

Fasten
zeitweiliger Nahrungsverzicht zur Reinigung und Sühne

Franziskaner
Bettelorden. Kennzeichen: weißer Strickgürtel zum Habit

Fresko
Wand- oder Deckenmalerei, bei der die im

KLOSTER-ABC

Wasser gelösten Pigmente auf den frischen (ital. »fresco«) Putz aufgetragen werden, sehr haltbar

Gelübde
feierliches Versprechen mit begrenzter oder ewiger Bindung

Gregorianischer Gesang
einstimmiger liturgischer Gesang

Habit
Ordenstracht der Mönche: Tunika, Gürtel, Kapuze, Schulterkleid und Übergewand

Hochamt
feierliche Messform der katholischen Liturgie

Horen
sieben Gebetszeiten der Mönche

Ikone
nach strikten Regeln gefertigtes Heiligenbild

Inkunabeln
Wiegendrucke

Jesuiten
intellektueller Klerikerorden

Kapitelsaal
Versammlungsraum des Klosters; zum Empfang hoher Gäste

Kapuziner
selbstständiger Zweig des Ersten Ordens von Franz von Assisi

Karmeliten
kontemplativer Orden; nach dem Berg Karmel benannt

Kartäuser
kontemplativer Schweigeorden; lebt in Vereinzelung

Klausur
von »claudere« (lateinisch, schließen); Gebäudeteil, den nur die Mönche bzw. Nonnen betreten dürfen

Kloster
von »claustrum; abgeschlossener Ort, an dem von der Außenwelt abgeschiedene Gemeinschaften leben

Kloster auf Zeit
begrenzter Aufenthalt eines Laien im Kloster ohne Bindungsverpflichtung

Kommunität
Klostergemeinschaft

Komplet
Nachtgebet

Kontemplation
spirituelle Übung; innere Schau

Konvent
Mitglieder eines Klosters

Kreuzgang
überdachter Wandelgang um den Innenhof des Klosters; Ort der Kreuzprozessionen

Krypta
Grabkammer unter dem Altar

Laudes
morgendliche Lobgesänge

Lettner
hohe Schranke zwischen Mittelschiff und Chor, die den Blick auf den Altar erlaubt

Liturgie
geregelte Form des Gottesdienstes

Matutin
frühes Morgengebet

Messe
Eucharistiefeier

Mönch
von »monachós« (abgesondert Lebender); in der Gemeinschaft nach Gott Suchender, Mitglied eines religiösen Ordens

Mutterhaus
Hauptsitz eines Frauenordens

Necessarium
Latrinenanlage

Non
Gebet zur 9. Tagesstunde

Nonne
Ordensschwester

Noviziat
Probezeit vor Ablegen der ewigen Gelübde

KLOSTER-ABC

Orden
Klostergenossenschaft mit geregelter Lebensweise, zu der sich die Mitglieder verpflichten

Orthodoxe Kirche
Kirche des Ostens; entstanden 1054 in Byzanz nach der Trennung von der lateinischen Kirche in Rom

Paramente
liturgische Gewänder

Patrozinium
Schutzherrschaft eines Heiligen über die ihm geweihte Kirche

Paulaner
strenger Orden mit Fastengelübde

Pietà
ital. Mitleid, Darstellung der trauernden Maria mit ihrem toten Sohn auf dem Schoß

Prälat
Inhaber höherer geistlicher Ämter

Prämonstratenser
strenger Seelsorge-Orden mit Armuts- und Schweigegelübde

Prior
zweithöchster Rang im Kloster nach dem Abt

Profess
offizielles Ablegen der Gelübde

Refektorium
Speisesaal des Klosters, in dem die Mönche und Nonnen die Mahlzeiten meist schweigend einnehmen

Ritterorden
während der Kreuzzüge gegründete Rittergemeinschaften mit Gelübden

Ritus
Kult, der die liturgischen Handlungen bestimmt

Rosenkranz
Sühne- und Bittgebet

Sakristei
Umkleideraum für Messzelebranten und Depot für liturgische Geräte und Kleider

Säkularisation
Enteignung des Kirchenbesitzes Anfang des 19. Jahrhunderts

Salesianer
Orden, der sich der Jugendbildung widmet

Sext
Mittagsgebet

Stift
Bezeichnung eines Klosters, das mit Grundvermögen ausgestattet wird; die Mitglieder heißen Stiftsherren

Tabernakel
Hostienschrein in Form eines Gehäuses oder eine verschließbare Wandnische

Terz
Vormittagsgebet

Triptychon
dreiteiliges Tafel- oder Altarbild

Tympanon
Bogenfeld über dem Türsturz von Portalen, meist mit Reliefs oder Statuen geschmückt

Vesper
liturgischer Abendgottesdienst

Vierung
Kreuzung von Mittelschiff und Querhaus einer Kirche auf meist quadratischem Grundriss

Vigil
Nachtgebet

Wallfahrt
Fahrt oder Wanderung zu einer heiligen Stätte oder einem Wunderort zur Verehrung von Reliquien, für Bitten und Sühne

Zelle
einfach eingerichteter Wohnraum der Mönche und Nonnen

Zisterzienser
Reformorden, der die Benediktiner wieder auf striktere Armut verpflichten wollte

Zölibat
Verpflichtung zur Keuschheit und zum Eheverzicht; für katholische Priester bindend

Kloster-Knigge

- Gäste sollten dezente, angemessene Kleidung tragen. Beim Packen auch im Sommer Wärmeres nicht vergessen. Für Mitarbeit im Garten, Wanderungen oder Yogakurse an Spezialbekleidung denken.

- Der Klosteralltag ist von Stille geprägt. Daher Radios, CD-Spieler u. Ä. zu Hause lassen. Manche Klöster verbieten sie ausdrücklich. Musikinstrumente sind hingegen in den Gemeinschaftsräumen zumeist gern gesehen.

- Viele Klöster schließen abends relativ früh ihre Pforte. Von den Gästen wird erwartet, dass sie zu dieser Zeit im Kloster sind und es für die Nacht nicht mehr verlassen.

- Da zum Teil von den Gästen weniger Geld verlangt wird, als diese den Konvent kosten, ist eine freiwillige Spende – je nach finanzieller Situation des Gastes – überall willkommen. Auch für kleinste Beträge sind die Nonnen und Mönche dankbar.

- Klöster sind keine Hotels. Besucher sollten sich daher als Gäste verstehen, nicht als Kunden eines Serviceunternehmens. Bieten Sie ungefragt Ihre Mithilfe in der Küche und im Garten an, verlangen Sie kein bezogenes Bett und kein speziell zubereitetes Mittagessen.

- Gäste sollten sich nach den Klostergepflogenheiten erkundigen und sie respektieren. Gebetszeiten, Zeiten des Schweigens (z. B. während des Essens) und die Klausurgrenzen müssen beachtet werden. Beim »Kloster auf Zeit« wird oft erwartet, dass an den Stundengebeten teilgenommen wird. Willkommen sind Gäste dazu immer.

IMPRESSUM // BILDNACHWEIS

IMPRESSUM

Dieses Booklet gehört zum Buch »Urlaub im Kloster«,
ISBN: 978-3-8342-2594-8
Preis: (D) 19,90 €, (A) 20,60 €

Liebe Leserinnen und Leser,
vielen Dank, dass Sie sich für einen Titel der Marke HOLIDAY entschieden haben. Wir freuen uns, Ihre Meinung zu diesem Reiseführer zu erfahren. Bitte schreiben Sie uns an holiday@graefe-und-unzer.de, wenn Sie Berichtigungen und Ergänzungen haben – und natürlich auch, wenn Ihnen etwas ganz besonders gefällt. Sie erreichen uns auch telefonisch unter Tel. 0 800 / 72 37 33 33 (gebührenfrei in D, A, CH), Mo–Do 9–17 Uhr, Fr 9–16 Uhr.

Alle Angaben in diesem Reiseführer sind gewissenhaft geprüft. Preise, Öffnungszeiten usw. können sich aber schnell ändern. Für eventuelle Fehler übernimmt der Verlag keine Haftung.

© 2018 **GRÄFE UND UNZER VERLAG GmbH,**
München

HOLIDAY ist eine eingetragene Marke der
GANSKE VERLAGSGRUPPE.

2. Auflage

Alle Rechte vorbehalten. Nachdruck, auch auszugsweise, sowie die Verbreitung durch Film, Funk, Fernsehen und Internet, durch fotomechanische Wiedergabe, Tonträger und Datenverarbeitungssysteme jeglicher Art nur mit schriftlicher Genehmigung des Verlages.

B2B-Editionen schneidern wir maß nach Ihren Wünschen. Bei Interesse:
veronica.reisenegger@graefe-und-unzer.de

Bei Interesse an Anzeigenschaltung:
KV Kommunalverlag GmbH & Co KG
Tel. 089/928 09 60
info@kommunal-verlag.de

GRÄFE UND UNZER VERLAG
Postfach 86 03 66
81630 München
holiday@graefe-und-unzer.de
www.holiday-reisebuecher.de

Reihenidee/-konzept
Verónica Reisenegger

Idee/Konzept
Viktoria Paschke

Layout und Icons
Natalia Gospodarek, Incognito Design

Redaktion
Viktoria Paschke

Bildredaktion
Tobias Schärtl

Schlussredaktion
Dr. Anita Meschendörfer

Produktion
Anna Bäumner

Repro
Repro Ludwig, Zell am See

Druck und Bindung
Printer Trento, Italien

www.holiday-reisebuecher.de

BILDNACHWEIS
Cover (o.) Shutterstock.com: suravid; Cover (u.v.l.) Shutterstock.com: My Good Images, imago: Westend61, seasons.agency: JALAG-Fotostudio; S. 2 Shutterstock.com: jzero; S. 7 Shutterstock.com: GalinaBahlyk; S. 9 stock.adobe.com: schulzfoto; S. 10 Lassalle Haus: Stefan Kubli; S. 11 Shutterstock.com: Tiago Jorge da Silva Estima; S. 12–13 Shutterstock.com: rdonar; S. 14 Shutterstock.com: frederikloewer; S. 16 Shutterstock.com: Martins Vanags; S. 19 Shutterstock.com: Jenny Sturm; S. 21 Shutterstock.com: Rido; S. 26 Shutterstock.com: Funny Solution Studio; U4 (v.l.) Shutterstock.com: rdonar, stock.adobe.com: schulzfoto, Shutterstock.com: Martins Vanags

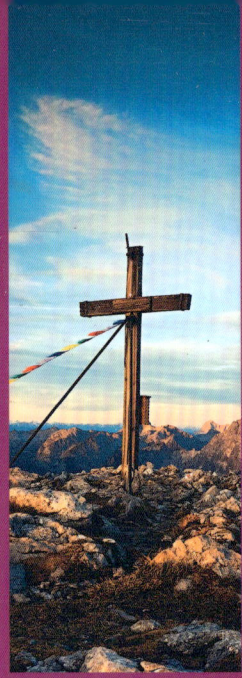

Momente der Besinnung und des Innehaltens helfen, Abstand vom Alltag zu finden, neue Energie und innere Ruhe zu erlangen. Zwölf Meditationen und Übungen führen hin zum Wesentlichen, zu mehr Achtsamkeit und Gelassenheit.

★ Mit ausführlichen Beschreibungen der Meditationen und Praxisübungen
★ Meditationen für den Alltag und den Kloster-Retreat
★ Nützliche Adressen und Webseiten zu Klöstern in Deutschland, Österreich und der Schweiz
★ Mit Kloster-Abc und Kloster-Knigge